महाकुम्भ पर्व

महाकुम्भ पर्व

अरुण कुमार त्रिपाठी

वाणी प्रकाशन

प्रकाशन के उत्कृष्टतम 62 वर्ष

पेपरबैक पहला संस्करण : 2025

vaniprakashan.com

वाणी प्रकाशन

4695, 21-ए, दरियागंज, नयी दिल्ली-110 002

फ़ोन : + 91 11 23273167, 23275710

शाखाएँ

अशोक राजपथ, पटना-800 004, बिहार

कॉफ़ी हाउस कैम्पस, महात्मा गांधी मार्ग, प्रयागराज-211 001, उत्तर प्रदेश

महात्मा गांधी अन्तरराष्ट्रीय हिन्दी विश्वविद्यालय, वर्धा-442 001, महाराष्ट्र

sales@vaniprakashan.in
vaniprakashan@gmail.com

Mahakumbh Parv
by Arun Kumar Tripathi

ISBN : 978-81-906366-0-5

Religion/Culture

मूल्य : ₹ 425

जी.एस. ऑफ़सेट, दिल्ली-110 095 में मुद्रित

वाणी प्रकाशन का लोगो मक़बूल फ़िदा हुसैन की कूची से

अनुक्रम

अध्याय-1

महाकुम्भ की ऐतिहासिकता

भारतीय संस्कृति में धार्मिक आस्था और विश्वास का सर्वोत्तम पर्व कुम्भ न केवल भारत भूमि अपितु समूचे विश्व में प्रसिद्ध है। कुम्भ महापर्व में पूरे संसार से श्रद्धालु पधारकर एक साथ सभी देशों की समन्वित संस्कृति, विश्व-बन्धुत्व की सद्भावना और जन सामान्य की अपार आस्था का अवलोकन करते हैं। कुम्भ पर्व का इतिहास जानने की इच्छा विचारकों की बुद्धि को आन्दोलित करती रहती है। कुम्भ में इतने अधिक जन-सैलाब का सम्मिलित होना ही इसकी प्राचीनता सिद्ध करती है। भारतीय परम्परा में कुम्भ पर्व ही नहीं अपितु प्रत्येक पर्वों का आरम्भ वैदिक काल से मान लिया जाता है। चूँकि वेद अनादि एवं अनन्त है इसीलिए भारत के प्रत्येक पर्व का आरम्भ सृष्टि के आदि से ही मान लिया जाता है। इस अध्याय में हम कुम्भ की ऐतिहासिकता जानने का प्रयास करेंगे।

इतने बड़े महापर्व का इतिहास जानने के लिए हमें इतिहास के उन्हीं साधनों को अपनाना पड़ेगा जिससे इतिहासकार इतिहास जानते हैं। भारत में इतिहास जानने के लिए तीन तरह के साधनों का प्रयोग किया जाता है— (1) साहित्यिक साक्ष्य, (2) विदेशी यात्रियों का विवरण, (3) पुरातत्व सम्बन्धी साक्ष्य।

इतिहास के लिए प्रयुक्त साहित्यिक साक्ष्य भी दो प्रकार के हैं—1. धार्मिक साहित्य और 2. लौकिक साहित्य।

धार्मिक साहित्य में ब्राह्मण तथा ब्राह्मणेतर ग्रन्थ की चर्चा की जा सकती है। ब्राह्मण ग्रन्थों में वेद-उपनिषद्, रामायण, महाभारत, पुराण तथा स्मृति ग्रन्थ आते हैं, जबकि ब्राह्मणेतर ग्रन्थों में बौद्ध तथा जैन साहित्य से सम्बन्धित

रचनाओं का उल्लेख किया जा सकता है। इसी प्रकार लौकिक साहित्य में ऐतिहासिक ग्रन्थों, जीवनियों, कल्पना प्रधान तथा गल्प साहित्य का वर्णन किया जाता है।

वेद भारत के सबसे प्राचीन धर्म ग्रन्थ हैं जिनका संकलनकर्ता महर्षि कृष्ण द्वैपायन वेदव्यास को माना जाता है। विदेशी विद्वानों ने इसका समय पाँच हजार वर्ष पूर्व माना है। भारतीय परम्परा वेदों को नित्य तथा अपौरुषेय मानती है। वैदिक युग की सांस्कृतिक दशा के ज्ञान का एकमात्र स्रोत होने के कारण वेदों का ऐतिहासिक महत्त्व बहुत अधिक है। वेदों की संख्या चार है—ऋग्वेद, यजुर्वेद, सामवेद तथा अथर्ववेद। इनमें ऋग्वेद न केवल भारतीय आर्यों की अपितु समस्त आर्य जाति की प्राचीनतम रचना है। ऋग्वेद में कुछ स्थलों पर कुम्भ शब्द का प्रयोग प्राप्त होता है जैसे—

युवां नरा स्तुवते पज्रियाय कक्षिवते अरदतं पुरन्धिम्।
कारोतराच्छफादश्वस्य वृष्णः शतं कुम्भाँ असिञ्चितंसुरायाः॥

(ऋग्वेद 1/8/116/7)

अर्थात् ऋषि कहता है हे अश्विनीकुमार! आप दोनों ने स्तुति करते हुए कक्षीवत ऋषि के मन में विशेष बुद्धि को प्रकाशित किया है। जिसके फलस्वरूप मेघरूपी वीर्यवान् घोड़े के खुररूपी कूप से अमृतरूपी जल के सौ घड़ों को भाग्यवान जनों के निमित्त सींचा है -

इसी मण्डल के एक अन्य स्थान पर भी कुम्भ शब्द का उल्लेख है, यथा—

तद वां नरा शस्यं वज्रियेण कक्षीवता नासत्या परिज्मन्।
शफाद् अश्वस्य वाजिनो जनाय शतं कुम्भां असिञ्चतं मधूनाम्॥

(ऋग्वेद 1/8/117/6)

ऋग्वेद के अन्य मन्त्र में भी कुम्भ शब्द का प्रयोग प्राप्त होता है यथा—

जघान वृत्रं स्वधितिर्वने वसरोजपुरो अरदन्न सिन्धून।
विभेद गिरिं नवभिन्न कुम्भ मागा इन्द्रो अकृणुत स्वयुग्भिः॥

(ऋग्वेद 10/89/7)

अर्थात् कुम्भ पर्व में जाने वाले मनुष्य स्वकृत कर्मफल स्वरूप होने वाले स्नान, दान तथा होम आदि कर्मों से काष्ठ को काटने वाले कुठार की ही तरह अपने पापों को काट देता है। ऋग्वेद के इस उल्लेख से स्पष्ट है कि महाकुम्भ का पर्व हमारी अनादिकाल से चली आ रही आस्था का महापर्व है। कुछ विद्वान इस मन्त्र का दूसरा अर्थ करते हैं कि हे देवराज इन्द्र नये बादल को नहीं अपितु अमृत के समान जल से भरे कुम्भ को फोड़कर उसमें स्वयं युक्त होते हुए वायुओं के द्वारा अमृत के समान जल समूह को हमारी ओर करो अर्थात् बरसाओ।

ऋग्वेद में कुम्भ के अतिरिक्त कुम्भ का पर्याय कलश का अनेक स्थलों पर प्रयोग किया गया है। यथा—

हरिं मृजन्त्यरुषो न युज्यते सं धेनुभिः कलशे सोमो अज्यते।

(ऋग्वेद – 9।4।72।1)

अध श्वेतं कलशं गोभिरक्तं कार्ष्मन्ना वाज्यक्रमीत् ससवान्।

(ऋ. 9।4।74।7)

अव द्युतानः कलशाँ अचिक्रदन्नृभियेमानः कोश आ हिरण्यये।

(ऋ. 9।4।75।3)

अच्छा हि सोमः कलशाँ असिष्यददत्यो न वोलहा रघुवर्तनिर्वृषा।

(ऋ. 9।4।81।2)

इन्दुः समुद्रमुदियर्ति वायुभिरेन्द्रस्य हार्दि कलशेषु सीदति।

(ऋ. 9।4।84।4)

कनिक्रदत् कलशे गोभिरज्यसे त्य व्ययं समया वारमर्षसि।

(ऋ. 9।4।85।5)

अत्यं मृजन्ति कलशे दश क्षिपः प्र विप्राणां मतयो वाच ईरते।

(ऋ. 9।5।85।7)

यदी पवित्रे अधि मृज्यते हरिः सत्ता नियोना कलशेषु सीदति।

(ऋ. 9।5।86।6)

इर्यं इव युवतिभिः समर्षति सोमः कलशे शतयाम्ना पथा।

(ऋ. 9।5।86।16)

क्राणा सिन्धूनां कलशां अवीवशदिन्द्रस्य हार्द्याविशन् मनीषिभिः।

(ऋ. 9।5।86।19)

पवस्व सोम दिव्येषु धामसु सृजान इन्दो कलशे पवित्र आ।

(ऋ. 9।5।86।22)

इषमूर्ज पवमानाभ्यर्षसि श्येनो न वंसु कलशेषु सीदति।

(ऋ. 9।5।86।35)

वृथा समुद्र सिन्धवो न नीचीः सुतासो अभि कलशां असृग्रन्।

(ऋ. 9।5।88।6)

ऋग्वेद में कुम्भ का पर्याय कलश का प्रयोग अधिकांश मंत्रों में सोम को रखने के लिए किया गया है। कुछ विद्वानों ने सोम की साम्यता अमृत से की है। यदि यह अर्थ लिया जाय तो कलश अर्थात् कुम्भ का प्रयोग अमृत रखने के लिए ऋग्वेद में अनेक बार प्रयोग हुआ है। सोम इन्द्र को प्रिय है, सोम के समान अमृत भी इन्द्र को प्रिय है जिसके लिए समुद्र को मथा गया था। एक मन्त्र में सोम को आयुवर्धक अर्थात् अमर होने वाला बताया गया है—

वृष्टिं दिवः शतधारः पवस्व सहस्त्रसा वाजयुर्देववीतो।
सं सिन्धुभिः कलशे वावशानः समुस्त्रियाभिः प्रतिरन् न आयुः॥

(ऋ. 9।5।96।14)

सोम को शत्रुओं का वध करते हुए आगमन करने को कहा है तहीं अमृत भी देवताओं को तभी प्राप्त हुआ जब वे दैत्यों का वध कर दिये थे। यथा—

अपघ्नन्नेषि पवमान शत्रून् प्रियां न जारो अभिगीत इन्दुः।
सीदन् वनेषु शकुनो न पत्वा सोमः पुनानः कलशेषु सत्ता॥

(ऋ. 9।5।96।23)

यदि सोम और अमृत तथा कलश और कुम्भ को एक समझा जाय तो यह स्पष्ट हो जाता है कि देवताओं को प्रिय उनकी आयु बढ़ाने वाला अमृत कुम्भ में रखा रहता है और उसका पान देवता करते हैं। इस प्रकार से ऋग्वेद में कुम्भ का धुंधला सा साक्ष्य प्राप्त हो जाता है। ऋग्वेद में एक स्थल पर समुद्र से मधुमयी किरणों के साथ अमृत प्राप्त होने का वर्णन है जिस अमृत का आश्रय रूप देवताओं की जिह्वा है।

समुद्रादूर्मिर्मधुमां उदारदुपांशुना सममृतत्वमानट्।
घृतस्य नाम गुह्यं यदस्ति जिह्वा देवानाममृतस्य नाभिः॥

(ऋ. 4/5/58/1)

इस श्लोक से अमृत का समुद्र से प्राप्त होना स्पष्ट हो जाता है।

इस प्रकार से उक्त ऋग्वैदिक उद्धरणों से स्पष्ट हो जाता है कि अमृत कुम्भ में रखा जाता है और इसका उद्‌गम स्थल समुद्र है तथा इसे देवताओं के द्वारा अपने शत्रुओं को पराजित करने के पश्चात् प्राप्त किया जाता है। इससे आयु में वृद्धि प्राप्त होती है अर्थात् अमरत्व की प्राप्ति होती है। इससे स्पष्ट है कि कुम्भ शब्द के साथ ही साथ कुम्भ की कथानक का साक्ष्य भी ऋग्वेद में प्राप्त होता है।

सामवेद तथा यजुर्वेद में किसी भी विशिष्ट ऐतिहासिक घटना का वर्णन नहीं मिलता। सामवेद का शाब्दिक अर्थ है गान। इसमें मुख्यतः यज्ञों के अवसर पर गाये जाने वाले मन्त्रों का संग्रह है। यजुर्वेद में यज्ञों के नियमों एवं विधि विधानों का संकलन मिलता है। ऐतिहासिक दृष्टि से अथर्ववेद का महत्त्व इस बात में है कि इसमें सामान्य मनुष्यों के विचारों तथा अंधविश्वासों का विवरण मिलता है।

इतिहास की दृष्टि से महत्त्वपूर्ण न होते हुए भी अध्ययन करने पर यजुर्वेद में कुछ स्थलों पर कुम्भ शब्द का उल्लेख प्राप्त होता है—

कुम्भो वनिष्टुर्जिता शचीभिर्यस्मिन्नग्रे योन्यां गर्भो अन्तः।
प्लाशिर्व्यक्तः शतधार उत्सो दुहे न कुम्भी स्वधां पितृभ्यः॥

(यजुर्वेद 19।87)

इसका अर्थ है जल से पूर्ण कुम्भ ही सत्कर्म के द्वारा सुख उत्पन्न करता है। सर्वप्रथम जिस कुम्भ के गर्भ में अमृत तुल्य जल है तथा सैकड़ों स्रोतों से कुम्भ व्याप्त हुआ है वह अमृत के समान जल से पूर्ण कुम्भ पितरों के लिए अन्नादि को पूर्ण करता है। इसके अतिरिक्त यजुर्वेद में कुछ स्थलों पर कुम्भी शब्द का उल्लेख भी है। यथा—

कुम्भीवर्थो या व्यषिष्ठा यज्ञा युवे स्यनतिषिक्त।

(शु.य. 12।3।23)

प्लाशिर्व्यक्तः शतधार उत्यन्ते दुहे च कुम्भी स्वधा पितृभ्यः।

(शु.यु. 19।89।7)

इसी प्रकार सामवेद में कुम्भ का पर्याय कलश का उल्लेख प्राप्त होता है। यथा—

आविशन् कलशं सुतो विश्वा अर्षन्नभि श्रिपः इन्दुरिन्द्राय धीयते।

(सामवेद 5।3।3।3)

ऋग्वेद में प्राप्त कुम्भ का धुंधला चित्र अथर्ववेद में स्पष्ट हो जाता है। अथर्ववेद के काल सूक्त में पूर्ण कुम्भ का संकेत प्राप्त होता है। अथर्ववेद के एक मन्त्र में कुम्भ को तीनों लोकों का पालक कहा गया है जो संसार में व्याप्त है और इससे बढ़कर कोई तेज नहीं है। इस प्रकार से चिन्तन करने पर कहा जा सकता है कि व्याप्त कालचक्र को पूर्ण कुम्भ कहा गया है। अतः पूर्ण कुम्भ का समय 12 वर्ष निर्धारित किया गया है। यह कालरूपी कुम्भ दिन-रात पक्ष मास ऋतु वर्ष आदि के अनेक रूपों में सत्तावान है तथा यह काल चक्र तो संसार का पालक है। अथर्ववेद में इसका वर्णन मिलता है—

पूर्णः कुम्भोधिः काल अहितस्तं वै पश्यामो बहुधा नुसन्तः।

स इमा विश्वा भुवनानि प्रत्यङ्कालं तमाहुः परमे व्योमन्।।

(अथर्ववेद 19।45।3)

अथर्ववेद में कुम्भ को चार स्थान पर रखने का वर्णन प्राप्त होता है जिससे चारों स्थानों पर होने वाले कुम्भ पर्व की वैदिक प्रामाणिकता तथा प्राचीनता एवं सनातनता सिद्ध हो जाती है—

चतुरः कुम्भाश्चतुर्धा ददामि क्षीरेण पूर्णा उदकेन दघ्ना।
एतास्त्वा धारा उपयन्तु सर्वाः स्वर्गे लोके मधुमत् पिन्वमाना
उपत्वा तिष्ठन्त पुष्करिणीः समन्ताः।।

(अथर्ववेद 4।34।7)

इसके अतिरिक्त अथर्ववेद में कुछ अन्य स्थलों पर भी कुम्भ का उल्लेख प्राप्त होता है। यथा—

एमां कुमारस्तरुण आ वत्सो जगता सह।
एमा परिस्त्रुतः कुम्भ आ दघ्नः कलशैरगुः।
पूर्णं नारि प्रभर कुम्भमेत घृतस्य धाराममृतेन संभृताम्।
इमां पातृनमृतेना समङ्गधीष्टापूर्तमभि रक्षात्येनाम्।।

(अथर्ववेद 3।12।7-8)

जनत्रीव प्रतिहर्यासि सुनुं सं त्वा दधामि, पृथिवीं पृथिव्याः।
उरवा कुम्भी वेद्या व्यथिष्ठाः, यज्ञायुधैराज्येनाषिक्ताः।।

(अथर्ववेद 12।3।23)

इन वैदिक उल्लेखों से स्पष्ट हो जाता है कि कुम्भ जैसे पर्व को मनाने की परम्परा वैदिककाल से ही रही है। धीरे-धीरे इसका विस्तार हो गया।

पुराणों में कुम्भ वर्णन

कुम्भपर्व का स्पष्ट उल्लेख स्कन्द पुराण, श्रीमद्भागवत्, विष्णुपुराण, महाभारत, बाल्मीकिय रामायण, मत्स्यमहापुराण तथा हरिवंश पुराण सहित लगभग सात पुराणों में प्राप्त होता है। इनमें समुद्रमंथन एवं कुम्भ में अमृतोत्पत्ति का उल्लेख किया गया है। समुद्र की एक संज्ञा है रत्नाकर अर्थात् रत्नों की खान। अमृत भी एक अमूल्य रत्न है जिसकी आवश्यकता सबको है।

महर्षि व्यास द्वारा रचित 18 पुराणों में **श्रीमद्भागवत** को महापुराण की संज्ञा प्राप्त है। इसमें भी समुद्र मन्थन की कथा सविस्तार प्राप्त होती है।[1] दैत्य एवं दानव से त्रस्त एवं आतङ्कित देवगण ब्रह्मा के पास उपाय पूछने गये। ब्रह्मा ने देवताओं से मिलकर विष्णु की स्तुति की। उनकी स्तुति से प्रसन्न होकर भगवान् नारायण ने कहा—यदि अपना कल्याण चाहते हो तो अमृत प्राप्ति के लिए प्रयत्न करो। समुद्र मन्थन से अमृत की प्राप्ति होगी। कार्यार्थ गौरव को देखते हुए शत्रु से भी संधि कर लेना चाहिए। इसीलिए देवता दैत्यों दानवों से संधि करके इस कार्य में उनका भी सहयोग प्राप्त करें। वे जो भी कहें उसे चुपचाप स्वीकार कर लें। रोष अथवा लोभ न प्रकट करें। मन्दर पर्वत को मथनी बनायें तथा वासुकी नाग को रस्सी। क्षीरोदधि में औषधीय वनस्पतियों को डालकर मन्थन करें।[2]

भगवान् विष्णु से उपदिष्ट होकर इन्द्रादि देवगणों ने समुद्र मन्थन का

प्रयोजन बताकर दैत्य दानवों से संधि कर ली और इस कार्य के लिए उन्हें सहयोग हेतु राजी कर लिया। फिर दोनों पक्ष के वीरों ने जाकर मन्दराचल उखाड़ लिया तथा क्षीर-सागर की ओर ले चलें। किन्तु भ्रान्त होने तथा उसका भार असहज होने से बीच मार्ग में ही उसे रखकर निराश बैठ गये। तब नारायण स्वयं आये और अनायास ही उसे उठाकर गरुण पर रखकर सागर तक पहुँचा दिया।[3]

इधर नागराज वासुकि भी रस्सी बनने के लिए तैयार हो गये। देवता स्वयं उनके मुँह की ओर हुए तथा दानवों को पूँछ की ओर करके मन्थन प्रारम्भ हो गया। दानवों को पूँछ की ओर होने में कुछ हीनत्व का भान हुआ तब देवताओं ने स्वयं वासुकि की पूँछ संभाली तथा दैत्य-दानवों ने मुँह की ओर जाकर रज्जुरूप नाग को पकड़ा।[4] किन्तु मन्थन आरम्भ ही हुआ था कि मन्दर समुद्र में निराधार होने के कारण बैठने लगा। तब नारायण ने स्वयं कूर्म का शरीर धारण किया और समुद्र में नीचे जाकर मन्द्र के आधार के रूप में अवस्थित हो गये। इस प्रकार देवों-दानवों के सम्मिलित प्रयत्न और श्रम से समुद्र मन्थन का कार्य निर्विघ्न रूप से चलने लगा।[5]

मन्थन के फलस्वरूप सर्वप्रथम जीव-जन्तुओं को व्याकुल बनाता हुआ महाभीषण कालकूट विष निकला, जिसके प्रभाव से दिशायें जलने लगीं। तब प्रजापति ने भगवान शङ्कर से प्रार्थना की और उन्होंने लोक कल्याणार्थ प्रसन्नतापूर्वक उस गरल को उदरस्थ कर लिया। कालकूट के प्रभाव से शङ्कर का कण्ठ नीला हो गया और वे परमसामर्थ्यवान् देवाधिदेव 'नीलकण्ठ' के नाम से विख्यात हुए। देवों-दानवों सब ने उनकी पूजा की।[6] भगवान शङ्कर द्वारा विषपान करके सबको निर्भय कर देने के पश्चात देव-दानवों ने पुनः प्रसन्नचित्त होकर समुद्र को मथना जारी रखा। तब समुद्र से चन्द्रमा के समान श्वेतवर्ण का 'उच्चैःश्रवा' नामक अश्व उत्पन्न हुआ जिसे दानवराज बलि ने ले लिया। तत्पश्चात् उत्पन्न 'ऐरावत' हाथी इन्द्र के हिस्से में गया। फिर जो ' कौस्तुभ' मणि निकली उसे विष्णु ने ले लिया। 'पारिजात' वृक्ष नन्दनोद्यान में ले जाया गया। आगे 'अप्सराएँ' उत्पन्न हुई जो स्वर्ग लोक मे बिराजी। तत्पश्चात् समुद्र से उत्पन्न 'लक्ष्मी' को देखकर सुरासुर मोहित हो गये। किन्तु लक्ष्मी ने स्वयं विष्णु को वरण कर लिया। 'वारुणी' (मदिरा) के उत्पन्न होने पर असुरों ने उसे सहर्ष

ग्रहण कर लिया। सबसे अन्त में एक सुन्दर युवक 'धन्वन्तरि' अपने हाथ में सुवर्ण कुम्भ लिये हुए बाहर आया जिसमें अभीप्सित 'अमृत' भरा हुआ था। अमृत कुम्भ देखते ही असुरों ने झपट कर छीन लिया और देवगण मुँह ताकते रह गये। उधर, अमृत के लिये असुरों में परस्पर छीनाझपटी होने लगी और भगवान् हरि ने देवों का अभीष्ट पूरा होता न देखकर तुरन्त मोहिनी कामिनी का कान्तरूप धारण किया और असुरों के बीच जा पहुँचे, जहाँ अमृत के लिए मारामारी मची थी। मोहिनी को देखकर सारे असुर अमृत से ध्यान हटाकर इसे एकटक निहारने लगे। मोहिनी ने बड़ी चतुराई से उनसे अमृतकलश स्वायत्त कर लिया और बोली- 'व्यर्थ ही क्यों झगड़ते हो। इस पर समान रूप से देवों का भी अधिकार है।' असुरों ने मन्त्रमुग्धवत् 'हॉ, में हाँ,' मिलाया। फिर मोहिनी ने देवों और असुरों को अलग-अलग दो पंक्तियौं में बैठाया तथा देवताओं को अमृत पिला दिया। मोहिनी का छल भाँप कर राहु धीरे से देवताओं के वेष में आकर देवपंक्ति में बैठ गया। इसे ताड़कर सूर्य और चन्द्रमा ने विष्णु को संकेत कर दिया और विष्णु ने चक्र से उसका सिर काट कर गिरा दिया किन्तु उसका सिर अमृत पान के कारण अमर हो गया[7]।

मत्स्य महापुराण के अध्याय 249-251 में समुद्रमन्थन की कथा प्राप्त होती है। यहाँ वर्णित समुद्रमन्थन संक्षेपतः इस प्रकार है-

'देवों और दानवों में वर्चस्व स्थापित करने के लिए प्रायः भीषण संघर्ष हुआ करता था। दानव क्रूर और बलशाली तो थे ही, अपने पुरोहित गुरू शुक्राचार्य की संजीवनी विद्या के बल से सदैव सुरक्षित और गदोन्मत्त रहते थे। एक बार हुए ऐसे ही भयंकर युद्ध में सहस्त्रों देवता मारे गये। तब गुरू बृहस्पति के साथ इन्द्रादि देवगण बह्मा की शरण में गये। ब्रह्मा ने उनसे क्षीरसागर का मन्थन करके अमृत प्राप्त करने का परामर्श दिया। और इस कार्य में दानवों – दैत्यों से भी सहयोग प्राप्त करने तथा विष्णु मंदराचल, शेषनाग तथा कूर्म भगवान् को प्रसन्न करके उनका समुचित उपयोग करने का उपदेश दिया। देवताओं ने तदनुसार, दैत्यराज बलि के पास जाकर सहयोग करने के लिए राजी कर लिया। पुनः मन्दराचल को मथानी बनने का आग्रह करने पर मन्दर तैयार हो गये। देवगण का अभीष्टसिद्ध करने के लिए शेषनाग और कूर्म स्वयं पाताल के ऊपर आ गये। कूर्म मथानी रूप मन्दर का आधार बने और शेषनाग

वेष्टनी बन गये। शेषनाग ने मन्दराचल को लपेटकर उखाड़ लिया और क्षीरसागर में ला खड़ा किया। कूर्म उनके आधार रूप मे विराजमान हुए।[8]

देवगण और असुर समूह मिलकर जब नाग वेष्टनी को पकड़ कर समुद्रमन्थन के लिये उद्यत हुए तब प्रयत्न करने पर भी मन्दर को नहीं घुमा सके। फिर उन्होंने निवेदन करके भगवान विष्णु की सहायता ली। इस प्रकार सौ दिव्य वर्षो से अधिक समय तक समुद्रमन्थन चलता रहा। किन्तु कुछ भी नहीं निकला। सभी श्रान्त, क्लान्त और हताश होकर मन्थन से विरत होकर बैठ गये। इन्द्र ने मेघरूप धारण कर शीतल जल की वृष्टि की और शीतल वायु बहने लगी। ब्रह्मा पुनः उत्साहित करने लगे तो मन्थन प्रारम्भ हुआ। इस बीच मन्थन पर स्थित पशु आदि जीवों का असंख्य समूह, फूल-फल से लदे वृक्ष तथा औषधियों वाली वनस्पतियाँ वेग के कारण समुद्र में गिरने लगीं। पत्रों, पुष्पों, फलों और औषधियों के सारभाग रस से क्षीरसागर दधिसागर के रूप में परिवर्तित हो गया तथा जीवों के पिस जाने से उनकी मज्जा-रक्त आदि के जल से संयुक्त होने पर वारुणी (मदिरा) उत्पन हुई। उसकी गन्ध से देव-दानव परम प्रसन्न हुए तथा उसके आस्वादन से पुष्ट और बलवान हो गये। पुनः वेग से मथने के कारण दुग्ध से दधि तथा दधि से घृत निकलने लगा किन्तु 'अमृत' का कहीं पता न था। ब्रह्मा के कहने पर भगवान् विष्णु ने देवों – दानवों को और अधिक बल प्रदान किया।[9]

देव दानव अधिक शक्ति लगाकर उत्साहपूर्वक मन्दर को घुमाने लगे। फलस्वरूप निरन्तर हो रहे समुद्र मन्थन से दीप्तिशाली शीतरश्मि चन्द्रमा उत्पन्न हुए। पुनः लक्ष्मी, सुरा, उच्चैः श्रवा (अश्व), कौस्तुभमणि और पारिजात उत्पन्न हुए। तत्पश्चात् मन्दर के चतुर्दिक व्याप्त हुए धुएँ से अग्नि उत्पन्न होने का ज्ञान हुआ। अग्नि की लपटों से नाना प्रकार के विषैले सर्प, जीव, जन्तु और अनेक प्रकार के विष उत्पन्न हुए। एक विचित्र एवं भीषण शरीरधारी प्रकट हुआ जिसे देखकर अनेक देव दानव भय से मूर्च्छित हो गये। विष्णु के पूछने पर उसने अपना नाम 'कालकूट' विष बताया और कहा कि मैं देवों और दानवों के संहार के लिए उत्पन्न हुआ हूँ। या तो देव दानव मिलकर मुझे पी जायँ अथवा शङ्कर की शरण में जायँ। तब भयभीत देव-दानव भगवान् आशुतोष शङ्कर के यहाँ जाकर स्तुति किये, प्रसन्न होकर भगवान् शङ्कर ने उनका प्रयोजन पूछा और

फिर कालकूट विष का पान कर उन्हें निर्भय बना दिया। निर्भय होकर देवों और दानवों ने पुनः समुद्रमन्थन आरम्भ किया। तब कामधेनु, ऐरावत, धन्वन्तरि तथा अमृत उत्पन्न हुए। धन्वन्तरि के हाथ में एक श्वेत वर्ण का कमण्डलु था जिसमें 'अमृत' भरा था। उस अद्‌भुत पात्र में अमृत देखकर उसे प्राप्त करने के लिए देवों और दानवों में होड़ लग गयी और वे 'यह मेरा है, यह मेरा है' ऐसा चिल्लाने लगे। देवों को मलिन मुख देखकर भगवान् विष्णु ने मोहिनी माया का आश्रय लिया और अनुपम सौन्दर्यशाली नारीरूप धारण करके दानवों के बीच पहुँचे। मोहिनी के आकर्षण से मुग्ध दानवों ने यह अमृतपूर्णपात्र स्वयं मोहिनी को समर्पित कर दिया तथा संगठित होकर दोनों युद्ध करने लगे। इस युद्ध का लाभ लेकर विष्णु देवों को अमृतपान कराने लगे। उधर भीषण देवासुर संग्राम चल रहा था। इस बीच राहु ने धोखा देकर अमृत पान किया था कि सूर्य चन्द्र का संकेत पाकर विष्णु ने उसकी गरदन उतार दी। देवगण अमृतपान करके अमर हो चुके थे। इस संग्राम में देवों की विजय हुई। बचे हुए दैत्य, दानव पलायन कर गये। देवताओं ने शेष अमृत को सुरक्षित करके विष्णु को सौंप दिया।[10]

विष्णुपुराण में समुद्रमन्थन की कथा संक्षेपतः1.9 में वर्णित है। महर्षि दुर्वासा के शाप से इन्द्र का पराभव[11] तथा तीनों लोकों का श्रीहीन होना[12] और दैत्य-दानवों द्वारा देवताओं का संहार कर उन्हे पराजित करना[13] यहाँ समुद्रमन्थन के वृतान्त के मूल में है। पराजित देवगण इन्द्र समेत ब्रह्मा को आगे करके विष्णु की शरण में गये। विष्णु ने देवों से कहा कि अजर-अमर होने के लिए आप सबको अमृतपान करना चाहिए और वह अमृत क्षीरोदधि के मन्थन से प्राप्त होगा। अतः सामनीति का आश्रय लेकर इस महत्कार्य में दैत्यों-दानवों को भी सहयोगी बनाइए। मन्दराचल को मथानी आधार वासुकि नाग को रस्सी बनाकर मन्थन कार्य कीजिए। मैं भी इसमें आपकी सहायता करूँगा। अमृत प्राप्ति के लिए सारी औषधियाँ लाकर क्षीरसागर में डालिए। देवों ने वैसा ही किया।[14]

भगवान् ने विशाल कच्छप का रूप धारण किया और मन्दराचल के आधार बन गये। साथ ही, उन्होंने अदृश्य रूप से ऊपर से मन्दराचल को दबा रखा था और वासुकि तथा देवों-दानवों में बल का सञ्चार भी कर रहे थे[15]। इस प्रकार, जब क्षीरसागर का पर्याप्त मन्थन हुआ तो सर्वप्रथम कामधेनु उत्पन्न हुई।

पुनः वारुणी देवी प्रकट हुई। तत्पश्चात् क्रमशः कल्पवृक्ष, अप्सराएँ, चन्द्रमा, विष, अमृतपूर्ण कमण्डलु लिये हुए धन्वन्तरि, तथा अन्त में लक्ष्मी जी प्रकट हुई[16]।

देवगण अत्यन्त प्रसन्न थे क्योकि उनका अभीष्ट सिद्ध हो गया था किन्तु इसी बीच बली दैत्यों ने सहसा धन्वन्तरि के हाथ से वह कमण्डलु छीन लिया। तब भगवान विष्णु ने मोहिनी माया का आश्रय लेकर दैत्यों से अमृत से भरा कमण्डलु ले लिया और उसे इन्द्र को दे दिया। इन्द्र स्वयम् अमृतपान करके अन्य सभी देवताओं को शीघ्रतापूर्वक अमृतपान कराने लगे जिसे देखकर दैत्य-दानवों ने देवताओं पर भीषण आक्रमण किया। देवगण अमृत पीकर बलशाली और अमर हो गये थे। उनहोंने दैत्योंदानवों का संहार कर उन्हें पराजित किया। सभी लोक श्रीसम्पन्न हो गये।[17]

श्रीहरिवंशपुराण[18] के तृतीयखण्ड 'भविष्य' पर्व (अध्याय 30-31) में समुद्रमन्थन का उल्लेख किया गया है। एक बार देवगण गन्धमादन पर्वत के शिखरों पर भ्रमण कर रहे थे। वहाँ चारों ओर सुगन्धि फैली हुई थी। वे वहाँ शान्त होकर बैठ गये। फिर वसन्त ऋतु के आने पर उस गन्ध ने देवों, मनुष्यों और दैत्यों को अत्यन्त विस्मित और आह्लादित किया। दैत्यों ने सोचा कि जब फूल की गन्ध इतनी मादक है तो फल कैसा होगा? किन्तु उस फल की प्राप्ति के लिए अमरता पाना आवश्यक है। अतः हम अमरत्व के हेतु भूत अमृत की प्राप्ति के लिए औषधियों को डालकर समुद्र का मन्थन करेंगे और इस कार्य में हमारे अग्रणी विष्णु होगे। ऐसा विचार कर मथानी बनाने के लिए दैत्यों ने मंदराचल को उखाड़ना चाहा किन्तु परिश्रम करने पर भी सफल न हुए। तब वे सब ब्रह्मा की शरण में गयें। ब्रह्मा ने सरस्वती को बुलाया और लोकमङ्गल की भावना से सरस्वती ने आदित्य, वसु, रुद्र, मरुद्गण आदि देवों तथा यक्ष, गन्धर्व और किन्नर आदि को प्रेरित किया।[19] सभी ने दैत्यों के साथ मिलकर उस विशाल मन्दर पर्वत को उखाड़ कर उसे मथानी तथा वासुकी नाग को नेती (रस्सी) बनाया फिर उस समुद्र में औषधियाँ डालकर हजार वर्ष तक मथते रहे। इसके फलस्वरूप वह खारा समुद्र स्वादिष्ट दुग्ध के समान मीठे जल वाला हो गया और लोभ तथा रोष के वशीभूत असुरों ने उसे ग्रहण कर लिया। इसके पश्चात् धन्वन्तरि, मदिरा, लक्ष्मी, कौस्तुभ मणि, चन्द्रमा, उच्चैःश्रवा अश्व तथा

अन्त में पीयूष अर्थात् अमृत उत्पन्न हुआ।[20]

उस अमृत को दैत्य-दानव नहीं प्राप्त कर सके। देवेन्द्र को वह अमृत मिला। देवता का रूप बनाकर अमृतपान करने की चेष्टा वाले राहु का सिर विष्णु ने काट कर गिरा दिया।

स्कंदपुराण में कुम्भ की कथा[21]

ऋषि कहते हैं कि मैं अब उत्तम कलशोत्पति की कथा आप सब से कहूँगा। उत्तर दिशा में हिमालय के समीप क्षीरोदक नाम का एक समुद्र है। वहाँ उस सागर को मथने के लिए दानवों के साथ देवताओं ने मंदराचल पर्वत को मथानी तथा वासुकी नाग को रस्सी बनाया। उस मंदराचल के नीचे भगवान् विष्णु के साथ सभी देवता दूसरी तरफ होकर उस सागर को मथने लगे। देवता तथा दैत्यों द्वारा सागरों में उत्तम उसी क्षीरसागर का मंथन करने पर सर्वप्रथम उससे हलाहल विष उत्पन्न हुआ जिसका भगवान् शिव ने पान कर लिया। उस विष के प्रभाव के शान्त हो जाने पर जब संसार के सभी जीव स्वस्थ हो गये तो पुनः उस सागर के मथने पर जो अनेक महान् रत्न उत्पन्न हुए, उनका विवरण क्रमशः इस प्रकार हैं- हंसवाहन युक्त पुष्पक विमान, ऐरावत हाथी, पारिजात नामक कल्पवृक्ष, वीणा, नृत्य-गान गुणों से सम्पन्न रम्भा आदि अप्सराएँ, कौस्तुभ मणि, बाल चन्द्रमा, कुंडल, धनुष,तदनन्तर लक्ष्मी, सुरूपा, यमुना, सुशील और सुरभि नाम की पाँच अत्यन्त कल्याणकारिणी गायें, उच्चैःश्रवा नामक अश्व, अत्यन्त सुंदर स्वरूप वाली भगवती लक्ष्मी, सर्वकलाविद् भगवान् विश्वकर्मा और अन्त में सब के लिए मनोरम अमृत से ऊपर तक भरा हुआ कलश हाथ में लिए भगवान् धन्वन्तरि उत्पन्न हुए। भगवान विष्णु के पदकमलों की कृपा से क्षीरसागर से उत्पन्न उस मणिमय अमृतकलश को देखकर देवताओं द्वारा सम्प्रेषित इंद्रपुत्र जयन्त उस कलश को भगवान् धन्वन्तरि के हाथ से लेकर स्वर्गलोक की ओर भागे। देवताओं के इस कार्य को देखकर दैत्य-पुरोहित शुक्राचार्य ने सर्प के उच्छ्वास के माध्यम से उन दैत्यों को सूचित किया कि जयन्त अमृतकलश को ले गये हैं। दैत्य इस सूचना को पाकर जयन्त का पीछा करने लगे। जयन्त बारह दिनों तक दशों दिशाओं मे भागते रहे और दैत्य उनसे कलश छीनने का प्रयास करते रहे। पहले मै पीयूँगा इसलिए दैत्य और देवों में कई बार कलश की छीना-झपटी हुई। महर्षि कश्यप के इन वंशजों–देवों से

दैत्यों और दानवों को इस प्रकार कलहयुक्त देखकर भगवान् विष्णु ने मोहिनी रूप धारण कर सभी को मोहित कर के उस अमृत का विभाजन किया। देवताओं एवं दैत्यों की छीना-झपटी में कलश से अनेक स्थलों पर अमृत का पतन हुआ। उस कलश की सुरक्षा में वृहस्पति, चन्द्रमा, सूर्य एवं शनि लगे हुए थे। शुक्राचार्य द्वारा प्रेरित दैत्यों से विशेषतः इन्हीं चारों से युद्ध हुआ था। इसमें चंन्द्रमा ने अमृत को बहने से, भगवान् सूर्य ने कलश को फूटने से, बृहस्पति ने दैत्यों से तथा शनि ने इंन्द्रपुत्र जयन्त के भय से उस कलश की रक्षा की। देवताओं का एक दिन मनुष्यों के एक वर्ष के बराबर होता है। इसी लिए कुम्भ पर्व भी संख्या में 12 होता हैं। इनमें चार वर्ष कुम्भ मनुष्यों के पापों का नाश करने के लिए भारत वर्ष में होता हैं। और आठ अन्य लोकों में, जो केवल देवताओं को प्राप्त हो सकते है। क्योंकि उन लोकों में केवल देवता ही जा सकते हैं, अन्य कोई नहीं। भारतवर्ष के उन पुण्य तीर्थ में कुम्भयोग में जो मनुष्य जाता है, वह अमृतत्व को प्राप्त करता है तथा उन स्थानों के निवासियों को देवगण भी उसी प्रकार प्रणाम करते हैं जैसे कोई निर्धन व्यक्ति धनवान् को। पृथ्वी में कुम्भयोग के चार भेद कहे गये हैं। (1) हरिद्वार, (2) तीर्थराज प्रयाग, (3) अवन्तिका और (4) गोदावरी तट पर स्थित नासिक। इन क्षेत्रों में कुम्भपर्व का विशेष योग प्राप्त होता है। इन चारों स्थानों में अमृतकलश के छलकने से एक विशेष काल में यह कुम्भ पर्व आयोजित होता है।

अन्य कई पुराणों (यथा-**वायुपुराण** (अध्याय 192), **पद्मपुराण**-ब्रह्मखण्ड (अध्याय 89,10) तथा उत्तरखण्ड (अध्याय 231-33) में भी समुद्रमन्थन का वृत्तान्त वर्णित है। किन्तु हम यहाँ विस्तारभय से नहीं दे रहे हैं। पुराणों के ही समान्तर इतिहास ग्रन्थ भी श्रद्धेय हैं। मुख्यतः दो इतिहासग्रन्थ प्रसिद्ध हैं- श्रीमद्वाल्मीकीय रामायण और महर्षि व्यासकृत महाभारत। इन दोनों ग्रन्थों में भी समुद्रमन्थन का वृत्तान्त महर्षियों के द्वारा निबद्ध है। अतः इन दोनो इतिहास ग्रन्थों में भी समुद्रमन्थन का वृतान्त का संक्षेपतः समुल्लेख किया जा रहा है। श्रीमद्वाल्मीकीय रामायण बालकाण्ड के अध्याय 45 में समुद्रमन्थन की कथा निबद्ध है। वहाँ विशालापुरी के प्राचीन इतिहास का वर्णन करते हुए महर्षि विश्चामित्र ने इसे श्रीराम –लक्ष्मण को सुनाया है। सत्ययुग में दैत्यों और आदित्यों (देवताओं) के मन में यह विचार उत्पन्न हुआ कि हम नीरोग और

अजर –अमर कैसे होंगे? फिर मनन करते हुए उन्होनों अनुमान किया कि यदि क्षीरसागर का मन्थन किया जाय तो उससे निश्चय ही अमृत रस प्राप्त होगा जिसका सेवन करने से हम यथाभिलषित हो सकेगे। समुद्रमन्थन का निश्चय करके देव-दैत्यों ने वासुकी नाग को रस्सी तथा मंदराचल को मथानी बनाकर क्षीरसागर को मथना प्रारम्भ किया। ऐसा करते हुए एक हजार वर्ष व्यतीत हो गये।[22] सर्वप्रथम अग्नि के समान दाहक भीषण हालाहल विष ऊपर उठा। उसने सुरासुर आदि समस्त जीवों को दग्ध करना आरम्भ किया। सभी लोग त्राण के लिए कहा कि समुद्रमन्थन के फलस्वरूप प्रथमतः जो वस्तु प्राप्त हुई है, देवों में अग्रगण्य होने के कारण अग्रभाग के रूप में आपको समर्पित है। उसे ग्रहण करें।[23] भगवान् शिव ने सुरासुर के भय को देखकर उस भयङ्कर विष को अपने कण्ठ में धारण करके सबको अभय प्रदान किया। पुनः मन्थन आरम्भ करने पर वह मथानीरूप मन्दराचल पाताल में घुस गया। उस पर्वत का उद्धार करके धारण किये जाने हेतु देव-देत्यों द्वारा स्तुति किये जाने पर भगवान् विष्णु ने मन्दर को ऊपर उठाकर, कच्छप का रूप धारण कर अपनी पीठ पर सम्हाला। स्वयं प्रत्यक्ष रूप में बाहर आकर भगवान् केशव मन्दराचल के शिखर को पकड़ कर देव-दैत्यों के बीच में खड़े हो गये।[24]

इस प्रकार, समुद्र-मन्थन करते हुए एक हजार वर्ष बीत गये और तब उसमें से आयुर्वेद पुरुष धन्वन्तरि निकले। उनके एक हाथ में दण्ड और दूसरे हाथ में कमण्डलु था। तत्पश्चात् कान्तिमती साठ करोड़ सुन्दर अप्सराएँ प्रकट हुई। तत्पश्चात् वरूण की कन्या 'वारुणी' ऊपर आयी और स्वयं को स्वीकार करने वाले पुरुष की खोज करने लगी।[25] दैत्यों ने उसे ग्रहण नहीं किया अपितु आदित्यों ने उस वारुणी (सुरा) को स्वीकार कर लिया।[26] वारुणी के प्रकट होने के पश्चात् उत्तम अश्व उच्चैःश्रवा, मणिरत्न कौस्तुभ तथा परम उत्तम अमृत प्रकट हुऐ। उस अमृत के लिए देवों और दैत्यों में भीषण संग्राम हुआ। समस्त असुर और राक्षस एक जुट हो गये। तब श्रीविष्णु ने मोहिनी माया का आश्रय लेकर अमृत को अपने अधीन कर लिया; जो असुर अमृत छीनने का प्रयत्न करता, श्रीविष्णु स्वयं उसे मार डालते। आदित्यों ने दैत्यों का महान् संहार कर डाला। तत्पश्चात् इन्द्र सुखपूर्वक समस्त लोकों पर शासन करने लगे।[27]

समुद्रमन्थन का वृत्तान्त **महाभारत** के आदिपर्व (अध्याय 17-18) में

वर्णित है। वहाँ इस वृत्तान्त का उपाक्रम अदिति और दिति उच्चैःश्रवा अश्व के दर्शन से होता है कि ऐसा अपूर्व सुन्दर अश्व कहाँ से आया? 'समुद्रमन्थन से अन्य रत्नों के साथ इसकी भी उत्पत्ति हुई- ऐसा बताये जाने पर समुद्रमन्थन विषयक कुतूहल होने पर सौति ने शौनक को यह वृत्तान्त सुनाया था।[28]

एक बार सभी देवगण मेरुपर्वत पर बैठकर अमृत प्राप्ति के उपाय के विषय में विचार कर रहे थे। उस समय वहाँ प्रकट होकर भगवान नारायण ने ब्रह्मा से कहा कि देवों और दैत्य-दानवों को मिलकर महासागर का मन्थन करना चाहिए।उसी से अमृत की प्राप्ति होगी।[29]

भगवान् विष्णु के द्वारा उपाय बाताये जाने पर महासागर को मथने हेतु मथानी बनाने की इच्छा से सभी देवता मिलकर विशाल मन्दराचल को उखाड़ने में प्रयत्नरत हुए किन्तु जव उनसे यह कार्य न हुआ तो उन्होने ब्रह्मा और विष्णु से इसके लिए निवेदन किया। तब भगवान् विष्णु ने नागराज अनन्त को मन्दराचल को उखाड़ने की आज्ञा दी। ब्रह्म की उत्साहवर्धक उक्तियों और विष्णु की आज्ञा से अनन्त ने वनों तथा जीवजन्तुओं सहित उसे उखाड़ दिया। देवगण प्रसन्नतापूर्वक मन्दर सहित समुद्र तट पर जाकर उस सागर से बोले कि अमृत के लिए हम तुम्हारा मन्थन करेंगे। तब समुद्र ने कहा कि यदि अमृत में मुझे भी मेरा अंश प्राप्त हो तो मन्थन की पीड़ा सहने के लिए मैं तैयार हूँ।[30]

इसी बीच अमृत प्राप्ति की बात सुनकर असुर गण भी देवों का सहयोग करने के लिए तैयार हो गये। सागर की शर्त स्वीकार करके सुरासुरों ने सागरतल में स्थित कूर्मराज को मन्दराचल रूपी मथानी का आधार बनने के लिए और नागराज वासुकी को नेती (रस्सी) बनने के लिए राजी कर लिया। फिर तो सुरासुरों ने मिलकर समुद्रमन्थन आरम्भ किया। असुरगण वासुकी के मुख की ओर लगे थे। भगवान् नारायण दोनों के बीच में और उनके पार्श्व में अनन्तदेव खड़े थे जो बार-बार वासुकी के मुँह को ऊपर की ओर करके झपटते रहते थे। वासुकी के मुँह से निरन्तर धूम-सहित अग्नि और गर्म साँस निकल रही थी। जो आकाश में जाकर मेघ- घटा के रूप में परिणत होकर श्रमसंतप्त देवो पर जल वर्षा कर रहे थे तथा मन्दराचल के वृक्षों से सुरासुरों पर पुष्पवृष्टि हो रही थी। वृक्ष आपस में रगड़ खाकर भस्म हो रहे थे किन्तु इन्द्र वृष्टि द्वारा अग्नि की ज्वालाओं को शान्त कर देते थे। नाना प्रकार की वनस्पितयाँ उखड़

कर नीचे गिर रही थीं।[31]

मथे जाते समुद्र में, नाना प्रकार के वृक्षों के सत्त्व तथा अमृत तुल्य औषिधियों के रस और दिव्य प्रभावशाली मणियों के चूर्ण निरन्तर गिर रहे थे। उनके सम्मिश्रण से सागर का सारा जल दूध बन गया और फिर मथने से घी बनाने लगा।[32]

इस प्रकार, मन्थन करते हुए बहुत समय व्यतीत हो गया। सुरासुर थक गये किन्तु अमृत का कहीं पता न था। उन्होने ब्रह्मा से अपनी पीड़ा व्यक्त की। ब्रह्मा द्वारा कहने पर श्री विष्णु भगवान ने सुरासुरों को सम्बल प्रदान करते हुये कहा कि आप लोग पूरी शक्ति लगाकर मन्थन को घुमाएँ और सागर को क्षुब्ध कर दें। बल पाकर सुरासुर उत्साहपूर्वक पुनः समुद्रमन्थन करने लगे। तब सागर से सर्वप्रथम चन्द्रमा उत्पन्न हुआ और फिर क्रमशः लक्ष्मी, सुरा, श्वेत अश्व, कौस्तुभ मणि, पारिजातवृक्ष,कामधेनु प्रकट हुए। तत्पश्चात् दिव्य देहधारी धन्वन्तरि प्रकट हुए जिनके हाथ में अमृतपूर्ण श्वेत कलश था। अमृत कलश देखते ही दानवगण – 'यह मेरा है- यह मेरा है'– ऐसा कहते हुए कोलाहल करने लगे। इसके बाद ऐरावत नामक श्वेत हाथी समुद्र से निकला और तुरन्त हि त्रिलोक को मूर्च्छित करने वाला कालकूट महाविष उत्पन्न हुआ। ब्रह्मा की प्रार्थना से द्रवित होकर भगवान् शंकर उस विष का पान करके 'नीलकण्ठ' हुए। यह सब दानवों के लिए विस्मयकारी था। वे अमृत और लक्ष्मी को प्राप्त करना चाहते थे किन्तु निराशा हाथ लगी और उन्होने देवों से वैर बाँध लिया। श्रीविष्णु ने मोहिनी रूप धारण करके अमृत कलश को अपने अधिकार में ले लिया[33]। उन्होंने देवों को अमृत पिलाया और राहु ने देवो के वेष में अमृत पी लिया किन्तु यहाँ सूर्य चन्द्र से यह भेद जानकर अपने चक्र से उसका सिर काट दिया। फिर तो उस सागर तट पर सुरों का असुरों से भयंकर संग्राम प्रारम्भ हो गया। देवों ने श्री विष्णु की सहायता से असुरों का भारी संहार किया। शेष असुर भयभीत होकर पृथ्वी के अन्दर और समुद्र में तिरोहित हो गये।[34] देवताओं ने यत्नपूर्वक मन्दराचल को पुनः उसके स्थान पर स्थापित कर दिया और इन्द्र ने उस अमृत कलश को सुरक्षित करने के लिए किरीटधारी भगवान नर को सौंप दिया।[35]

पुराणों और इतिहास ग्रन्थों में प्राप्त समुद्र-मन्थन के वृत्तान्तों में अमृत प्राप्ति रूप आयोजन सबमें एक समान है किन्तु समुद्रमन्थन का उपक्रम सब में

भिन्नता लिए हुए है। यदि रामायण को छोड़ दें तो पुराण में और महाभारत के कर्त्ता हमारी परम्परा में। एक ही– महर्षि वेद व्यास माने जाते हैं। तब एक ही घटना के वर्णन में इतनी असमानता क्यों? इस प्रश्न का सर्वकाल समाधान दुष्कर है। महाभारत में समुद्रमन्थन का वर्णन, पुराणों में प्राप्त वर्णनों का मिला जुला रूप है। प्रतीत होता है कि महाभारतकार ने पूर्वतः प्राप्त समुद्रमन्थन के समस्त वृत्तान्तों का समन्वय करके इसे प्रस्तुत किया है।

समुद्रमन्थन के उपक्रम में सागर, मन्दराचल (मथानी) और वासुकी (नेती) तीन उपादान प्रमुख हैं। प्रेरकों और सहायकों में सर्वत्र ब्रह्मा तथा विष्णु है और विष से रक्षा भगवान् शङ्कर ने की है। ये सारे मूल तथ्य सभी पुराणों और इतिहासग्रन्थों में एक समान हैं।

समुद्रमन्थन का एक मात्र प्रयोजन है अमृत की प्राप्ति। आनुषंगिक रूप से अन्य रत्न भी प्राप्त हुए। सागर को प्रायः क्षीरसागर कहा गया है किन्तु खारे जल वाला भी कहा गया है।

समुद्रमन्थन की भूमिका सभी वृत्तान्तों में भिन्न है। उपाय कहीं ब्रह्मा ने, कही विष्णु ने और कहीं दोनों ने मिलकर बताया है। मन्दराचल को उखाड़ तथा समुद्र तक ले जाने के प्रयत्न में भेद है। प्रायः सर्वत्र सुरों- असुरों ने मिल कर उखाड़ा है। किन्तु मत्स्यपुराण और महाभारत में विष्णु की आज्ञा से शेषनाग अथवा नागराज अनन्त ने उसे उखाड़ा तथा समुद्र तक पहुँचाया। मन्दराचल का स्वरूप वर्णन प्रायः एक जैसा है। मत्स्यपुराण में शेषनाग ही वेष्टनी भी बने हैं। किन्तु अन्यत्र सर्वत्र वासुकी वेष्टनी के रूप में वर्णित है। महाभारत में अनन्त (नागराज) को वासुकी की सहायता करते दिखाया गया है। मन्दराचल के आधार के रूप में कूर्म को प्रतिष्ठित किया गया है। मन्थन कर्म में दैत्य नाग के मुख की ओर देव पूँछ की ओर ही प्रायः रखे गये हैं। अमृतप्राप्ति के लिए सागरमन्थन के समय उसमें औषधियाँ डाली गयीं। परम्परया अमृत सहित चौदह रत्न-'श्रीमणि' रम्भा, वारुणी, अमिय, शंख, गज, वाजि। कल्पद्रुम, शशि, धेनु धन्वन्तरि विषराज-उत्पन्न होना कहा गया है किन्तु पुराणों और इतिहास ग्रन्थों में ये चौदह रत्न पूरे नही उल्लिखित हैं। इन रत्नों के उत्पन्न होने का क्रम भी भिन्न-भिन्न है।

समुद्रमन्थन के विविध आख्यानों का माहात्म्य तब तक पूरा नहीं होगा

जब तक उसकी फलश्रुति का निर्देश न किया जाय और वह फल श्रुति है कुम्भ पर्व। देवगण तो अमृतपान करके अमर हो गये और अमृत कुम्भ की इस छीना झपटी ने अमरत्व अथवा मोक्ष का मार्ग कुम्भ पर्व स्नान के द्वारा प्रशस्त कर दिया।

कुम्भपर्व की प्रचलित तीन कथायें हैं- दुर्वासा की कथा, कद्रू विनता की कथा और समुद्र मंथन की कथा। पहली कथा इन्द्र से सम्बन्धित है जिसमें दुर्वासा द्वारा दी गई दिव्यमाला का असह्य अपमान हुआ। इन्द्र ने उस माला को ऐरावत के मस्तक पर रख दिया। और ऐरावत ने उसे नीचें पैरों से कुचल दिया। दुर्वासा ने इसके परिणामस्वरूप भयंकर शाप दिया जिसके कारण संसार में दुर्भिक्ष पड़ गया। अनावृष्टि और दुर्भिक्ष से प्रजा में त्राहि-त्राहि मच गई। तत्पश्चात् नारायण ने समुद्र मन्थन की प्रक्रिया द्वारा लक्ष्मी को प्राप्त किया। उनकी कृपा से वृष्टि हुई और कृषकों का कष्ट दूर हुआ। अमृतपान से वंचित असुरों ने कुम्भ को पहुँचाने से पूर्व जिन स्थानों पर कलश को रखा वे ही कुम्भ स्थल कुम्भ पर्व के तीर्थस्थल बन गये।

दूसरी कथा के अनुसार महर्षि कश्यप की दो पत्नियाँ कद्रू और विनता के मध्य सूर्य के अश्वों को काले या सफेद इस विवाद को लेकर यह शर्त रखी गई कि जो हारेगी वह दासी बनकर रहेगी। इसके परिणामस्वरूप विनता के हार जाने के कारण दासी बनकर रहना पड़ा। उस दासीत्व से तभी मुक्ति मिल सकती थी जब नागलोक में छिपाये गये कुम्भ को कश्यपमुनि की पत्नी कद्रू के पास लाया जाय। उस अमृत कलश को लाने हेतु अपनी माँ को दासीत्व से मुक्त कराने के लिए गरूड़ ने संकल्प किया। नागलोक में वासुकी से संरक्षित उस अमृत–कलश को जब उत्तराखण्ड से गंधमादन पर्वत पर कश्यप मुनि के पास ले जा रहे थे तो वासुकी द्वारा इन्द्र को सूचित किया गया और उन्होनें चार बार आक्रमण किया। इन्द्र के द्वारा चार जगहों पर रोके जाने के कारण जो अमृत-कलश की बूंदे वहाँ पर छलकीं उसी कारण वहाँ कुम्भ पर्व की परम्परा प्रारम्भ हुई। गरुड़ ने उस अमृत-कुम्भ को अन्ततः अपनी माँ को दासीत्व से मुक्त कराने के लिये कश्यप मुनि के पास तक पहुँचाने का पूर्ण प्रयत्न किया और सफल हुए।

तीसरी कथा देवासुर-संग्राम में चौदह रत्नों में अमृत-कलश निकलने पर

धन्वन्तरि द्वारा देवताओं को देने, विष्णु द्वारा मोहिनी रूप धारण करके देवताओं को अमृत पान कराने, राहु द्वारा अमृत पान करने, इन्द्र-पुत्र जयन्त द्वारा अमृत-कुम्भ छीनकर भागने, जैसी कथाओं से सम्बद्ध है। उसकी रक्षा का भार सूर्य, चन्द्र, वृहस्पति और शनि को सौपा गया था। जयन्त द्वारा ले जाये जाते हुए उस अमृत - कुम्भ को चार स्थलो पर रखने और उन-उन स्थलों पर अमृत की बूँद गिरने के कारण कुम्भ पर्व मनाये जाने की परम्परा प्रारम्भ हुई। अमृत-कुम्भ की उक्त कथाओं में तीसरी कथा ही सबसे प्रमुख मानी गई।

यात्रियों का विवरण

कुम्भ मेला का लिखित प्राचीनतम वर्णन सम्राट हर्ष वर्धन के समय का है। कन्नौज के राजा हर्ष के राज्य काल में ह्वेनसांग भारत में आया था। वह एक धर्म परायण बौद्ध था और वह बौद्ध धर्म के पवित्र स्थलों की यात्रा करने के लिए भारत आया था। जहाँ-जहाँ ह्वेनसांग आया था, भारत के भिन्न-भिन्न निवासियों का आश्चर्यजनक चरित्र-चित्रण अपनी पुस्तक में किया है। ह्वेनसांग चीनी यात्री था जिसने 630 से 644 ई. के बीच भारत की यात्रा किया। ह्वेनसांग 644 ई. में प्रयाग में आयोजित छठीं सभा में भाग लिया था। ह्वेनसांग के अनुसार हर्ष पिछले 30 वर्षों से ऐसी सभायें आयोजित करता रहा था। इस

अवसर पर 500000 से भी अधिक व्यक्ति उपस्थित थे। इसमें 18 आधीन देशों के राजा उपस्थित थे। बाह्मणों, साधुओं, अनाथ एवं बौद्ध भिक्षुओं की संख्या अधिक थी।[36] यह सभा गंगा और यमुना के संगम की रेत पर की गई थी। पहले दिन रेत के ऊपर एक आस्थाई इमारत बनाई गई थी। आज भी रेत में इसी तरह की अस्थाई निर्माण किये जाते हैं। दूसरे और तीसरे दिन रेत के क्रमशः सूर्य और शिव की मूर्तियों का सम्मान किया गया। हर्षवर्धन प्रारम्भ में शिव का उपासक था। इसके पश्चात् भिक्षुओं, साधुओं, ब्राह्मणों तथा निर्धन, अनाथ एवं अपंगों को भोजन, पेय पदार्थ, फूल, सुगन्धियाँ, सोने के सिक्के, मोती और सूती कपड़े दान दिये गये। यह जब 75 दिन तक चला। ह्वेनसांग ने लिखा है कि अब तक पाँच वर्ष का संचित धन व्यय हो चुका था। घोड़ों, हाथियों और सैनिक उपकरण जो राज-सम्पत्ति की रक्षा तथा सुव्यवस्था के लिए आवश्यक थे के अतिरिक्त शेष कुछ न बचा। इनके अतिरिक्त राजा ने अपने हीरे और सामान कपड़े और मालायें, काँटे, कंगन, कण्ठे, हार और चमकीले शिरोभूषण सब बिना भेदभाव के दान में दिये। सब कुछ दे चुकने के बाद उसने अपनी बहन (राजश्री) से एक पुराना वस्त्र माँगा और उसे पहन कर उसने पूजा की और प्रसन्नता अनुभव की कि उसका कोष दान-धर्म में समाप्त हो गया था। डॉ. आर. के मुकर्जी ने अनुसार - हमें किसी राजा का ज्ञान नहीं है जिसने मानवता का कष्ट-निवारण करने के लिए सर्वस्व दान दिया हो। आज के मठों के समान हर्षकाल में भी साधुसन्तों, भिक्षुओं एवं ब्राह्मणों के कई समुदाय थे और प्रत्येक समुदाय के अपने बाहरी चिन्ह थे। कुछ मोर के पंख पहनते थे, कुछ खोपडियों के हार पहनते थे, कुछ नंगे धूमते थे। कुछ घास व पत्ते पहनते थे, कुछ के बाल मुड़े हुए होते थे, कुछ अपने बालों को सर के ऊपर बाँध लेते थे। वे अनेक रंगों के कपड़े पहनते थे। दिगम्बरों और पाशुपतों के अतिरिक्त कुछ भस्म लगाते थे। उस समय संन्यासी विधवाओं का वर्णन भी हर्षचरित्र में मिलता है। ह्वेनसांग लिखता है कि उस समय अधिकांश संन्यासी संसार की चिन्ता नहीं करते थे, बाणभट्ट द्वारा लिखित हर्षचरितम् में भी इसका वर्णन प्राप्त होता है। इसमें लिखा है कि हर्षवर्धन विदेशी यात्रियों का बहुत सम्मान करता था। प्रति पाँचवे वर्ष वह सर्वस्व दान करता था। इसके लिए वह बहुत बड़ा धार्मिक समारोह करता था। प्रयाग के समारोह में उपस्थित था। हर्ष चरित्र उच्छ्वास-8 (पहले ढाई उच्छवास आत्महत्या को उत्सुक अपनी बहन राजश्री

को दिवाकर मित्र ऋषि के आश्रम के पास पाया और उसे गंगा तट पर स्थित अपने शिविर में ले आया। में करते थे। वे अपने एकान्त में ही संतुष्ट थे। वे सन्तोष का जीवन व्यतीत करते थे। उन पर किसी सम्मान व अपमान का प्रभाव नहीं पड़ता था। वे बेकार रहना अच्छा समझते थे और भोजन भिक्षा से प्राप्त करते थे[37]। ह्वेनसांग लिखता है कि बौद्ध होते हुए भी हर्ष इस शुद्ध, हिन्दू मेलें में जाया करता था। उसकी तरफ से शाही आज्ञा पत्र जारी किया जाता था जिसमें पंच हिन्द के सभी गरीब और मेहमानों को मेले मे आकर उसका मेहमान होने के लिए निमंत्रित किया जाता था।

ह्वेनसांग के अतिरिक्त कुछ अन्य इतिहासकारों ने कुम्भ के बारे में अपना विचार दिया। इतिहासविद यदुनाथ सरकार कुम्भ पर्व की शुरूआत ईसा की तेरहवीं शताब्दी से माना है। क्योंकि तैमूर लंग ने 1398 ई. में हरिद्वार कुम्भ पर एकत्रित सनातन धर्मियों का कत्ल किया था। 1514 ई. में चैतन्य महाप्रभु कुम्भपर्व पर प्रयाग आये थे। सत्रहवीं शताब्दी में पारसी धार्मिक पुस्तक दविस्तान-ए-मुजाहिब में कुम्भपर्व का उल्लेख प्राप्त होता है। सरस्वती गंगाधर ने अपनी पुस्तक गुरुचरित्र में पंद्रहवी शताब्दी के नासिक के सिंहस्थ कुम्भ की चर्चा किया है। कुम्भ पर्व के विषय में 1690 का विवरण सन्त राधामोहन दास के पास रखे ताम्रपत्र पर प्राप्त होता है। जिसमें नासिक के कुम्भ का वर्णन है। 1695 में लिखित 'खुलास तुत-तवारिस' में प्रत्येक बारहवे वर्ष कुम्भ राशिस्थ वृहस्पति के होने पर हरिद्वार के कुम्भ की चर्चा आयी है। सन् 1796 में भी कैप्टन टॉमस हार्डविक ने ऐसियाटिका रिसर्चेज के खण्ड 6 में 1796 के कुम्भ मेंले का उल्लेख किया है यद्यपि आधुनिक इतिहासकार 12वीं शताब्दी के पूर्व कुम्भ को नही मानते परन्तु नागाओं का प्रथम संगठन सन् 546 तदुनुसार संवत् 603 ज्येष्ठ कृष्ण पक्ष नवमी शुक्रवार को गठित हुआ था जिसका नाम आवाहन अखाड़ा है इसलिए इसके पूर्व से ही कुम्भ पर्वों का आयोजन माना जा सकता है। ह्वेनसांग भी प्रयाग के मेले को अनन्त काल से मनाये जाने का विवरण देता है। वेदों में कुम्भ शब्द एवं इससे सम्बन्धित कथाओं का वृत्तान्त प्राप्त होता है। इसलिए कुम्भ का प्रारम्भ वैदिक काल से माना जा सकता है। परन्तु इसका व्यवस्थित रूप बनाने वाले आदि गुरू शङ्कराचार्य अवश्य माने जा सकते हैं। (प्रो. भगवत शरण शुक्ल –अमृत कुम्भ

पर्व –पृ.109)

वैदिक काल से चला आ रहा कुम्भ पर्व हर्ष के समय भी प्राचीन था। प्रयाग में लगने वाला कुम्भ प्रयाग नगर की स्थापना से भी पुराना है। लेकिन प्रयाग से भी पुराना वह आकर्षण है, जो हजारों वर्षों से लाखों यात्रियों को हर साल गंगा और यमुना के संगम पर खीचं लाती है। इतना ही नही कुम्भ में आने वाले व्यक्तियों का देवता भी नमन करते है। क्योंकि कुम्भ का महात्म्य वर्णन करते हुए स्कन्दपुराण में कहा गया है।

तान्येव यः पुमान् योगेसोऽमृतत्वाय कल्पते।

देवा नमन्ति तत्रस्थान् यथा रंकाः धनाधिपान्।

अर्थात जो व्याक्ति कुम्भ का लाभ प्राप्त करता हैं उसको देवता उसी प्रकार नमन करते हैं; जैसे भिखारी किसी धनवान को। इसलिए कुम्भपर्व का अत्यधिक महत्त्व है।

सन्दर्भ-

1. *श्रीमद्भागवतमहापुराण 8.6.13*
2. *श्रीभगवानुवाच- '...। श्रृणुतावहिताः सर्वे श्रेयो वः स्याद्यथा सुराः 1।।*
   यात दानवदैतेयैस्तावत्सन्धिर्विधीयताम्।
   कालेनानुगृहीतैस्तैर्यावद्वो भव आत्मनः।।
   अरयोऽपि हि सन्धेयाः सति कार्यार्थगौरवे।
   अहिमूषकवद्देवा ह्यार्थस्य पदवीं गतैः।।
   अमृतोत्पादने यत्नः क्रियातामविलम्बितम्।
   यस्य पीतस्य वै जन्तुर्मृत्युग्रस्तोऽमरो भवेत्।।
   क्षिप्त्वा क्षीरोदधौ सर्वा वीरुत्तृणलतौषधीः।
   मन्थानं मन्दरं कृत्वा नेत्रं कृत्वा तु वासुकिम्।।
   सहायेन मया देवा निर्मन्थध्वमतन्द्रिताः।
   क्लेशभाजो भविष्यन्ति देत्या यूयं फलग्रहाः।।
   यूयं तदनुमोदध्वं यदिच्छन्त्यसुराः सुराः।
   न संरम्भेण सिध्यन्ति सर्वेऽर्थाः सान्त्वया यथा।।
   न भेतव्यं कालकूटाद्विषाज्जलधिसम्भवात्।

लोभः कार्या न वो जातु रोषः कामस्तु वस्तुषु।।

- श्रीमद्‌भागवतमहापुराण, 8.6.18-25

3. ततो देवासुराः कृत्वा संविदं कृतसौहृदाः।
उद्यमं परमं चक्रुरमृतार्थे परन्तप।।
ततस्ते मन्दरगिरिमोजसोत्पाट्य दुर्मदाः।
नदन्त उदधिं निन्युः शक्ताः परिघवाहवः।।
दूरभारोद्वहश्रान्ताः शक्रवैरोचनादयः।
अपारयन्तहस्तं वोढुं विवशा विजहुः पथि।।
विज्ञाय भगवांस्तत्र बभूव गरूडध्वजः। .....
गिरि चारोप्य गरुडे हस्तेनैकेन लीलया।
आरुह्य प्रययावन्धिं सुरासुरगणैर्वृतः।।
अवरोप्य गिरिं स्कन्धात्सुपर्णः पततां वरः।
ययौ जलान्त उत्सृज्य हरिणा स विसर्जितः।। -वही, 8.6.32-39

4. वही, 8.7.1-5

5. ममन्थुः परमायत्ता अमृतार्थ पयोनिधिम्।
मथ्यमानेऽर्णवे सोऽद्रिरनाधारो ह्याऽविशत्।।
ध्रियमाणोऽपि बलिभिर्गौरवात्पाण्डुनन्दन।
ते सुनिर्विण्णमनसः परिम्लानमुखश्रियः।।
आसन्स्वपौरूषे नष्टे दैवेनाति बलीयसा।।
विलोक्य विघ्नेशाविधिं तदीश्वरो दुरन्त्वीर्योऽतितथामिसन्धिः।
कृत्वा वपुः काच्छपमद्भुतं महत्प्रविश्य तोयं गिरिमुज्जहार।।
तमुत्थितं वीक्ष्य कुलाचलं पुनः समुत्थिता निर्मथितुं सुरासुराः

-वही, 8.7.6-9

6. वही, 8.7.18- 36

7. श्रीमद्भागवतमहापुराण ,8,8-9

8. एवमुक्त्वा स दैत्येन्द्रो देवैः सह ययौ तदा।
मन्दरं प्रार्थयामास सहायत्वे धराधरम्।।
मन्था भव त्वमस्माकमधुनामृतमन्थने।
सुरासुराणां सर्वेषां महत्कार्यमिदं यतः।।
कल्प्यतां नेत्रकार्ये यः शक्यः स्याद् भ्रमणे मम।

ततस्तु निर्गतौ देवै कूर्मशेषौ महाबलौ।।
तत उत्पाट्य तं शैलं तत्क्षणात् क्षीरसागरे।
चिक्षेप लीलया नागाः कूर्मश्चाधः स्थितस्तदा।।

- मत्स्यमहापुराण, 249.23-26 एवं 30

9. मत्स्यमहापुराण, 249.31-80
10. मत्स्यमहापुराण, अध्याय 250-51
11. श्री विष्णुपुराण, 1.9. 1-25
12. वही, 1.9.26-31
13. लोभाभिभूता निःश्रीका दैत्याः सत्त्वविवर्जिताः।
श्रिया विहीनैर्निःसत्त्वैर्देवेश्चक्रुस्ततो रणम्।।

- विजितास्त्रिदशादैविष्णु. 1.9.33-34

14. आनीय सहिता दैत्ये क्षीराः सकलौषधीः।
प्रक्षिप्यात्रामृतार्थं ताः सकला दैत्यदानवैः।।
मन्थनं मन्दरं कृत्वा नेत्रं कृत्वा च वासुकिम्।
मथयताममृतं देवाः सहाये मय्यिवस्थिते।।
सामपूर्व च दैतेयास्तत्र साहाय्यकर्मणि।
सामान्यफलभोक्तारो यूय वाच्या भविष्यथ।।
इत्युक्ता देवदेवेन सर्व एव तदा सुराः
सन्धानमसुरैः कृत्वा यत्नवन्तोऽमृतेऽभवन्।।
नानौषधीः समानीय देवदैतेयदानव :।
क्षिप्त्वा क्षीराब्धिपयसि शरदभ्रमलत्विषि।।
मन्थानं मन्दरं कृत्वा नेत्रं कृत्वा च वासुकिम्।
ततो मथितुमारब्धा मैत्रेय तरसाऽमृतम्।।

श्रीविष्णुपुराण, 1.9.77- 79 तथा 82- 84

15. क्षीरोदमध्ये भगवान् कूर्मरूपी स्वयं हरिः।
मन्थनाद्रेरधिष्ठानं भ्रमतोऽभून्महामुने।।...
उपबृंहितवान्प्रभुः।।- वही 1.9.88-91
16. वही, 1.9.92-100
17. वही, 1.9.106-149
18. श्रीहरिवंशपुराण, महाभारत का अन्तिम (पृथग्भूत)खिल पर्व के रूप में

मान्य है। इसकी गणना प्रसिद्ध अष्टादशपुराणों में नहीं होती।

19. श्रीहरिवंशपुराण, भविष्यपर्व (तृतीय पर्व),30.5-22
(एतस्मिनन्तरे देवा गन्धमादनसानुषु..... अमृतार्थे महातेजा धातुभिः समरञ्जितः।।)

20. सुरासुरगणाः सर्वे सहिता लवणाम्भसः।
मन्दरं पुष्करं कृत्वा नेत्रं वासुकिमेव च।।
समाः सहस्त्रं मथितं जलमौषधीभिः सह।
क्षीरभूतं समायोगादमृतं समपद्यत।।
तज्जहुरसुराः पूर्वमाक्रान्ता लोभमन्युना।
धन्वन्तरिस्तथा मद्यं श्रीदेवी कौस्तुभो मणिः।।
शशाङ्को विमलश्चापि समुत्तस्थुः समन्त।
उच्चैःश्रवा हयो रम्यः पीयूषं तदनन्तरम्।।
-श्रीहरिवंशपुराण, भविष्य .30.26-29

21. अथातः सम्प्रवक्ष्यामि कलशोत्पत्तिमुत्तमाम्-स्कन्दपुराण
22. श्रीमद्वाल्मीकीय रामायण, बालकाण्ड, 45.15-22
23. उवाचैनं स्मितं कृत्वा रुद्रं शूलधरं हरिः।
दैवतैर्मथ्यमाने तु यत्पूर्व समुपस्थितम्।।
तत्त्वदीयं सुरश्रेष्ठ सुराणामग्रतो हि यत्।
अग्रपूजामिह स्थित्वा गृहाणेदं विषं प्रभो।।
श्रीमद्वाल्मीकीयरामायण, बालकाण्ड, 45.23-24
24. श्रीमद्वाल्मीकीयरामायण, बालकाण्ड ,45 . 27-30
25. वही, 45.31-36
26. यहाँ 'सुर' और 'असुर' शब्दों का अत्यन्त तार्किक निर्वचन किया गया है-
असुरास्तेन दैतेयाः सुरस्तेनादितेः सुताः।
हृष्टाः प्रमुदिताश्चासन् वारुणीग्रहणात्सुराः।।38।।
27. वही, 45.39-45
28. महाभारत, आदिपर्व, 17.18
29. दैवैरसुरसङ्घैश्च मथ्यतां कलशोदधिः।
भविष्यत्यमृतं तत्र मथ्यमाने महोदधौ।।

सर्वौषधीःसमावाप्य सर्वरत्नानि चैव ह।
मन्थध्वमुदधिं देवा वेत्स्यध्वममृतं ततः।।
-वही, आदिपर्व, 17.12-13

30. *अथ पर्वतराजानं तमनन्तो महाबलः।*
उज्जहार बलाद् ब्रह्मन् सवनं सवनौकसम्।।
ततस्तेन सुराः सार्धं समुद्रमुपतस्थिरे।
तमूचूरमृतस्यार्थे निर्मथिष्यामहे जलम्।।
अपां पतिरथोवाच ममाप्यंशो भवेत् ततः।
सोढ़ाऽस्मि विपुलं मर्द मन्दरभ्रमणादिति।।
-महाभारत, आदिपर्व, 18.8-10

31. *मन्थानं मन्दरं कृत्वा तथा नेत्रं च वासुकीम्।*
देवा मथितुमारब्धाः समुद्रं निधिमम्भसाम्।
-वही, आदिपर्व, 18.13
तथा अन्य वर्णन -वही, आदिपर्व 18.11-25

32. *ततो नानाविधास्तत्र सुस्त्रुवुः सागराम्भसि।*
महाद्रुमाणां निर्यासा बहवश्चौषधीरसाः।।
ततस्तस्य समुद्रस्य तज्जातमुदकं पयः।
रसोत्त्मैर्विमिश्रं च ततः क्षीरादभूद् घृतम्।।
-वही आदिपर्व , 18.26-28

33. *महाभारत, आदि पर्व, 18.29-46*
34. *वहीं, आदिपर्व, 19.1- 29*
35. *ततः सुरैर्विजयभवाप्य मन्दरः*
स्वमेव देशं गमितः सुपूजितः।
विनाद्य खं दिवमपि चैव सर्वशः
ततो गता सलिलधरा यथागतम्।।
ततोऽमृतं सनिहितमेव चक्रिरे
सुराः परां मुदमभिगम्य पुष्कलाम्।
ददौ च तं निधिममृतस्य रक्षितुं
किरीटिने बलभिदमथामरैः।।
-वही, आदिपर्व, 19.30-31

36. *प्राचीन भारत का इतिहास –के .सी.*
श्रीवास्तव -सं. 1988 यूनाइटेड बुक डी पो. पृ. 550

37. *प्राचीन भारत का इतिहास –बी. डी. महाजन*
स. 1988, एस चन्द्र एण्ड कं. प्रा. लि. दिल्ली
पृ. -563-564

❑❑

अध्याय 2

प्रमुख स्थलों पर लगने वाले महाकुम्भ का कारण

समुद्रमन्थन के फलस्वरूप जब धनवन्तरि अमृतपूर्ण कुम्भ लेकर प्रकट हुए तो दैत्य उसे हस्तगत करनें हेतु सचेष्ट हुए। दैत्यों की मंशा भाँप कर विष्णु ने उसे छिपाने के लिए इन्द्रपुत्र जयन्त को संकेत कर दिया। जयन्त उस अमृत कुम्भ को लेकर भागने लगा।[1] दैत्य गुरू शुक्राचार के ललकारने पर दैत्य जयन्त के पीछे दौड़े। इस प्रकार देवता एवं दैत्यों के बीच संघर्ष प्रारम्भ हो गया और यह संघर्ष देवताओं के बारह दिन[2] तक चलता रहा। संघर्षं के इन बारह वर्षों में कुम्भ को बारह (12) स्थानों पर जयन्त (गरुण) द्वारा रखा गया।[3] इन बारह स्थलों में से 8 स्थान देवलोक मे हैं तथा 4 स्थान मृत्यु-लोक में हैं। इसी आधार पर पुराणों में 12 'कुम्भ पर्व' की स्थापना की गई है जिसमें 4 मृत्युलोक कें लिए एवं 8 देवलोक के लिए हैं।

देवानां द्वादशाहोभिः मर्त्यैर्द्वादश वत्सरैः।
जायन्ते कुम्भपर्वाणि तथा द्वादश संख्यया।।

पापापनुत्तये नृणां चत्वारि भुवि भारते।
अष्टौ लोकान्तरे प्रौक्ता देवैर्गम्या न चेतरैः।।[4]

मृत्युलोक में चार स्थल पर कुम्भ का वर्णन प्राप्त होता है। स्कन्द पुराण के अनुसार ये स्थल हरिद्वार, प्रयाग, उज्जैन तथा नासिक हैं-

पृथिव्यां कुम्भपर्वस्य चतुर्धा भेद उच्यते।

चतुस्थले च पतनात् सुधा कुम्भस्य भूतले।।
गंगाद्वारे प्रयागे च धारा गोदावरी तटे।

कलशाख्यो हि योगोऽयं प्रोच्यते शङ्करादिभिः।।

हरिद्वारादि तीर्थेषु चतुर्षु च पृथक्-पृथक्।
कुम्भपर्वस्य समयो यथा कुम्भमुदीरयेत्।। (स्कन्दपुराण)

जहाँ जहाँ पर अमृत बिन्दु गिरे वहॉ-वहॉ कुम्भ मनाये जाने का उल्लेख प्राप्त होता है –

विष्णुद्वारे तीर्थराजेऽवन्त्यां गोदावरी तटे।
सुधा बिन्दुविनिक्षेपाद्-कुम्भपर्वेति विश्रुतम्।।

तस्मात् कुम्भात्समुत्क्षिप्त–सुधा बिन्दुर्महीतले।
यत्र यत्रात्य तत्तत्र कुम्भ पर्व प्रकल्पितम्।।

इस प्रकार से हरिद्वार, तीर्थराज प्रयाग, उज्जैन व नासिक इन चार प्रमुख स्थलों पर अमृत कुम्भ से निःसृत बूदों के कारण 'कुम्भ पर्व' मनाया जाता है।

दैत्य-देव संघर्ष में लगे चन्द्रमा ने अमृत कुम्भ को गिरने से, सूर्य ने घडे को टूटने से, बृहस्पति ने दैत्यों को अमृत तक पहुँचने से रोका और शनि ने जयन्त को भयाक्रान्त नहीं होनें दिया

चन्दःप्रस्त्रवणाद्रक्षां सूर्यो विस्फोटनाद् दधौ।

दैत्येभ्यश्च गुरू रक्षां शौरिर्देवेन्द्रजं भयात्।।

अर्थात् जिस विशेष ग्रहों के योग में चार स्थानों पर अमृत की बूँदें गिरी थी उन ग्रहों के उसीं विशेष योग के अवसर पर कुम्भ पर्व मनानें की परम्परा रही है। कुम्भ पर्व के सन्दर्भ में सूर्य, चन्द्र व बृहस्पति का संयोग बहुत महत्व रखता है

सूर्येन्दु गुरू संयोगस्तद्राशौ यत्र वत्सरे।
सुधाकुम्भप्लवे भूमे कुम्भो भवति नान्यथा।।

उक्त उद्धरणों से स्पष्ट हो जाता है कि अमृत बिन्दु गिरने (कुम्भ रखनें) के समय जिन राशियों में सूर्य,चन्द्र व गुरु की स्थिति रही है, उन्हीं राशियों में सूर्य-चन्द्र-गुरु के संयोग होने पर कुम्भ पर्व सम्पन्न होता है। इसके अभाव में 'कुम्भपर्व'नहीं हो सकता।

कुम्भ पर्व मनाने के चार स्थान तो प्रसिद्ध थे ही, किन्तु बाद के सन्तों,

आचार्यो तथा विद्वानों ने दो और स्थान कुम्भपर्व में जोड़ लिए। दोनों स्थान हैं- 1-वृन्दावन, 2 कुम्भकोणम्। वृन्दावन धाम में कुम्भ का आयोजन हरिद्वार कुम्भ के पूर्व जब कुम्भ राशि में वृहस्पति तथा सूर्य आता है तब यमुना जी के तट पर यह कुम्भ लगता है। यथा-

कुम्भराशि स्थिते भानौ तत्रैव च स्थिते गुरौ।
वृन्दावने भवेत् कुम्भो वैष्णवानां समागमः।।

1. स्कन्दपुराण के अनुसार गरुड को अपनी माता विनता को विमाता कद्रू के दासत्व से मुक्त कराने के लिए शर्त के अनुसार अमृत की आवश्यकता हुई। देवलोक में इन्द्र को परास्त करके जब गरुड जी इन्द्र से अमृत लेकर चलते हैं तब वृन्दावन में कालियदह पर कुछ अमृत बिन्दु कदम्ब वृक्ष पर गिर पड़े तभी से वृन्दावन में कुम्भपर्व मनाया जाने लगा। वृन्दावन का कुम्भपर्व हरिद्वार कुम्भ-मेला से ठीक पूर्व वसन्त पंचमी से आरम्भ होकर होली तक चलता है तथा प्रत्येक बारहवें वर्ष वृन्दावन में कुम्भ-मेला का आयोजन शताब्दियों से चला आ रहा है। भक्ति एवं प्रेम की स्थली वृन्दावन के कुम्भपर्व की ऐतिहासिकता निर्विवाद है। जिस समय औरंगजेब (1657 से 1707) ने हिन्दुओं के धर्मस्थलों को नष्ट करते हुए वृन्दावन के प्रसिद्ध श्री गोविन्द देव मन्दिर पर आक्रमण किया उस समय वृन्दावन में कुम्भ-मेला लगा था। सन्त-महात्माओं ने औरंगजेब के इस दुष्कृत्य का जमकर मुकाबला किया। फलस्वरूप हजारों साधुओं को मुगलसेना द्वारा मौत के घाट उतार दिया गया था।

एतदर्थं महाकुम्भः वृन्दारण्ये शुभास्पदे।
यामुनं तीरमासाद्य श्रीवैष्णवैः विधीयते।।

श्रीमाघपंचमीतो हि फाल्गुनपूर्णिमावधिः।
कुम्भकालस्तु विज्ञेयः कृष्णालोकफलप्रदः।।

तेषामेव फलं रम्यं सर्वसौभाग्यकारकम्।
वृन्दावने हरिक्षेत्रे यमुना स्नाननामकम्।।

2. कुम्भकोणम् जिसका प्राचीन नाम कुम्भघोणम है। यहाँ बह्मा जी ने अमृत से पूरित कुम्भ रखा था। इस कुम्भ का घोण (नासिका) से अमृत रिस कर बाहर निकल गया और पॉच कोश तक की भूमि अमृतमयी हो गयी। यही

स्थल कुम्भ घोण (कुम्भ कोण) के नाम से प्रसिद्ध है।

कुम्भस्य घोणतो यस्मिन् सुधापूरविनिस्सृतम्।
तस्मात् तत्पदं लोके कुम्भघोणं वदन्ति हि॥

कुम्भकोणम् कावेरी तट स्थित दक्षिण भारत का प्रमुख तीर्थस्थल है। यहाँ बारह वर्षों में एक बार 'महामखम' उत्सव मनाया जाता है। कुम्भ राशि में पर्व स्थान होने के कारण महामखम उत्सव को दक्षिण भारत का 'कुम्भ मेला' कहते हैं। उस समय सम्पूर्ण भारत से लाखो लोग आकर महामखम् सरोवर में स्नान करते हैं। मान्यता के अनुसार द्वादश वर्षीय कुम्भ के अवसर पर इस सरोवर में गंगा जी का प्रादुर्भाव होता है। मान्यता के अनुसार महामखम् सरोवर में कुम्भपर्व पर नौ नदियों का संगम होता है। ये नदियां है – गंगा, यमुना, सरस्वती, नर्मदा, कावेरी, महानदी, पयोष्णी तथा सरयू[5]। कुम्भकोणम् का उल्लेख शताध्यायी में इस प्रकार है-

अन्यक्षेत्र कृतं पापं पुण्यक्षेत्रे विनश्यति।
पुण्यक्षेत्रे कृतं पापं कुम्भकोणे विनश्यति॥

कुम्भकोणे कृतं पापं वाराणस्यां विनश्यति।
तत्रापि यत्कृतं पापं प्रयागे तद् विनश्यति॥[6]

कुम्भ पर्व का आयोजन ग्रहों के योग पर निर्भर करता है। इन्ही के आधार पर एक विशेष अवसर में चारो स्थानों पर कुम्भ पर्व का आयोजन होता हैं।

प्रयागराज महाकुम्भ

प्रकृष्ट यज्ञ भूमि, प्रयाग को शास्त्रों में अक्षय-क्षेत्र कहा गया है। कुम्भ का महापर्व अक्षय संस्कृति का प्रतीक है जो अमरत्व की साधना हेतु समायोजित

होता है। गंगा, यमुना एवं संरस्वती का संगम तथा अक्षयवट की प्रधानता होने के कारण तीर्थराज प्रयाग के 'कुम्भपर्व' का सर्वाधिक महत्व है। पुराणकार वेदव्यास ने स्कन्दपुरण तथा पद्मपुराण आदि में लिखा है कि

माघे मेषगते जीवे मकरे चन्द्रभास्करौ।
अमावस्या तदा योगः कुम्भाख्यस्तीर्थनायके॥

अर्थात् माघ मास में जब वृहस्पति मेष राशि का तथा सूर्य चन्द्रमा मकर राशि के हों और अमावस्या भी हो, तब प्रयाग में 'कुम्भपर्व' होता है। प्रो० गिरिजाशङ्कर शास्त्री के अनुसार 1954 के कुम्भ पर्व के निर्णय में ग्रहों की पुराण के द्वारा दिये गये मान्यताओं में कुछ भिन्नता थी इसलिए स्वामी करपात्री महाराज की मौजूदगी में वाराणसी के पण्डितों ने पुराण के श्लोक में परिवर्तन करके 1954 में नवीन श्लोक रचना की जो निम्नवत् है

मकरे च दिवानाथे वृषराशिस्थिते गुरौ।
प्रयागे कुम्भयोगो वै माघमासे विधुक्षये॥

अर्थात वृहस्पति के वृष राशि में और सूर्य के मकर राशि में संचालित होने पर त्रिवेणी संगम प्रयागराज में कुम्भ लगता है। अन्यत्र भी–

मकरे च दिवानाथे वृषगे च वृहस्पतौ।
कुम्भयोगो भवेदत्र प्रयागे ह्यतिदुर्लभः॥

यहाँ पूर्व से चला आ रहा पुराणों का 'माघमेषगते जीवे मकरे चन्द्रभास्करौ' गायब कर दिया गया। ऐसा सूर्य और वृहस्पति की गतिविधि के कारण किया गया।

ज्योतिष गणनानुसार प्रतिवर्ष माघ मास में चन्द्र एवं सूर्य मकर राशि में अवस्थित होते हैं, परन्तु वृहस्पति का द्वादश राशियों का चक्र पूरे बारह वर्षों में पूर्ण होता है। प्रति बारहवे वर्ष वह मेष राशि में आता है। इसी से इस माघ मास की अमावस्या तिथि को प्रयाग में कुम्भ पर्व का आयोजन किया जाता है। वृषस्थ वृहस्पति होने पर मकरस्थ सूर्य की अमावस्या का दिन तीन वर्ष बाद होता है।

प्रयागस्थ कुम्भपर्व के सम्बन्ध में एक प्राचीन श्लोक इस प्रकार है

यदा स्यातां वक्रे दिनकर निशेशौ खगरवौ
सुमन्त्री देवानां रविसुतयुतोऽमी खलु यदा।

श्रुतिर्विश्वं माघे शमयति च विश्वधमखिलं
त्रिवेणी कुम्भोऽस्मिन् ननु नरकपातश्च न भवेत्।

इसके अनुसार कुम्भ के लिए माघी अमावस्या मेष या वृष राशि का गुरू श्रवण या धनिष्ठा नक्षत्र के पूर्वार्धजन्य मकर राशि में चन्द्र और सूर्य का होना आवश्यक है।

हरिद्वार महाकुम्भ

जब मेष राशि में सूर्य और कुम्भ राशि में गुरू हों तो गंगाद्वार (हरिद्वार) में 'कुम्भ पर्व'का योग बनता है। जैसा कि पुराणों में कहा गया है—

पद्मिनी नायके मेषे कुम्भराशिगते गुरौ।
गंगाद्वारे भवेद्योगःकुम्भनामा तदोत्तमः॥

एक अन्य श्लोक में भी इसका वर्णन प्राप्त होता है-

कुम्भ राशि गते जीवे यद्दिने मेषगोरविः।
हरिद्वारे कृतं स्नानं पुनरावृत्ति वर्जनम्॥

इस प्रकार हरिद्वार तीर्थ के कुम्भ पर्व में देव, दनुज, यक्ष, गन्धर्व एवं कोटिशः श्रद्धालु पुण्यवान आकर इस ब्रह्माक्षेत्र, विष्णुक्षेत्र एवं शिवक्षेत्र गंगाद्वारतीर्थ में स्नान कर विविध कामनाओं के अनुसार पुण्य फल प्राप्त करते है।

उज्जैन कुम्भ

उज्जैन मे भी प्रत्येक 12 वर्षं में महाकुम्भ पर्व का आयोजन होता है जिसका स्वरूप अत्यन्त विशाल होता है। स्कंदपुराण के अनुसार जब मेष राशि में सूर्य, सिहं राशि में वृहस्पति हों तब सर्वथा मुक्तिदायक कुम्भ पर्व की स्थिति उज्जैन क्षेत्र में बनती है-

मेष-राशि गते सूर्ये, सिंहराशौ वृहस्पतौ।।
उज्जयिन्यां भवेत् कुम्भःसर्वसौख्यविवर्धनः।।

यह कुम्भपर्व चैत्र शुक्ल पूर्णिमा या मेष संक्रान्ति (जो पहले हो) से प्रारम्भ होकर वैशाख की पूर्णिमा तक रहता है।

स्कन्दपुराण के अनुसार कुम्भपर्व का मुख्य स्नानपर्व वतुतः अमावस्या को ही होता है, क्योंकि उसी दिन सूर्य और चन्द्रमा मेषराशि में तथा गुरु सिंह राशि में होते हैं-

सूर्येन्दुगुरुसंयोगः तद्राशौ यत्र वत्सरे।
सुधाकुम्भप्लवे यत्र भूमौ भवति नान्यथा।।

वस्तुतः कुम्भपर्व पर अमावस्या को ही पुण्य स्नान होता है परन्तु उज्जैन के महाकुम्भ में अमावस्या के साथ-साथ सर्वाधिक महत्व वैशाखी पूर्णिमा को माना जाता है। कहा गया है कि जब वैशाख शुक्लपक्ष में मेंष राशि में सूर्य तुला राशि में चन्द्रमा जो स्वाती नक्षत्र से युक्त हो। सिंह राशि में गुरु और पूर्णिमा तिथि साथ हो सोमवार का दिन और व्यतिपात योग हो तो ये दस महायोग स्नानकर्ता को मुक्ति फल प्रदान करते हैं। इसलिए वैशाख में कुम्भ के योग होने से क्षिप्रा में स्नान का पुण्य अनन्त हो जाता है।

नासिक कुम्भपर्व

नासिक में कुम्भपर्व तब मनाया जाता है जब सिंह राशि के गुरु में सिंहराशि का सूर्य होता है।

सिंहराशि गते सूर्ये सिंहराशौ वृहस्पतौ।
गोदावर्य्या भवेत्कुम्भः पुनरावृत्तिवर्जनम्॥

स्कन्दपुराण के उक्त श्लोक के अतिरिक्त एक अन्य श्लोक प्राप्त होता है-

सिंह गुरौ च सूर्ये च चन्द्रश्चन्द्र क्षयस्तथा॥
गोदावर्यां तथा कुम्भः जायतेवनिमण्डले॥

अर्थात वृहस्पति, सूर्य व चन्द्र तीनों ग्रह जब सिंह राशि में संचरित होते

हैं, तो गोदावरी तट नासिक में कुम्भ पर्व का आयोजन होता है।

नासिक कुम्भ पर शिवपुराण में लिखा है कि सिंहराशि के वृहस्पति आ जाने पर उस दिन से लेकर अन्तिम समय तक सभी तीर्थ, पुण्कर आदि सरोवर, गंगा आदि देवनदियाँ, वासुदेव आदि सभी देवता इस गौतमी अर्थात् गोदावरी के तट पर आकर निवास करते हैं

तद्दिनं हि समारभ्य सिंहस्थे च बृहस्पतौ।
आयान्ति सर्वतीर्थानि क्षेत्राणि दैवतानि च॥

सरांसि पुण्करादीनि गङ्गाद्यास्सरितस्तथा।
वासुदेवादयो देवाः सन्ति वै गौतमी तटे॥

(शिवपुराण, रुद्रसंहिता, अ0-24)

इस प्रकार से नासिक कुम्भ पर्व सम्बन्धी अनेक कथायें शिवपुराण में वर्णित हैं।

नासिक कुम्भ सम्बन्धी यह वचन भी प्राप्त होता है-

कर्के गुरु तथा भानुः चन्द्रश्चन्दर्क्षगः तथा।
गोदावर्यां तदा कुम्भो जायतेऽवनि मण्डले॥

अर्थात् कर्क राशि पर गुरु तथा सूर्य हो, चन्द्रमा स्व नक्षत्र मृगशिरा में हो तो नासिक में कुम्भ स्नान फलदायी है।

नासिक में कुम्भ मेला लगातार चार माह तक चलता है। शास्त्रों में आषाढ़ मास की शुक्ल एकादशी से लेकर कार्तिक शुक्ल एकादशी तक नासिक कुम्भ का वर्णन प्राप्त होता है।

सन्दर्भ

1. *कुछ आख्यानों में गरूड़ द्वारा अमृत कलश को ले जाने का वर्णन प्राप्त होता है।*
2. *पुराणों के अनुसार देवताओं का एक दिन मनुष्यों के एक वर्ष के बराबर होता है। यह संघर्ष मनुष्यों के बारह वर्ष तक चला।*
3. *कुछ आख्यानों में संघर्ष के दौरान बारह स्थलों पर अमृत छलकने का वर्णन मिलता है।*

4. *कुछ स्थान पर "भारते भुवि तुर्य्याःस्युर्नृणां कल्याणहेतवे" प्राप्त होता है।*
6. *प्रो. गिरिजा शङ्कर शास्त्री – काशी हिन्दु विश्वविद्यालय वाराणसी।*
7. *शताध्यायी अध्याय 3, श्लोक 8,9*

❑❑

अध्याय- 3

अर्धकुम्भ

प्रयाग, हरिद्वार, उज्जैन तथा नासिक में 12-12 वर्ष में पूर्ण कुम्भ का पर्व होता है। परन्तु यह अर्धकुम्भ पर्व हरिद्वार तथा प्रयाग में हीं मनाया जाता है। यह उज्जैन तथा नासिक में नहीं होता है। अर्धकुम्भ के विषय में शक्तियामलक तंत्र का यह उल्लेख प्राप्त होता है

तदर्धे वर्षमाने च कुम्भोर्धं सार्धपंचकम्।
अर्धकुम्भं विजानीयात् फलार्धमोक्षदायकम्।।

अर्थात कुम्भ पर्व के अर्ध वर्षमान अर्थात छठे वर्ष या सार्ध पंच (साढ़े पाँच) वर्ष में अर्धकुम्भ पर्व जानना चाहिये।

चीनी यात्री ह्वेनसांग ने सन् 644 ई0 में सम्राट हर्ष द्वारा प्रयाग में माघ मास में आयोजित धर्म सभा में भाग लिया था। उसने प्रयाग धार्मिक मेलें का पहला ऐतिहासिक संदर्भ अप. यात्रा वृत्तान्त में दिया है और उस मेले को अनन्तकालीन माना है। उसने अपने वर्णन में कहा है कि सम्राट हर्षवर्धन प्रत्येक पाँच वर्ष बाद प्रयाग आता था और अपना सर्वस्व ब्राह्मणों, बौद्ध भिक्षुओं, गरीबों और असहायों को देकर बहन के द्वारा दिये गये वस्त्र को पहन कर अपने राज्य को जाता था यद्यपि ह्वेनसांग अर्धकुम्भ या कुम्भ का उल्लेख नहीं करता परन्तु पाँच वर्ष बाद छठें वर्ष में प्रयाग में अर्द्धकुम्भ मनाने की प्रथा थी।

अर्धकुम्भ को कुम्भी भी कहा जाता है। कुम्भी शब्द का प्रयोग यजुर्वेद में प्राप्त होता है।

कुम्भीवर्थो या व्यषिष्ठा यज्ञा युवे स्यनतिषित्त।

(शुक्ल यजुर्वेद-12/3/23)

प्लशिर्व्यक्तः शतधार उत्यन्ते दुहे च कुम्भी स्वधा पितृभ्यः।

(शुक्ल यजुर्वेद-19/89/7)

इस प्रकार से कुम्भ के साथ ही साथ कुम्भी अर्थात् अर्धकुम्भ का उल्लेख वेदों में प्राप्त होता है। हरिद्वार में अर्धकुम्भ पर्व का आयोजन तब होता है जब मेष राशि में सूर्य तथा सिंह राशि में गुरु होता है।

मेषराशिगते सूर्ये गुरौ सिंहे च संस्थिते।
गङ्गाद्वारेऽर्धकुम्भो वै भवेदर्थफलप्रदः।।

प्रो. भगवत शरण शुक्ल का कहना है कि 'यह अर्धकुम्भ उसी समय हरिद्वार में होता है, जिस समय उज्जैन में महाकुम्भ पर्व का आयोजन होता है। लगभग वही समय यहाँ भी पुण्यप्रद रहता है परन्तु कुम्भ पर्व का पुण्य यहाँ अर्ध ही प्राप्त होता है। यहाँ पर अधिक श्रद्धालु अर्धकुम्भ के समय स्थानीय एवं समीपवर्ती प्रदेश के लोग ही अधिक होते हैं। नागा आदि सन्तगण एवं सभी विशिष्ट लोग कुम्भ पर्व के स्नान में उज्जैन चले जाते है। फलतः हरिद्वार के अर्धकुम्भ में शाही स्नान का स्वरूप उतना नही बनता। फिर भी इन सन्तों के प्रतिनिधि सन्तगण जो उज्जैन कुम्भ में नहीं जा पाते वे शाही स्नान की परम्परा का प्रतिनिधित्व करते हैं।'

प्रयाग में अर्धकुम्भ का समय पूर्णकुम्भ से ठीक छठे वर्ष होता है जब वृश्चिक राशि में गुरू मकर राशि में सूर्य एवं चन्द्र होते हैं तब प्रयाग में माघमास में अमावस्या के दिन अर्धकुम्भ पर्व का समय होता है

मकरे च रवौ चन्द्रे वृश्चिके संस्थिते गुरौ।
प्रयागे चार्धकुम्भः स्यात् माघे दर्शे फलप्रदः।।

प्रो. भगवतशरण शुक्ल का कहना है कि ' कभी –कभी अर्धकुम्भ प्रयाग में तुला के गुरु में भी होता है। जब छठें वर्ष क्षयमास की स्थिति होती है क्षयमास प्रायः कार्तिक, अगहन, पौष तथा माघ इन चारो महीनों में से ही होता है ऐसा भास्कराचार्य द्वितीय ने 'कार्तिकादित्रये मासे' ऐसा उल्लेख किया है। यह क्षयमास प्रायः तीस से पैतीस वर्षों के लगभग आता है जिस वर्ष क्षयमास पड़ता है उस वर्ष दो मलमास भी पड़ते हैं। ऐसी अवस्था में जब यह क्षयमास पौष एवं माघ मास को लेकर बनता है, तब एक वर्ष पूर्व ही प्रयाग में अर्धकुम्भ

पर्व आयोजित होता है।

कुम्भान् माघे यदा षष्ठे वर्षे मासक्षयो भवेत्।
प्रयागे चार्धकुम्भः स्यानुलायां हि गते गुरौ।

इसी प्रकार जब कभी 12 वें वर्ष की क्षयमास की स्थिति बनती है तो उसके एक मास पहले ग्यारहवें वर्ष में जब मेष राशि में गुरू होते है' तभी कुम्भपर्व का आयोजन कर लिया जाता है। एतदर्थ शास्त्र में प्रमाण मिलता है

माघे मेषगते जीवे मकरे चन्द्रभास्करौ।
अमायां च तदा योगः कुम्भाख्यस्तीर्थनायके॥

इस प्रकार अर्धकुम्भ का आयोजन शास्त्रीय मतानुसार केवल हारिद्वार एवं प्रयाग में ही होता है। अथवा इस विषय में कोई शास्त्रीय आधार प्राप्त नही होता है।

पुराणों में गंगा को तीन स्थान पर दुर्लभ कहा गया है।

सर्वत्र सुलभा गंगा त्रिषु स्थानेषु दुर्लभा।
हरिद्वारे च प्रयागे च तथा सागरसङ्गमे॥
तत्र स्नात्वा दिवं यान्ति ये मृतास्तेऽपुनर्भवाः।

(कूर्मपुराण, पूर्वभाग अ. 35/53)

हरिद्वार, प्रयाग एवं गङ्गासागर में गंगा की दुर्लभता के कारण भी इसका महत्व बढ़ जाता है। यह भी एक कारण है जिससे प्रयाग या हरिद्वार में ही अर्धकुम्भ मनाये जाने की प्रथा है।

❑❑

अध्याय – 4

प्रयागराज एवं महाकुम्भ

प्रयाग शब्द 'प्र' पूर्वक 'यज्' धातु से 'घञ्' प्रत्यय करने पर प्रकृष्टो यागः प्रयागः इस प्रकार करने से सिद्ध होता है। ब्रह्मपुराण के अनुसार 'प्रकृष्टत्वात् प्रयागोऽसौ प्रधान्याद राज्यशब्दवान्'' अर्थात् अपने प्रकर्ष के कारण ही यह प्रयाग कहलाता है तथा तीर्थों में मुख्य होने के काण ही यह तीर्थराज की संज्ञा पाता है। शास्त्र का मत है कि-

ग्रहाणां यथा सूर्यो नक्षत्राणां यथा शशी।

तीर्थानामुत्तमं तीर्थं प्रयागाख्यमुदाहृतम्।।

वैदिक काल से ही प्रयाग तीर्थराज के नाम से प्रसिद्ध है। प्रयाग का वर्णन आदिकाल से प्रारम्भ होकर आज तक के सभी ग्रन्थों में प्राप्त होता है। गंगा,

यमुना और सरस्वती के संगम स्थल पर स्थित प्रयाग का उल्लेख वेदों, पुराणों, रामायण, महाभारत एवं संस्कृत साहित्य के ग्रन्थों में प्रचुर रूप से विद्यमान है। प्रयाग वैदिक ऋषियों की साधनास्थली और यज्ञों की पावन भूमि रही है। ऋग्वेद में गंगा, यमुना एवं सरस्वती आदि नदियों की प्रार्थना करते हुए उनका उल्लेख किया गया है-

इमं मे गंगे यमुने सरस्वति शुतुद्रि स्तोमं सचता पुरुष्ण्या।
असिक्न्या मरुद्धधे वितस्तयाऽऽजीकीये शृणुह्या सुषोमया।।

(ऋग्वेद 10/75/5-6) (अ. 8/अ. 3/व. 6)

तीनों नदियों के त्रिवेणी का भी वर्णन ऋग्वेद में प्राप्त होता है।–

सितासिते सरिते यत्र सङ्गथे,
तत्राप्लुतासो दिवमुत्पतन्ति।
ये वै तन्वं विसृजन्ति धीरास्ते,
जनासो अमृतत्वं भजन्ते।।

(ऋग्वेद सं. 10/17/5 के अनन्तर परिशिष्ट खिलपाठ अ. 3/सू14)

अर्थात् जो लोग श्वेत गंगा और श्याम यमुना इन दो नदियों के संगम स्थल पर स्नान करते हैं वे स्वर्ग को प्राप्त करते हैं। जो धीर लोग यहाँ अपना शरीर त्याग करते हैं वे मोक्ष के अधिकारी होते हैं।

ऋग्वेद में ही एक स्थल पर प्रयागराज में आकर मुक्ति प्रदान करने की बात की गई है-

यत्र गङ्गा च यमुना च यत्र प्राची सरस्वती।
यत्र सोमेश्वरो देवस्तत्र माममृतं वृधीन्द्रायेन्दो परिस्त्रव।।

(ऋग्वेद सं. 9/113/11 के अनन्तर खिलपाठ 2/12)

शतपथ ब्राह्मण से ज्ञात होता है कि भरतवंशी नृपतिगणों ने अपने धार्मिक कार्यों को शुरू करने से पूर्व प्रयाग में आकर संगम में स्नान किया था। महाभारत में एक स्थल पर आख्यान है कि चारों वेदों का सर्वप्रथम अवतरण प्रयाग में ही हुआ तथा यह वैदिक यज्ञों के सम्पादन का प्रधान केन्द्र था। महाभारत के वनपर्व में वर्णन मिलता है कि प्रयाग नाम इसलिए पड़ा क्योकि

यहाँ स्वयं ब्रह्मा ने प्रकृष्ट यज्ञ सम्पन्न किया था-

यत्रायजत् भूतात्मा पूर्वमेव पितामहः।
प्रयागमिति विख्यातं तस्माद् भरतसत्तम।।

महाभारत वनपर्व में प्रयाग को तीनों लोकों में श्रेष्ठतम तीर्थ कहा गया है जिसकी स्तुति देवतागण भी किया करते हैं। इस पुण्यस्थल पर दिया गया यत्किञ्चित्दान भी महापुण्यदायक बताया गया है-

ततः पुण्यतमं नाम त्रिषु लोकेषु भारत।
प्रयागं सर्वतीर्थेभ्यो प्रवदन्त्यधिकं विभो।
एषायजन भूमि हि देवनामभिसंस्कृता।
तत्र दत्तं स्वल्पमपि महद्भवति भारत।।

प्रयाग की महिमा महाभारत काल में इतनी बढ़ चुकी थी कि जो लोग इसका नामोच्चारण करते थे उनके मन मे सहज रूप से पवित्रता का भाव जागृत हो जाया करता था। इतना ही नहीं महाभारत के अनुसार जो व्यक्ति गंगा और यमुना के पावन संगम में अवगाहन करता था उसे राजसूय एवम् अस्वमेध यज्ञों का फल सहज रूप से प्राप्त हो जाता था–

श्रवणात्तस्य तीर्थस्य नामसंकीर्तनादपि।
मृत्तिकालंभनाद्वापि सर्वपापैः प्रमुच्यते।।

तत्राभिषेकं यः कुर्यात्संगमे लोकविश्रुते।
पुण्यं स फलमाप्नोति राजसूयाश्वमेधयोः।।

इसका पाठ भेद भी प्राप्त होता है।–

गमनात् यस्य तीर्थस्य नामसंकीर्तनादपि।
मृत्युकालेभयाच्चापि नरः पापात् प्रमुच्यते।।

(महाभारत, वनपर्व, अध्याय 85)

महाभारत वनपर्व में ही उल्लेख है कि संगमस्थली पर ब्रह्मा जी ने प्राचीन काल में यज्ञ किया था-

गंगा यमुनयोर्तीरे संगमं लोकविश्रुतम्।
यत्यायजत् भूतात्मा पूर्वमेवपितामहः।
प्रयागमिति विख्यातं तस्माद् भरतसत्तम।।

(महाभारत वनपर्व 81/18-19)

महाभारत में ही कहा गया है कि प्रतिष्ठानपुर झूँसी प्रयाग, कम्बल और अश्वतर नाग तथा भोगवती तीर्थ ब्रह्मा जी की वेदी है। यहाँ वेद और यज्ञ मूर्तिमान होकर रहते हुए प्रजापति की उपासना करते हैं। महाभारत वनपर्व अध्याय 85 में वर्णन प्राप्त होता है कि देवर्षि नारद ने युधिष्ठिर द्वारा तीर्थ सम्बन्धी प्रश्न पूछे जाने पर उनकी जिज्ञासा का समाधान करते हुए कहा कि- महर्षियों द्वारा प्रशंसित प्रयाग तीर्थ में ब्रह्मा आदि देवता, दिशा, दिक्पाल, लोकपाल, साध्य लोक, सम्मानित पितर, सनत्कुमार आदि महर्षि अंगिरा आदि निर्मल ब्रह्मर्षि नाग सुपर्ण, सिद्ध सूर्य नदी, समुद्र, गन्धर्व, अप्सरा सहित भगवान विष्णु निवास करते हैं –

ततो गच्छेत राजेन्द्र प्रयागमृषिसंस्तुतम्।।
तत्र ब्रह्मादयो देवा दिशश्च सदिगीश्वराः।
लोकपालश्च साध्याश्च पितरो लोकसमताः।।

सनत्कुमारप्रमुखास्तथैव परमर्षयः।
अङ्गिरप्रमुखाश्चैव तथा ब्रह्मर्षयोऽमलाः।।
तथा नागाः सुपर्णाश्च सिद्धाश्चक्रचरास्तथा।

सरितः सागराश्चैव गन्धर्वाप्सरसोऽपि च॥

हरिश्च भगवानास्ते प्रजापतिपुरस्कृतः।
तत्र त्रीण्यग्निकुण्डानि येषां मध्येन जाह्नवी॥

वेगेन समतिक्रान्ता सर्वतीर्थपुरस्कृता।
तपनस्य सुता देवी त्रिषु लोकेषु विश्रुता॥

महाभारत वनपर्व अध्याय 95 में यह भी वर्णन प्राप्त होता है कि पाण्डव गण देवताओं की यज्ञ भूमि प्रयाग में पहुँचकर गंगा, यमुना के संगम में स्नान किया और कुछ दिनों तक उत्तम तपस्या में लीन रहें।

महाभारत के अनुसार प्रयाग में 60 करोड़ 10 हजार तीर्थों का वास होता है।–

दशतीर्थसहस्त्राणि षष्टि कोटिस्तथा पराः।
येषां सान्निध्यमत्रैवं कीर्तितं कुरुनन्दन॥

(महाभारत वनपर्व-85)

महर्षि वाल्मिकि ने रामायण में प्रयाग की पावन भूमि में यज्ञशालाओं से निकलने वाले सुगंधित धूम का तथा गंगा एवम् यमुना नदियों के संगम तथा उनके जल – प्रवाह के निनाद का बड़ा ही विशद् वर्णन किया है–

यत्र भागीरथी गंगायमुनाभिप्रवर्तते।
जग्मुस्तं देशमुद्दिश्य विगाह्य सुमहद्वनम्॥

प्रयागमभितः पश्य सौमित्रे धूममुत्तमम्।
अग्नेर्भगवता केतुं मन्ये सन्निहितो मुनिः।
नूनं प्राप्ताः स्म सम्भेदं गङ्गायमुनयोर्वरम्,
तथाहि श्रूयते शब्दो वारिणोर्वारिघर्षणः॥

दारूणि परिभिन्नानि वनजैरुपजीविभिः।
छिन्नाश्चाप्याश्रमे चैते दृश्यन्ते विविधाः द्रुमाः॥

धन्विनौ तौ सुखं गत्वा लम्बमाने दिवाकरे,
गंगायमुनयोः सन्धौ प्रापतुर्निलयं मुनेः॥
रामस्त्वाश्रममासाद्य त्रासयन्मृगपक्षिणः

गत्वा मुहूर्तमध्वानं भरद्वाजमुपागमत्।।

(वाल्मीकि रामायण – अयोध्याकाण्ड, सर्ग 54 श्लोक 4 से 9 तक)

यहाँ श्रीराम भ्राता लक्ष्मण को सम्बोधित कर उठते हुए हवन के धुँए का संदेह कर भरद्वाज मुनि के आश्रम का वर्णन करते हैं। आज भी यह पावन आश्रम दर्शनीय स्थल के रूप में विराजित है। मुनिवर भारद्वाज भगवान श्रीराम से संगम की पवित्रता का ज्ञापन करते हुए कहते हैं-

प्रतिगृह्य च तामर्चाम्युपविष्टं स राघवम्।
भरद्वाजोऽब्रवीद्वाक्यं धर्मयुक्तमिदं तदा।।

चिरस्यखलु काकुत्स्थ पश्यामि त्वामिहागतम्।
श्रुतं तव मया चेदं विवासनमकारणम्।

अवकाशो विविक्तोऽयं महानद्यो समागमे
पुण्यश्च रमणीयश्च बसत्विह भवान् सुखम्।।

(वाल्मीकिरामायण – अयोध्याकाण्ड सर्ग 54, श्लोक 20 से 22)

भरद्वाज ऋषि भगवान् श्री राम से कहते हैं कि गंगा और यमुना के संगम

के पास का यह स्थान बड़ा पवित्र और एकान्त है, यहाँ की प्राकृतिक छटा भी मनोहर है।

अतः तुम यहीं सुखपूर्वक निवास करो। इसके अतिरिक्त युद्धकाण्ड सर्ग 123 में भी प्रयाग का विशिष्ट वर्णन किया गया है।

पुराणों में तीर्थराज प्रयाग का विशद् वर्णन प्राप्त होता है-

श्रीमद्भागवत महापुराण (10/79), विष्णु पुराण (2/8/111),ब्रह्माण्ड पुराण (प्रयाग वर्णन प्रकरण), वृहन्नारदीय पुराण (1/41/47,6/24/27), मत्स्यपुराण (अ. 104, 192), पद्मपुराण (उत्तर खण्ड 23/27-35) स्कन्दपुराण (काशीखण्ड), कूर्म पुराण (1/36/23-26) ब्रह्मवैवर्त पुराण (1/26,27), अग्निपुराण (अ. 111), गरुण पुराण (अ.65), वामन पुराण (अ. 83) आदि में प्रयाग का विस्तृत माहात्म्य प्राप्त होता है।

स्कन्दपुराण में प्रयाग शब्द की व्युत्पत्ति इस प्रकार की गई है-

प्रकृष्ट सर्वयागेभ्यः प्रयागमिति गीयते।
दृष्ट्वा प्रकृष्टयागेभ्यः पुष्टेभ्यो दक्षिणादिभिः।
प्रयागमिति तन्नाम कृतं हरिहरादिभिः॥

वामनपुराण के अनुसार भारतवर्ष में ब्रह्मा की पाँच बेदियाँ हैं, जहाँ उन्होंने यज्ञ सम्पन्न किया था। प्रयाग, कुरुक्षेत्र, गया, विरजा तथा पुष्कल। किन्तु केवल प्रयाग में ही पवित्र नदियों का संगम है जिसके कारण इसे तीर्थराज का पद प्राप्त हुआ है।–

प्रयाग मध्यमा वेदिः पूर्वावेदिः गयाशिरः।
विरजा दक्षिणा वेदिरनन्त फलदायिनी॥
प्रतीचो पुष्करा वेदिस्त्रिभिः कुण्डैरलंकृता।
समन्त पञ्चका प्रोक्ता वेदिरेवोत्तराऽव्यया॥

(वामनपुराण 23/19-20)

मत्स्यपुराण में प्रयाग मण्डल की सीमा का उल्लेख प्राप्त होता है। इसके अनुसार प्रतिष्ठानपुर (झूँसी) से लेकर वासुकिह्रद तथा कम्बल एवं अश्वतर नामो के अतिरिक्त बहुमूल्य नाग तक का क्षेत्र प्रयाग मण्डल है।

आप्रयागं प्रतिष्ठानाद्यात्पुरा वासुकेर्हृदात्।
कम्बलाश्वतरौ नागौ नागश्च बहुमूलकः॥ (104/4)

प्रयाग का क्षेत्रफल जो त्रिवेदियों – अन्तर्वेदी (गंगा एवं यमुना के बीच का भाग), मध्यवेदी (अरैल) और बहिर्वेदी (झूँसी) रूप में विभक्त है, पाँच कोस का माना जाता है। कहीं कहीं इसका विस्तार पाँच योजन माना गया है।–

पञ्चयोजनविस्तीर्णं प्रयागस्य तु मण्डलम्।
प्रविष्टमात्रे तद्भूमावश्वमेधा पदे-पदे॥

(मत्स्यपुराण 107/9)

तीर्थराज प्रयाग के दर्शन, नाम संकीर्तन एवं मृत्तिका स्पर्श द्वारा मानव पापों से मुक्त हो जाता है-

दर्शनात्तस्य तीर्थस्य नाम संकीर्तनादपि
मृत्तिकालम्भनाद्वापि नरः पापात् प्रमुच्यते।

(मत्स्यपुराण 104/12)

पुराणों में अनेक स्थल पर प्रयाग को तीर्थराज घोषित किया गया है-

तथा सर्वेषु लोकेषु प्रयाग पूजयेद् बुधः।
पूज्यते तीर्थ-राजस्तु सत्यमेव युधिष्ठिरः॥

(मत्स्यपुराण 109/15)

पद्मपुराण में तीर्थराज प्रयाग की महिमा का एक स्त्रोत है जिसमें प्रत्येक श्लोक की अंतिम पंक्ति- 'स तीर्थराजो जयति प्रयागः' है-

ब्राह्मीन पुत्री त्रिपथास्त्रिवेणी समागमेनाक्षत् योगमात्रान्।
यत्राप्लुतान् ब्रह्म पदं नयन्ति स तीर्थराजो जयति प्रयागः॥

(पद्मपुराण 6/23/34)

अर्थात् सरस्वती, यमुना और गंगा का जहाँ संगम है, जहाँ स्नान करने वाले ब्रह्म पद को प्राप्त होते हैं उस तीर्थराज प्रयाग की जय हो। इसी पुराण में प्रयाग को सर्वोत्तम तीर्थ भी कहा गया है।–

ग्रहाणां च यथा सूर्यो नक्षत्राणां यथा शशिः
तीर्थानामुत्तमं तीर्थ प्रयागाख्यमनुत्तमम्॥

अग्निपुराण में प्रयाग में 60 करोड़ 10 हजार तीर्थों का वास बताया गया है-

दशतीर्थसहस्राणि षष्टि कोटिस्तथा पराः।
तेषां सान्निध्यमत्रेव प्रयागं परमं ततः॥

(अग्निपुराण 46/9)

कूर्मपुराण 37 अध्याय में कहा गया है कि यह तीर्थराज प्रयाग प्रजापति का क्षेत्र तीनों लोकों में विख्यात है यहाँ स्नान करने से स्वर्ग की प्राप्ति होती है और जो यहाँ मृत्यु का वरण करता है उनका पुनर्जन्म नहीं होता अर्थात उन्हें मोक्ष प्राप्त होता है।

ब्रह्मपुराण में कहा गया है कि प्रयाग का स्मरण मात्र से सारे पाप नष्ट हो जाते हैं, मानव को अभिलषित वर प्राप्त होता है। और अन्त में ब्रह्मलोक की प्राप्ति होती है–

तीर्थराजं तु ये यान्ति ये स्मरन्ति सदा भुवि
ते सर्वे पापनिर्मुक्ताः पदं गच्छन्यनामयम्।

विष्णुपुराण में कहा गया है कि माघ महीने में ब्रह्मा, विष्णु, रुद्र तथा आदित्यादि मरुद्गणों का आगमन संगम में स्नान हेतु होता है–

माघमासे गमिष्यन्ति गंगायमुन सङ्ग में
ब्रह्म विष्णु महादेवः रुद्रादित्यमरुद्गणाः॥

उक्त के अतिरिक्त अनेक पुराणों में अनेक स्थलों पर प्रयाग का वर्णन प्राप्त होता है।

योग वाशिष्ठ में भी प्रयाग का वर्णन प्राप्त होता है। इस ग्रन्थ में भगवान भी राम का किशोरावस्था में ही प्रयाग आने का वर्णन है-

प्रयागं नैमिषं चैव धर्मारण्यं गयां तथा
वाराणसी श्रीगिरिं च केदारं पुष्करं तथा॥

(योगवाशिष्ठ 1/3/35)

महाकवि कालिदास ने प्रयाग संगम पर गंगा-यमुना का अनूठा चित्रण किया है यथा-

क्वचित् प्रभा चांद्रमती समोभिश्छायाविलीनैः शबली कृतेव।
अन्यत्र शुभ्रा शरदभ्र लेखा रंध्रेसुइवालक्ष्य नभः प्रदेशाः॥

क्वचिच्च कृष्णोरग भूषणेव, भस्मांगरागा तनुरिश्वरस्य।
पश्यानवद्यांगि विभातिगंगा, भिन्नप्रवाहा यमुना तरंगैः॥

इनके अतिरिक्त गोस्वामी तुलसीदास कृत श्री रामचरितमानस में भी तीर्थराज प्रयाग का वर्णन प्राप्त होता है। यहाँ पर तीर्थराज प्रयाग की तुलना पवित्र मंगलमय समाज से की गयी है-

मुद मंगलमय संत समाजू। जिमि जग जंगम तीरथराजू॥

राम भक्ति जहँ सुरसरि धारा। सरसइ ब्रह्म विचार प्रचारा॥

(श्री रामचरितमानस बालकाण्ड 1/78)

प्रयागराज के फल का वर्णन करते हुए गोस्वामी कहते हैं-

सुनि समुझहिं जन मुदित मन मज्जहिं अति अनुराग।

लहहिं चारि फल अछत तनु साधु समाज प्रयाग॥

(श्री रामचरितमानस बालकाण्ड दो-2)

राम वन गमन के समय तीर्थराज पहुँचने पर गोस्वामी जी ने भगवान् श्री राम के मुख से बड़ा ही पुनीत वर्णन किया है-

संगम सिंहासनु सुठि सोहा। छत्रु अखयबटु मुनि मन मोहा॥

चंवर जमुन अरु गंग तरंगा। देखि होहिं दुःख दारिद भंगा॥

(अयोध्याकाण्ड-104/7-8)

को कहि सकइ प्रयाग प्रभाऊ। कलुष पुंज कुंजर मृगराऊ॥

(अयोध्याकाण्ड 105/1)

लंका जीतकर अयोध्या आते समय भगवान श्रीराम सीता से कहते हैं-

तीरथपति पुनि देखु प्रयागा। निरखत जन्म कोटि अघ भागा॥

देखु परम पावनि पुनि बेनी। हरनि सोक हरि लोक निसेनी॥

(लंकाकाण्ड 119/7-8)

आज के ऋषि जिन्होंने माघ मेले का जीवन्त वर्णन अपने काव्यों में किया है। कैलाश गौतम का कहना है-

धन्य – धन्य यह भूमि है, धन्य – धन्य यह धाम।
तीरथ राज प्रयाग को, शत – शत बार प्रणाम॥

इस प्रकार से प्रयागराज का वर्णन वैदिक काल से प्रारम्भ करके आज तक के सभी ग्रन्थों में विस्तृत रूप से प्राप्त होता है।

❑❑

अध्याय 5

गंगा, यमुना, सरस्वती

भारत नदियों का देश है। यहाँ 4000 से भी अधिक छोटी- बड़ी नदियाँ मिलती हैं। उत्पत्ति के आधार पर भारत की नदियों का वर्गीकरण मुख्य रूप से दो वर्गों में किया गया है। पहला हिमालय की नदियाँ दूसरा प्रायद्वीपीय नदियाँ। गंगा तथा यमुना हिमालय की नदियाँ हैं तथा गोदावरी एवं क्षिप्रा प्रायद्वीप की नदी हैं।

प्रयागराज में त्रिवेणी का अत्यन्त महत्त्वपूर्ण स्थान है। गंगा, यमुना एवं अदृश्य सरस्वती का पावन संगम यहीं है। संगम सम्बन्धी तीनों नदियों का विवरण निम्नवत् है :-

गंगा

ऐतिहासिक दृष्टि से गंगा अत्यन्त महत्वपूर्ण एवं पवित्र नदी हैं। वेदों, पुराणों एवं महाभारत के अनुसार गंगा अनादि हैं। ऋग्वेद में गंगा का वर्णन नदीसूक्त में सबसे पहले किया गया है-

इमे च गंगे यमुने सरस्वती शत्तुद्रि स्तोत्रं सचता परूष्णया।
असिक्न्या मरुदृधे वितस्तयाऽर्जीकीये शृणुह्या सुषोमया।।

(ऋग्वेद- 10/75/5)

ऋग्वेद में ही कहा गया है कि –

सप्तापो देवीः सुरणा अमृक्ता
याभिः सिन्धुमतर इन्द्र पूर्भित्।
नवतिं स्त्रोत्या नव च स्त्रवन्तीर्देवेभ्यो,
गातुं मनुषे च विन्दः।। (ऋग्वदे 10/104/8)

अर्थात हे इन्द्र! तुम्हारी आज्ञा से गंगा आदि जलरूप सात नदी- देवता अत्यन्त आनन्द से निर्बाध रूप से पृथ्वी पर बहती हैं। असुरों के शरीर को भेदन करने वाले इन्द्र! तुमने गंगा आदि नदियों से समुद्र को बढ़ाया है और तुमने ही गंगा आदि नदियों के तीर्थरूप तट पर यज्ञ द्वारा देवताओं के हवि प्रदानार्थ एवं मनुष्यों के अभीप्सित फल प्राप्ति हेतु गंगा आदि नदियों को बहने के लिए मार्ग बनाया है।

ऋग्वेद में ही एक अन्य स्थल पर भी 'गाङ्गय' शब्द आया है।

अछि वृबुः पणीनाम् वर्षिष्ठेमूर्धन्नस्यात्। उरूः कक्षो न गाङ्गयः।।

(ऋग्वदे 6/45/31)

महाभारत आदिपर्व में गंगा जी का आधिदैविक रूप देवाङ्गना के तुल्य है, वे उसी रूप में एक दिन ब्रह्मा की सभा में उपस्थित हुई। उस समय वायु के झोंके से उनके शरीर का चाँदनी के समान उज्ज्वल वस्त्र सहसा उठ गया। उस अवस्था में उनके शरीर को देखने के कारण 'महाभिष' को ब्रह्म जी के द्वारा मर्त्यलोक में जन्म लेने का शाप मिला और गंगा जी को भी उनके प्रतिकूल आचरण करने के लिए उनके साथ जाने का संकेत प्राप्त हुआ। महाभिष इक्ष्वाकु वंशोत्पन्न एक महाप्रतापी सत्यवादी एवं पराक्रमी राजा थे जिन्होंने सहस्त्र अश्वमेध यज्ञ एवं सौ राजसूय यज्ञों द्वारा इन्द्र को सन्तुष्ट कर स्वर्गलोक प्राप्त किया था। ब्रह्माजी से शापित होकर ये महाभिष ही प्रतीप के यहाँ शान्तनु रूप में उत्पन्न हुये। गंगा ने भी मर्त्यलोक में आकर इनको पति रूप में वरण किया। इन्होंने आठ महातेजस्वी पुत्रों को जन्म दिया। इनमें से 7 पुत्रों को गङ्गा जी ने

"मैं तेरी प्रसन्नता का कार्य करती हूँ" ऐसा कहकर एक- एक कर गङ्गा की (अपनी) धारा में डाल दिया। आठवाँ पुत्र उत्पन्न होने पर शान्तनु के पुत्र मोह से उन्हें उसे जल में प्रवाहित करने से रोकने एवं फटकारने पर गंगा जी ने उन्हें छोड़ दिया, परन्तु अपनी इच्छा के विपरीत कार्य करने पर पूर्व शर्त के अनुसार गंगा जी शान्तनु को छोड़कर स्वर्गलोक चली गईं।

गंगा जी का वही आठवां पुत्र ही महान पराक्रमी भीष्म के नाम से विख्यात हुआ। वास्तव में गङ्गा जी के आठों पुत्र आठ वसु ही थे जिन्हें वशिष्ठ के शाप से पृथ्वी में मनुष्य रूप में जन्म लेना पड़ा, 7 पुत्रों को तो गङ्गा जी ने जल में डालकर तत्काल मुक्त दर दिया, आठवें 'द्यौ' नामक वसु ही भीष्म के रूप में यहाँ रहे।

एक अन्य गाथा में गङ्गा जी को इडा नाड़ी कहा जाता है जो इस प्रकार है- यज्ञ रूप विष्णुजी ने जब वामन रूप धारण करके बलि के उद्धार हेतु तीन पग भूमि माँगी थी, उसी समय ऊपर फैलाये पैर के अगूँठे में ब्रह्मा लिपट गये थे और सप्तर्षियों के साथ अंगूठा देखा था, पूजा की सामग्री न पाकर कमंडल के गंगा जल से पूजा की तदन्तर विष्णु के चरणों से निकल कर स्वर्ग लोक में गिरीं और मन्दाकिनी नाम पड़ा, विष्णु के चरणों से निकलकर ब्रह्मा के कमंडल में होती हुई शिव की जटा में आई फिर आकाश से पृथ्वी पर आईं तब गंगा नाम पड़ गया; पुनः जह्नु के आश्रम गईं तो यज्ञ-रक्षा हेतु उन्होंने गंगा का पान कर लिया। फिर भगीरथ के तप करने पर अपने दाहिने कान से गंगा को छोड़ दिया। उनका नाम जाह्नवी हुआ। तब आगे आकर सगर के पुत्रों को तारती हुई सागर से मिल गई और यहीं पर इनका नाम भागीरथी पड़ा। भगीरथ की कथा अन्यान्य ग्रन्थों में और भी कईं रूप में प्राप्त होती है।

महाभारत (वन पर्व अध्याय 85 श्लोक 88 से 97) में विशेष गंगा माहात्म्य वर्णित है जिसका कुछ अंश इस प्रकार है-

गंगा में कहीं भी स्नान किया जाय वह कुरुक्षेत्र के बराबर का फल देती हैं। किन्तु कनखल की अपनी विशेषता है और प्रयाग में तो इसकी परम महत्ता है। यदि कोई सैकड़ो पाप कर्म करके भी गंगा जल का अवसिंचन करता है तो गङ्गा जल दुष्कृत्यों को उसी प्रकार जला देती है जिस प्रकार अग्नि ईधन को। कृतयुग में सभी स्थल पवित्र थे, त्रेता में पुष्कर सबसे प्रसिद्ध तथा अधिक पवित्र

था, द्वापर में कुरुक्षेत्र एवं कलियुग मे गङ्गा सर्वाधिक पवित्र है। नाम लेने मात्र से गङ्गा पापियों को पवित्र कर देती है, इसे देखने से सौभाग्य प्राप्त होता है, जब इसमें स्नान किया जाता है तब सात पीढ़ियों तक कुल पवित्र हो जाता है। जब तक किसी मनुष्य की अस्थि गङ्गा जल को स्पर्श करती रहती है तब तक वह स्वर्गलोक मे प्रसन्न रहता है। गङ्गा के समान कोई तीर्थ नहीं और केशव के सदृश कोई देव नहीं। वह देश जहाँ गङ्गाजी बहती हैं और वह तपोवन जहाँ गङ्गा पाई जाती हैं वस्तुतः पवित्र हैं क्योंकि वह गङ्गातीर का स्पर्श करता रहता है। महाभारत के अनुशासन पर्व (36/26/30-31) में गङ्गा प्रशस्ति गायन किया गया है- " जो लोग गङ्गा जी में नित्य स्नान करते हैं उनको महान पुण्य फल मिलता है वह पवित्रात्मा हो जाता है- उनके पुण्य फल की तुलना सैकड़ों वैदिक यज्ञों के सम्पादन से भी नहीं की जा सकती।"

विष्णु पुराण में गंगा के बारे में कहा गया है कि-

वामपादाम्बुजाङ्गुष्ठ नखस्त्रोतो विनिर्गताम्।
विष्णोर्विभर्ति यां भक्त्याः शिरसाहर्निशंध्रुवः॥

(विष्णुपुराणं 2/8/111)

अर्थात् गङ्गा विष्णु भगवान् के वाम चरण कमल के अँगूठे के नख रूप स्त्रोत से निकली हैं उन गङ्गा जी को ध्रुव दिन-रात अपने मस्तक पर धारण करते हैं।

विष्णुपुराण में ही गङ्गा जी का माहात्म्य वर्णित है "गङ्गा जी के जल में स्नान करने से शीघ्र पाप का नाश होकर अपूर्व पुण्य की प्राप्ति होती है, जिसके प्रवाह में पुत्रों द्वारा पितरों के लिए श्रद्धापूर्वक किया हुआ एक दिन का भी तर्पण उन्हें सौ वर्ष तक दुर्लभ तृप्ति प्रदान करता है। हे द्विज जिसके तट पर राजाओं ने महायज्ञों से यज्ञेश्वर भगवान पुरुषोत्तम का भजन करके इह लोक और परलोक की परम सिद्धि लाभ की है, जिसके जल में स्नान करके निष्पाप हुए यतिजनों ने भगवान् केशव में चित्त लगाकर अति दुर्लभ निर्वाण पद प्राप्त किया है, जो अपना श्रवण, इच्छा, दर्शन, स्पर्श, जलपान, स्नान तथा यशोगान करने से ही नित्यप्रति प्राणियों को पवित्र करती रहती हैं तथा जिसका गंगा ऐसा नाम सौ योजन की दूरी से भी उच्चारण किये जाने पर जीव के तीन जन्मों के

संचित पापों को नष्ट कर देती है। त्रिलोकी को पवित्र करने में समर्थ वह गङ्गा जिससे उत्पन्न हुई हैं वही भगवान का तीसरा परम पद है।''

(विष्णुपुराण 2/8/118-124)

वृहन्नारदीय पुराण के कई अध्यायों में गङ्गा जी के पवित्र माहात्म्य का वर्णन किया गया है। कुछ अंश निम्नवत् है- ''पवित्र गङ्गा जी में स्नान करने वाले पापीजन भी सभी पापमयी वासनाओं से विमुक्त हो अति विशाल विमान पर चढ़कर परमपद की प्राप्ति करते हैं। श्रद्धालु जन इन पुण्य सलिला गङ्गा जी में स्नान कर अपने माता- पिता दोनों कुलों की हजारों पीढ़ियों तक को नरक से उबार लेते है तथा स्वयं स्वर्ग को प्राप्त करते हैं। हे मुनिजी ! जो मनुष्य इस पवित्र गंगा जी का स्मरण मात्र कर लेता है वह मानो अन्य सभी पवित्र तीर्थों में स्नान कर चुका है। इस पृथ्वीतल पर मनुष्यों को गङ्गा, तुलसी, अनन्य भगवद्भक्ति तथा धर्मोपदेशक वचनों मे श्रद्धा ये वस्तुयें दुर्लभ हैं। सद्धर्मोंपदेशक सत्पुरुष की चरणधूलि गङ्गा जी की पुनीत मिट्टी तथा तुलसी की मिट्टी श्रद्धा पूर्वक मस्तक पर चढ़ाने वाले लोग विष्णु के पद को प्राप्त करते हैं।'' (वृहन्नारदीयपुराण गं.मा. 1/41/47)

वृहन्नारदीय पुराण में कहा गया है कि-

सर्वेषामपि तीर्थानां श्रेष्ठा गंगा धरातले।
न तस्या सदृशं किंचित् विद्यते पापनाशनम्॥

(वृहन्नारदीयपुराण गंगामाहात्म्य 4/2)

अर्थात् इस पृथ्वीतल पर सभी तीर्थों में गंगा श्रेष्ठ है, उसके समान पापों का नाश करने वाला कोई अन्य तीर्थ इस भूमण्डल में नहीं है।

वृहन्नारदीय पुराण में ही गंगा माहात्म्य में कहा गया है कि ''स्नानार्थ गंगा की पवित्र धारा में प्रवेश करते ही मनुष्य के ब्रह्महत्या आदि कठोर पाप पुञ्ज भी हाहाकार करते हुए विनष्ट हो जाते हैं। जो पुरुष सर्वदा गंगा तट पर निवास करता है तथा गङ्गा के परम पुनीत जल को पान करता है, वह पूर्व संचित पापों से मुक्त हो जाता है। जो पुरुष गंगा को आश्रय बनाकर नित्य निर्भय निवास करता है वह महर्षियों, देवताओं तथा माननीयों सभी से पूजनीय है। वैसे तो सभी स्थानों पर गङ्गा दुर्लभ है, परन्तु गङ्गाद्वार (हरिद्वार) गंगा सागर, तथा

प्रयाग (संगम) में, विशेष प्रभाव है-

सर्वत्र दुर्लभा गंगा त्रिषु स्थानेषु चाधिका।
गंगाद्वारे प्रयागे च गंगासागरसंगमें।। (वृहन्नारदीय-6/26)

वृहन्नारदीय में ही कहा गया है कि गंगा जी की महिमा भगवान विष्णु भी सैकड़ों वर्षों में नहीं कह सकेंगे–

गंगाया महिमा ब्रह्मन् वक्तुं वर्षशतैरपि।

न शक्यते विष्णुनापि किमन्यैर्बहुभाषितैः।। (बृहन्नारदीय-1/49)

ब्रह्मवैवर्त पुराण में गङ्गा की विशेष कृपा का उल्लेख प्राप्त होता है-

नानाविधं महत्स्वल्पं पापं स्याद्धरते भृभिः।।

गंगायाः स्पर्शवातेन नश्यतीति श्रुतौ श्रुतम्।
स्पर्शनं दर्शनाद्देव्याः पुण्यं दशगुणां ततः।।

(ब्रह्मवैवर्त पुराण गङ्गोपाख्यान 1/26-27)

भौगोलिक दृष्टि से गंगा नदी हिमालय की नदी कहलाती है। इसमें वर्षा जल तथा वर्षा ऋतु के पश्चात् हिमनद के पिघलने से गंगा नदी सदानीरा रहती है। गंगा नदीं वास्तव में भगीरथी और अलकनंदा नदियों का ही सम्मिलित रूप है जो देवप्रयाग के निकट मिलकर गंगा कहलाती है। गंगा नदी का मुख्य स्त्रोत उत्तरांचल में स्थित गंगोत्री हिमानी है। यह हरिद्वार के निकट पहाड़ों से निकलकर मैदानी भाग में प्रवेश करती है। इसमें दाहिनी ओर से यमुना प्रयागराज में मिलती हैं, दक्षिण पठार से सीधे गंगा में मिलने वाली नदी सोन है। आगे दामोदर नदी छोटानागपुर के पठार का जल लाती हुई इसमें मिलती है। पुनपुन तथा टोंस दोनों नदियाँ भी दाहिनी ओर से इसमें मिलती हैं। गंगा के बाएँ तट की मुख्य सहायक नदियाँ पश्चिम से पूर्व इस प्रकार हैं- रामगंगा, गोमती, घाघरा, गंडक, कोसी तथा महानंदा।

फरक्का के बाद गंगा नदी दक्षिण-पूर्व की ओर बहते हुए बांग्लादेश में प्रवेश करती है और पद्मा कहलाती है। यहाँ से गंगा कई धाराओं मे बंटकर डेल्टाई मैदान में दक्षिण की ओर बहती हुई समुद्र में मिलती है। इस हिस्से में यह भागीरथी हुगली नाम से जानी जाती है। पावन से पूर्व गोलुंडों के पास

ब्रह्मपुत्र पद्मा से मिलती है। संयुक्त धारा पद्मा के नाम से आगे बढ़ती है। चांदपुर के पास मेघना इससे आ मिलती है और तत्पश्चात यह मेघना नाम से ही अनेक जल वितरिकाओं में बँटकर बंगाल की खाड़ी में मिल जाती है। गंगा – ब्रह्मपुत्र का डेल्टा विश्व का सबसे बड़ा डेल्टा माना जाता है जिसका विस्तार हुगली और मेघना नदियों के बीच है।

इस प्रकार निष्कर्ष रूप से कहा जा सकता है कि गंगा जी की महिमा अपार है, यह एक पवित्रतम देव नदी है जो पुराकाल से आजतक जनमानस के दुखों एवं पातकों का निवारण करती आ रही है। आध्यात्मिक दृष्टि से तो लोग माँ गंगे का लाभ प्राप्त करते ही हैं साथ ही साथ भौगोलिक दृष्टि से भी गंगा जी लोगों को लाभ पहुँचाती रहती हैं।

यमुना

भौगोलिक दृष्टि से यमुना नदी गंगा नदी तंत्र की सबसे प्रमुख नदी है जो यमुनोत्री हिमानी (टिहरी-गढ़वाल जिला) से निकलती है। इसमें चम्बल, सिन्ध, बेतवा तथा केन नदियाँ आकर मिलती हैं। ये सभी मालवा के पठार से बहती हैं। सोन नदी अमरकंटक की पहाड़ियों में नर्मदा के उद्गम स्थल के निकट से निकलती है। यमुना प्रयागराज में आकर गंगा से मिलती है और संगम का निर्माण करती है।

ऐतिहासिक दृष्टि से यमुना का वर्णन आदिकाल से माना जाता है। ऋग्वेद नदी सूत्र में यमुना का वर्णन गंगा के साथ प्राप्त होता है। ऋग्वेद में श्वेत

और श्याम दो नदियों के संगम में स्नान करने से स्वर्ग प्राप्ति की बात कही गई है वहाँ श्वेत गंगा एवं श्याम यमुना ही हैं।

महाभारत में यमुना जी के सम्बन्ध में प्रचुर आख्यान प्राप्त हैं। आदिपर्व (169/19-21) के अनुसार यमुना गंगा की सात धाराओं में से एक है। जो इनके जल में स्नान करते व उसका पान करते हैं वे पाप मुक्त हो जाते हैं। भगवान् श्री कृष्ण ने कालीनागनाथन आदि लीलाओं को यमुना में एवं यमुनातट पर ही किये थे। उनका जन्म भी यमुना तट पर ही हुआ था। आदिशङ्कराचार्य यमुना जी की स्तुति करते हुए कहते हैं कि-

मुरारिकाय कालिमा ललामवारिधारिणी
तृणीकृतत्रिविष्टपा त्रिलोकशोकहारिणी।
मनोऽनुकूलकुलकुञ्जपुञ्जधूतदुर्मदा
धुनोतु मे मनोमलं कलिन्दनन्दिनी सदा॥

यमुना जी भगवान श्री कृष्ण के समान श्याम वर्णी हैं तथा तीनों लोकों के शोक को हरने वाली हैं। और भी लिखा है-

कृपापारावारां तपनतनयां तापशमनीं
मुरारिप्रेयस्यां भवभयदवां भक्तिवरदाम्।
वियज्जालान्मुक्तां श्रियमपि सुखाप्तः परिदिनं
सदा धीरो नूनं भजति यमुनां नित्यफलदाम्॥

इस प्रकार शङ्कराचार्य ने यमुना जी को नित्यफलदायिनी कहकर स्तुति किया है।

श्री शेष जी ने ऋषियों को बताया कि यमुना जी कैसे पृथ्वी पर आयीं और जीवों का उद्धार कैसे किया? वह गाथा इस प्रकार है- पहले सती संज्ञा ने उत्तम पुत्र पाने के लिए तपस्या की। ब्रह्मा जी प्रकट होकर वर देने आये तो उसने माँगा कि अष्टांग लक्षण धर्म को मैं अपना पुत्र देखना चाहता हूँ। ब्रह्मा से साक्षात् दंड धारी धर्म, सूर्यं से तुमको पुत्र उत्पन्न होगा ऐसा वर पाया। द्रव-रूप का जो गर्भ था, वह कन्या हुई उसका नाम यमुना पड़ा। ब्रह्मा, विष्णु ने जब स्पर्श किया गर्भ में प्रविष्ट होकर चेतन बनाया। धर्मराज कृष्ण-वर्ण के थे और यमुना भी श्याम-वर्ण की थी, कमल पत्र के समान नेत्र लाल थे। यमुना

का आलिंगन विष्णुजी ने किया और संस्कार तथा शिक्षा भी विष्णु ने दी। शंख के जल से अभिषेक किया और कहा कि संसार के नितान्त पापियों को तारो। यमुना जी ने प्रसन्न होकर पिता जी को और भाई को प्रणाम किया और पवित्र अस्ताचल-पर्वत पर चढ़ने लगी। वहाँ से फिर यमुना जी जल शरीर धारण कर विष्णु जी की सहायता से अस्ताचल पर्वत से नीचे उतरी। समुद्र भेदकर पुष्कर द्वीप में गई वहाँ पूजित होकर क्षीराब्धि, पुनः वर्धे से दधि-समुद्र, दधि समुद्र के क्रोच द्वीप, फिंर घृत-समुद्र के पार और वहाँ से कुश द्वीप फिर सुरा-सागर और वहाँ से शाल्मली द्वीप, पुनः इक्षु-समुद्र में होकर प्लद्वीप और वहाँ से लवण समुद्र में आई। फिर वहाँ से जम्बूद्वीप में आई हैं। यमुना जी कलिन्द पर्वत की गर्भ से होकर मस्तक पर होती हुई पृथ्वी पर आई तभी से इनका नाम कालिन्दी पड़ा है। यमुना जी त्वास की कन्या, सूर्य की पुत्री, यमराज की बहन हैं।

यमराज और यमुना पर आधारित यम द्वितीया की कथा भी प्रचलित है। दीपावली के दूसरे दिन भाई दूज मनाया जाता है। इस दिन यमराज की बहन यमुना जी ने अपने भाई को तिलक करके भोजन कराया था इसीलिए इसदिन को यमद्वितीया भी कहा जाता है।

सरस्वती

सरस्वती नदी का प्रत्यक्ष प्रवाह आज नहीं दिखता है परन्तु कभी इसका

प्रवाह अवश्य रहा होगा। क्योंकि वेदों में सरस्वती पर पूरे दो सूक्त प्राप्त होते हैं। सूक्तों में सरस्वती नदीं को जल से युक्त बताया गया है-

प्र क्षोदसा धायसा सस्त्र एषा सरस्वती धरूणमायसी पूः।
प्रवावधाना रथ्येव याति विश्वा अपो महिना सिन्धुरन्याः

(ऋग्वेद 7/95/1)

अर्थात् लौह निर्मित नगरी के समान धारण करने वाली होकर यह सरस्वती, धारण जल के सहित नमन करती है। वह अपनी महिमा से बहने वाली सब नदियों को बोध देने वाले सारथि के समान गमन करती है। स्पष्ट है कि सम्भवतः इसमें अधिक जल नहीं रहता था परन्तु इसकी महिमा बहुत अधिक थी। यद्यपि गंगा- यमुना की भाँति यह भी पहाड़ से निकलती थी और गंगा में मिलकर प्रयागराज में संगम बनाती थी और समुद्र में चली जाती थी। वेदों में इसका स्पष्ट उल्लेख प्राप्त होता है-

एकाचेतत् सरस्वती नदीनां शुचिर्यती गिरिभ्य आ समुद्रात्।
रायश्चेतन्ती भुवनस्य भूरेर्धृतं पयो दुदुहे आहुषाय॥

(ऋग्वेद 7/95/2)

अर्थात नदियों में श्रेष्ठ जो सरस्वती पर्वत से चलकर समुद्र तक जाती है, उसने राजा नहुष के याचना को सुना और नहुष के लिए कृत- दुग्ध का दोहन किया। ऋग्वेद सप्तम् मण्डल के सूक्त 95-96 में सरस्वती को यज्ञ से प्रसन्न करने का वर्णन प्राप्त होता है। इसमें सरस्वती को धन, पुत्र, अन्न, स्त्री, जल, वर्षा, बुद्धि आदि देने वाली तथा सर्वविध कल्याण करने वाली कहा गया है।

ऋग्वेद अष्टम मण्डल के 18वें मन्त्र में सरस्वती के तट पर लोगों के रहने का वर्णन प्राप्त होता है जहाँ पर वास करने वाले लोगों को राजा चित्र धन प्रदान करता है-

चित्र इद् राजा राजका इदन्यके यके सरस्वतीमनु।
पर्जन्य इव ततनद्धि दृष्ट्या सहस्त्रमयुता ददत्॥

(ऋग्वेद 8/21/18)

उक्त वैदिक उक्तियों से स्पष्ट हो जाता है कि ऋग्वेद काल में सरस्वती

एक विशाल जल पूर्ण नदी थी। वह यमुना एवं शुत्रुद्रि के बीच बहती थी। फिर ब्राह्मण ग्रन्थों के काल में रेतीले स्थलों में अन्तर्निहित हो गई।

लोगों का कथन है कि सरस्वती नदी भटनेर के पास मरुभूमि में समा जाती है और वहाँ उसे सरसुति नाम से पुकारते हैं। भटनेर के पास अदृश्य होकर सरस्वती रूप से ही प्रयागराज में गंगा-यमुना के संगम स्थल पर ही गंगा जी की धारा में मिलती है। इसीलिए इस संगम को त्रिवेणी भी कहा गया है।

सरस्वती उत्पत्ति की कथा :–

प्रत्यक्ष रूप से सरस्वती त्रिवेणी की तीसरी नदी है, जो अदृश्य है। कथानकों में प्राप्त होता है कि सरस्वती की उत्पत्ति ब्रह्मा के मुख से हुई है। ब्रह्मा मोहित होकर अपना बनाना चाहते थे तो मुनियों ने इसका विरोध किया। तब ब्रह्मा ने कहना मान लिया और विष्णु का स्मरण किया। उसी समय सरस्वती अन्तर्ध्यान हो गयीं। पुनः-ब्रह्मा के शरीर में लीन हो गयीं। वाडव, की जब उत्पत्ति हुई, तो वह देवता एवं ऋषियों को खाने के लिए दौड़ा, तब ब्रह्मा ने ऋषि उद्धार हेतु पुनः सरस्वती को प्रकट किया। परा, पश्यन्ती, मध्यमा और बैखरी सरस्वती के चार रूप हैं। सरस्वती कच्छपी नाम से वीणा बजाती हुई वाडव की पीठ पर बैठकर समुद्र में ले गईं वहीं समुद्र – जल पीने का उपदेश देकर क्षुधा शान्त कराई। तभी से वाडव समुद्र का दस योजन जल पीता है और ग्रहस्व (ग्रहण करने वाले) रूप में समुद्र में रहता है।

पुनः वहाँ से लौटकर सरस्वती प्रयागराज में आईं सभी देवता और ऋषियों ने ब्रह्मा के साथ पूजन किया। गंगा-यमुना ने भी पूजा किया। माधव राज ने सरस्वती से कहा कि तुम भी यहीं सूक्ष्म रूप से रहो, तीनों का संगम यहीं रहेगा तथा तीनों की नाम से त्रिवेणी प्रसिद्ध होगी। तभी से गंगा-यमुना से प्रीति रखने वाली सरस्वती इस अद्भुत क्षेत्र 'प्रयाग' में रहने लगीं। सरस्वती अदृश्य रूप से बहती हैं। उनका दर्शन दिव्य चक्षु-धारी, निर्लोभी, निर्मोही, सद्-विचारी, भगवत्-प्रेमी ही प्रभु कृपा से कर पाते हैं।

सरस्वती नदी भारत की प्राचीनतम नदियों में से एक है जिसका उल्लेख ऋग्वेद में भी मिलता है। पुरातत्त्ववेत्ताओं का मानना है कि भौगोलिक उथल-पुथल के कारण आज यह नदी विलुप्त हो गई है लेकिन भारतीय जनमानस में

इसका अस्तित्व आज भी विद्यमान है। सरस्वती नदी के किनारे कई वैदिक ऋषियों के आश्रम थे। सरस्वती नदी से जुड़ी कई कथाएँ प्रचलित हैं जिनमें से कुछ इस प्रकार हैं। बृहद्देवता में एक वर्णन है कि -

सौदारास्य महायज्ञे शक्तिना गाधिसूनवे।
निगृहीतं बलाच्चेतः सोवसीदद् विचेतनः॥

(शौनक, बृहद्देवता 4/112-114)

सोदारा के महायज्ञ में वशिष्ठ पुत्र शक्ति ने गाधि-पुत्र विश्वामित्र को संज्ञाहीन कर दिया। यमुना नगर जिले में एक कस्बा है जिसका नाम सढोरा है। सढोरा सोदारा का अपभ्रंश हो सकता है। यहाँ एक प्राचीन ऋषि आश्रम का अवशेष मिला है जिसे ऋषि वशिष्ठ का आश्रम सुनिश्चित किया जा सकता है। शायद इसी स्थान पर ऋषि विश्वामित्र ने ऋषि वशिष्ठ के पुत्र शक्ति की हत्या करने का यत्न किया था। इसका उल्लेख कई प्राचीन ग्रन्थों में है जो इस प्रकार है - तपस्या में होड़ लग जाने के कारण विश्वामित्र तथा वशिष्ठ में बड़ा भारी बैर हो गया था। सरस्वती के स्थाणु तीर्थ में पूर्व तट पर वशिष्ठ का आश्रम था और पश्चिम तट पर विश्वामित्र का आश्रम था। सारस्वत तीर्थ में विश्वामित्र ने अपनी उग्र तपस्या से वशिष्ठ को विचलित कर दिया था। विश्वामित्र और वशिष्ठ दोनों तपस्या के धनी थे, वे प्रतिदिन होड़ लगाकर अत्यन्त कठोर तप किया करते थे। उनमें भी विश्वामित्र को ही अधिक संताप होता था, वे वशिष्ठ का तेज देखकर चिन्तामग्न हो गये थे। सदा धर्म में तत्पर रहने वाले विश्वामित्र के मन में यह विचार उत्पन्न हुआ कि यह सरस्वती तपोधन वशिष्ठ को अपने जल के वेग से तुरन्त ही मेरे समीप ला देंगी और यहाँ आ जाने पर तपस्वी मुनियों में श्रेष्ठ विप्रवर वशिष्ठ का मैं वध कर डालूँगा। ऐसा निश्चय करके विश्वामित्र के नेत्र क्रोध से रक्त-वर्ण हो गये। उन्होंने सरिताओं में श्रेष्ठ सरस्वती का स्मरण किया। उनके चिन्तन करने पर विचारशीला सरस्वती व्याकुल हो उठी। उसे ज्ञात हो गया कि ये महान् शक्तिशाली महर्षि इस समय भारी क्रोध में हैं। इससे सरस्वती की कान्ति फीकी पड़ गयी और वह हाथ जोड़ थर-थर काँपती हुई विश्वामित्र की सेवा में उपस्थित हुई और बोली - 'हे प्रभो! बताइये, मैं आपकी किस आज्ञा का पालन करूँ?' तब कुपित हुए मुनि ने उससे कहा 'वशिष्ठ को शीघ्र यहाँ बहाकर ले आओ, जिससे आज मैं उनका वध कर

डालूँ।' विश्वामित्र की बात सुनकर और उनकी पापपूर्ण चेष्टा जानकर सरस्वती नदी व्यथित हो उठी। वशिष्ठ के प्रभाव को जानती हुई सरस्वती ने उनके पास जाकर विश्वामित्र ने जो कुछ कहा था, सब उनसे कह सुनाया। वह दोनों के श्राप से भयभीत हो बारंबार कांप रही थी। उसे दुर्बल, उदास और चिन्तामग्न देखकर वशिष्ठ बोले - सरिताओं में श्रेष्ठ सरस्वती! तुम शीघ्र गति से प्रवाहित होकर मुझे बहा ले चलो और अपनी रक्षा करो, अन्यथा विश्वामित्र तुम्हें शाप दे देंगे। उन कृपाशील महर्षि का वह वचन सुनकर सरस्वती सोचने लगी, 'क्या करने से शुभ होगा?' उसके मन में यह विचार उठा कि 'वशिष्ठ ने मुझ पर बड़ी भारी दया की है। अतः सदा मुझे इनका हित साधन करना चाहिये'। तदनन्तर विश्वामित्र को अपने तट पर जप और होम करते देख सरिताओं में श्रेष्ठ सरस्वती ने सोचा, यही अच्छा अवसर है, फिर तो उस नदी ने तट को तोड़कर उसे अपने वेग से बहाना आरम्भ किया। उस बहते हुए किनारे के साथ मित्रावरुण के पुत्र वशिष्ठ जी भी बहने लगे। बहते समय वशिष्ठ जी सरस्वती की स्तुति करने लगे। 'सरस्वती! तुम पितामह ब्रह्माजी के सरोवर से प्रकट हुई हो, इसीलिए तुम्हारा नाम सरस्वती है। तुम्हारे उत्तम जल से ही यह सारा जगत् व्याप्त है। देवी! तुम्हीं आकाश में जाकर मेघों में जल की सृष्टि करती हो, तुम्हीं सम्पूर्ण जल हो; तुमसे ही हम ऋषिगण वेदों का अध्ययन करते हैं। तुम्हीं पुष्टि, कीर्ति, द्युति, सिद्धि, बुद्धि, उमा, वाणी और स्वाहा हो। यह सारा जगत् व्याप्त है। देवी! तुम्हीं आकाश में जाकर मेघों में जल की सृष्टि करती हो, तुम्हीं सम्पूर्ण जल हो; तुमसे ही हम ऋषिगण वेदों का अध्ययन करते हैं। तुम्हीं, पुष्टि, कीर्ति, द्युति, सिद्धि, बुद्धि, उमा, वाणी और स्वाहा हो। यह सारा जगत् तुम्हारे अधीन है। तुम्हीं समस्त प्राणियों में चार प्रकार के रूप धारण करके निवास करती हो।' महर्षि के मुख से इस प्रकार स्तुति सुनती हुई सरस्वती ने उन ब्रह्मर्षि को अपने वेग द्वारा विश्वामित्र के आश्रम पहुँचा दिया और विश्वामित्र से बारंबार निवेदन किया कि 'वशिष्ठ मुनि उपस्थित हैं'। सरस्वती द्वारा लाये हुए वशिष्ठ को देखकर विश्वामित्र कुपित हो उठे और उनके जीवन का अन्त कर देने के लिए कोई हथियार ढूंढ़ने लगे। उन्हें कुपित देख सरस्वती नदी ब्रह्महत्या के भय से आलस्य छोड़ दोनों की आज्ञा का पालन करती हुई विश्वामित्र को धोखा देकर वशिष्ठ मुनि को पुनः पूर्व दिशा की ओर बहा ले गयी। परा, पश्यन्ती, मध्यमा और बैखरी - यह चार प्रकार की बाणी ही

सरस्वती का चतुर्विध रूप है। मुनि श्रेष्ठ को पुनः अपने से दूर बहाया गया देख विश्वामित्र दुःख से अत्यन्त कुपित हो बोले - 'सरिताओं में श्रेष्ठ कल्याणमयी सरस्वती! तुम मुझे धोखा देकर फिर चली गयी, इसलिये अब जल की जगह रक्त बहाओ, जो राक्षसों के समूह को अधिक प्रिय है। विश्वामित्र के इस प्रकार शाप देने पर सरस्वती नदी एक साल तक रक्त मिश्रित जल बहाती रही। तदनन्तर ऋषि, देवता, गन्धर्व और अप्सरा सरस्वती को उस अवस्था में देखकर अत्यन्त दुखी हो गये। इस प्रकार वह स्थान जगत् में वसिष्ठापवाह के नाम से विख्यात हुआ। वशिष्ठ जी को बहाने के पश्चात् सरिताओं में श्रेष्ठ सरस्वती फिर अपने पूर्व मार्ग पर ही बहने लगी।

भृगु एवं अङ्गिरा आदि ऋषियों ने एक बार सरस्वती नदी के किनारे एक सत्र ('बहुयजमानकं कर्म सत्रमित्युच्यते' - अर्थात् जिस यज्ञ में एक से अधिक यजमान होते हैं वह सत्र कहलाता है। ऐ.ब्रा. 8.1) किया। उन ऋषियों ने ईलूष के पुत्र कवष को यह कहते हुए सोमयाग से बाहर निकाल दिया कि वह दासी-पुत्र, जुआरी तथा अब्राह्मण हम शिष्टजनों के बीच दीक्षा कैसे प्राप्त करेगा। उसको नदी तट से दूर रेगिस्तान में भेज दिया जिससे कि वह इस जलरहित क्षेत्र में प्यासा ही मर जाए तथा सरस्वती नदी का जल यह पापी न पी पावे। वहाँ प्यास से आक्रान्त होकर उसने 'प्र देवता' आदि मंत्र 'अपोनप्त्रीय' सूक्त का दर्शन किया। उस सुक्त के जप से वह जल के अभिमानी देवता के प्रिय धाम

को प्राप्त हुआ। सरस्वती नदी भी उस कवष के चारों ओर बहने लगीं। जिस स्थान पर सरस्वती नदी ने कवष के चारों ओर से घेर लिया था, उस स्थान को आज भी परिसारक तीर्थ के नाम से पुकारते हैं -

तस्याद्धाप्येतीह परिसारकमित्याचक्षते

यदेनं सरस्वती समन्तं परिससार - (ऐ.ब्रा. 8.4)

कवष ऋग्वेद संहिता के दशम मण्डल के 30-33 सूक्त तक अर्थात् चार सूक्त के 58 मंत्रों में द्रष्टा थे।

तमसा नदी उत्तराखण्ड व हिमाचल प्रदेश राज्यों के बीच में बहती थी। यह सरस्वती नदी की प्रमुख सहायक नदी थी और उसे सदानीरा बनाती थी। कालांतर में इसका प्रवाह अवरुद्ध हो गया और यह यमुना नदी में जाकर मिल गई जिससे सरस्वती नदी का एक प्रमुख स्रोत बन्द हो गया। सरस्वती नदी के विलुप्त होने का एक कारण यह भी हो सकता है कि इसके किनारे रहने वाले बंगाड़ी जनजाति के लोगों का ऐसा मानना है कि तमसा नदी शापित नदी है। इस कारण यह लोग इस नदी में स्नान और अनुष्ठान आदि के पुण्य कार्य नहीं करते हैं।

सुमेरु पर्वत से उद्गम हो सरस्वती नदी माणा गाँव के पास अलकनन्दा नदी में मिलती थी। यह स्थान आज केशव प्रयाग के नाम से प्रसिद्ध है। यह भी प्रथम प्रयाग है। यहाँ पर सरस्वती नदी की उपस्थिति विशेषज्ञों के लिए शोध का विषय है। ऐसी मान्यता है कि इसके बाद बारह घरिया ब्राह्मण जो पहले आदि बद्री (जगाधरी, हरियाणा) स्थान पर निवास करते थे वहाँ से पलायन कर आदि बद्री (जोशी मठ, उत्तराखण्ड) में बस गये। ब्राह्मणों के पलायन के समय सरस्वती नदी कहती हैं - 'हे ब्राह्मणों मैं तुम्हें जव (जौ) दूँगी, मछली दूँगी, तुम वेदों को भूल जाओगे, यहाँ से मत जाओ। ब्राह्मणों का पलायन वैदिक ज्ञान के ह्रास को दर्शाता है जिसे कालान्तर में शिशु सारस्वत ने पुनर्जीवित किया।

ऐसी मान्यता है कि सरस्वती नदी हिमालय से निकलकर कुरुक्षेत्र, जिन्द और बीकानेर होते हुए गुजरात के प्रभासपाटन में अरब सागर में मिलती थी। यमुना नदी सरस्वती नदी की सहायक नदी थी। एक जलजला आया जिसके

कारण सरस्वती नदी की प्रमुख धारा अवरुद्ध हो गई और उसकी एक धारा यमुना नदी में मिल गई। यमुना नदी प्रयाग में गंगा से मिलती है। इसलिए यह मान्यता है कि प्रयाग में गंगा, यमुना और सरस्वती नदियों का संगम है।

महाभारत के शल्य पर्व में वर्णित है कि महाभारत युद्ध के निर्णय से बलराम बहुत खिन्न थे। उन्होंने इस युद्ध में भाग नहीं लेने का निर्णय लिया और तीर्थयात्रा के लिए निकल पड़े। उन्होंने अपनी तीर्थयात्रा गुजरात राज्य स्थित प्रभास तीर्थ से शुरू कर सरस्वती नदी के किनारे-किनारे प्रमुख स्थलों से होते हुए उत्तराखंड के आदि बद्री तक पहुँचे। प्रभास क्षेत्र के बारे में चन्द्रमा से जुड़ी एक कथा प्रमुख है, जो इस प्रकार है - प्रजापति दक्ष के शाप से चन्द्रमा का शरीर जब राजयक्ष्मा से क्षीण हो गया तो सभी देवता दक्ष से शाप हटा लेने की विनती करने लगे। तब दक्ष ने सुझाव दिया कि यदि चन्द्रमा सरस्वती नदी के श्रेष्ठ तीर्थ में गोता लगाये तो वह पुनः बढ़कर पुष्ट हो जायेगा। दक्ष के इस सुझाव से चन्द्रमा सरस्वती नदी के प्रथम तीर्थ प्रभास क्षेत्र में गये और सरस्वती नदी में गोता लगाया। सरस्वती नदी के शीतल जल से वह पुनः पूर्ववत हो गये और अपने स्थान को चले गये। प्रभास क्षेत्र के बाद बलराम ने चमसोदेद, उदयपान, विनशन, सुभूमिक, गन्धर्व, गर्गस्त्रोत, शंख, द्वैतवन, नैमिषेय, औशनस, कपालमोचन, अवाकीर्ण, यायात, वसिष्ठापवाह आदि तीर्थों का परिभ्रमण किया।

प्रयागराज में सरस्वती का प्रत्यक्ष प्रवाह माना जाता है। सरस्वती जी ज्ञान की अधिष्ठात्री देवी हैं एवं सरस्वती नदी भी ज्ञानाधिष्ठात्री देवी सरस्वती का ही प्रवाह है। इस प्रकार सरस्वती ज्ञान स्वरूपा हैं अतःउनका प्रवाह भी ज्ञानमय अदृश्य रूप से ही प्रवाहित होता है जिसका अनुभव जागृत शुद्धान्तःकरण वाले जन ही कर सकते हैं। तीर्थराज प्रयाग में प्रतिवर्ष त्रिवेणी क्षेत्र में ही माघ मास पर्यन्त उच्चकोटि के सन्तों-महर्षियों द्वारा ज्ञान चर्चा होती है। प्रत्येक छठें वर्ष अर्धकुम्भ तथा 12 वर्ष में कुम्भ के समय विशेष विद्वानों एवं सन्तों की चर्चाओं का प्रवाह सरस्वती का ही प्रवाह है। रामायण एवं अन्य ग्रन्थों के अक्सर ज्ञानी मुनि भरद्वाज ने यहीं पर आकर आश्रम बनाया था जिसमें प्रतिवर्ष माघमास में दूर दूर के ज्ञानी एवं जिज्ञासु जन एकत्रित होते थे और यहाँ पर ज्ञान चर्चा करते थे। यही ज्ञान यहाँ प्रवाहित होता था और होता चला आ रहा है, यही सरस्वती

हैं जिसका मानसिक अवगाहन करके मुनष्य तर जाते हैं।

चूँकि शब्द नित्य है एक बार बोला गया शब्द नष्ट नहीं होता। इसलिए संगम में कुम्भ, अर्धकुम्भ, तथा माघमास में की गयी सारस्वत चर्चा कभी नष्ट नहीं होती इसका प्रवाह बना रहता है। यही सरस्वती का प्रत्यक्ष प्रवाह है।

❑❑

अध्याय–6

कुम्भ के प्रतिभागी मठ अखाड़े एवं नागासंन्यासियों का परिचय

कर्मशील जगत् को त्यागकर गृह-हीन, भ्रमणशील धार्मिक, भिक्षुक-जीवन की स्वीकृति का अनुष्ठान तब से चला आ रहा है, जब से पुरातन मानव के अन्तरमन में ईश्वरीय भावना का अरुणोदय हुआ। संन्यासियों का उल्लेख वैदिक काल से ही प्राप्त होता है। ऋग्वेद में उल्लेख है कि जटाधारी मुनि गेरुए चीरवस्त्र धारण किए हुए इस प्रकार सुशोभित हो रहे हैं जैसे आकाश में सूर्यविम्ब रक्ताभ दिखाई देता है-

केश्यग्निं केशी विषं केशी विभर्ति रोदसी
केशी विश्वं स्वर्दृशे केशीदं ज्योतिरुच्यते।

मुनयो वातरशनाः पिशङ्गा वसते मला
वातस्यानु धाजिं यन्ति यद्देवासो अवक्षत।।

(ऋग्वेद 8.17.59,10.136)

जैसे-जैसे वैश्विक संस्कृति का विकास हुआ वैसे-वैसे भ्रमणशील साधु जीवन चतुर्थ अथवा अन्तिम आश्रम माना जाने लगा। मनुस्मृति में मनु ने आश्रम व्यवस्था का विधान लिखने के क्रम में छठे अध्याय में संन्यासियों के आचार विचार से सम्बन्धित सम्पूर्ण नियमावली का उल्लेख किया है।

प्रसिद्ध इतिहासकार श्री यदुनाथ सरकार लिखते हैं, कि ईसा से करीब 3 वर्ष पूर्व सिकन्दर के आक्रमण के समय से योद्धा नागा संन्यासियों को यूनानी 'जिम्नोसोफिस्ट' कहते थे जिसका शाब्दिक अर्थ होता है- नंगे दार्शनिक। यूनानी इतिहासकार आरियन ने अपनी पुस्तकों में नागा संन्यासियों का वर्णन किया है।

सिकन्दर द्वारा रावी नदी के तटवर्ती मल्लोई नगर पर किये गये आक्रमण के समय दिगम्बर नागा संन्यासियों के नेतृत्व में वहाँ के लोगों ने युद्ध किया था। बाद में सिकन्दर द्वारा अपने साथ में डायोजिनिज के शिष्य ओनेसी क्रिटस् को लेकर कल्याण तथा दाण्डिन नामक नागा संन्यासियों से भेंट करने का भी उल्लेख है।

ओंकाराश्रम, चान्दोद (गुजरात) के ब्रह्मलीन स्वामी श्री ब्रह्मानन्द जी त्रैवेदान्ताचार्य ने लिखा है कि महर्षि लाकुलीश पाँच हजार वर्ष पूर्व गुजरात के भृगु क्षेत्र का कानम प्रदेश के वायावरोह के पास अवाखल में भगवान् वासुदेव (कृष्ण) के समकाल में हुये थे। यहाँ महर्षि लकुलीश के बड़े-बड़े शिव मन्दिर है। बताया जाता है कि शैव नागा संन्यासियों का वीर शैव धर्म इन्ही लकुलीश का चलाया हुआ है। इन्ही के 18 शिष्यों, प्रशिष्यों द्वारा द्वादश ज्योतिर्लिङ्ग तथा यूरोप, एशिया, ईरान, अरब, अमेरिका आदि देशों में शिवलिङ्गों की स्थापना कराई गई। इनके वीर शैव नागे सर्वदा नग्न ही रहते थे। इस सम्प्रदाय का एक प्राचीनतम् हस्तलेख जीर्ण-शीर्ण अवस्था में प्राप्त हुआ है। इसको बडौदा के महाराज श्री सियाजीराव गायकवाड् ने अपने सरकारी छापेखाने में छपवाये थे। जिसमें नागों के बारे में लिखा है-

धूलिधूसरगात्राणि धूतचित्तो निरामयाः।
वृक्षमूले स्थिता सम्यक् अंगे लिंगधारिणः॥

सोस्त्रिका निस्त्रिकाश्चैव कन्दमूलफलाशिनः।
सदोपवीतिनो भव्यं सदा बद्धशिषेन च॥

प्रदोष शिवरात्री च व्रतं लिङ्गार्चनं चरेत्।

इस श्लोक से पता चलता है कि प्राचीनकाल में नागे शैव संन्यासी शिखा सूत्रधारी तथा सपत्नीक भी होते थे और निपत्निक भी।

आदिकाल से ही 'मठ' और अखाडे सांस्कृतिक और धार्मिक व्यवस्था को सुचारु रूप से संचालित एवं सुव्यवस्थित करते हुए समाज को दिशा निर्देश देते रहे हैं।

जिस समय भारतीय संस्कृति के संरक्षण एवं संवर्द्धन तथा राष्ट्रीय एकता पर संकट गहराया, तो 'सनातन धर्म' को आदिगुरु शङ्कराचार्य ने पुनः स्थापित किया। आदि शङ्कराचार्य ने सम्पूर्ण भारत में पदयात्रा करके विखरे संत समाज को संगठित किया तथा उन्होनें चारों दिशाओं में प्रमुख तीर्थस्थलों पर चार मठों की स्थापना की। आदि शङ्कराचार्य ने मठों का एक संविधान बनाया जिसे 'मठाम्नाय' के नाम से जाना जाता है। आम्नाय का अपभ्रंश रूप अखाड़ा है, किन्तु डॉ भगवती प्रसाद सिंह की मान्यता है कि अखाड़ा 'अखण्ड' शब्द का विगड़ा हुआ रूप है।

(राम भक्ति में रसिक सम्प्रदाय –डॉ भगवती प्रसाद सिंह, पृ-120)

अखाड़ों का निर्माण राष्ट्र एवं हिन्दू संस्कृति के लिए देश और काल के अनुसार एक अनुपम देन थी। नागा संन्यासियों का इतिहास पढ़ने से ज्ञात होता है कि उन्होनें मुगलकाल में मुगल शासकों को अफगानों से बचाने में सहायता की है। बाबूलाल शर्मा का कहना है कि, संन्यासी अखाड़ों का निर्माण शास्त्र और शस्त्र धर्म तथा सेना, ब्रह्म तथा क्षत्रिय दोनों के समन्वित रूप से हुआ था। आचार्य शङ्कर ने वैदिक एवं वेदान्त के प्रचार-प्रसार के लिए समस्त संन्यासियों को संगठित करके उन्हें 10 वर्गों में विभाजित किया था-

तीर्थाश्रमवनारण्यगिरिपर्वतसागराः।
सरस्वती भारती च पुरी नामानि वै दश॥

अर्थात् 10 वर्गों में विभक्त सन्यासियों के नामों के आगे क्रमशः तीर्थ, आश्रम, वन, अरण्य, गिरि, पर्वत, सागर, सरस्वती,भारती तथा पुरी उपाधियाँ लगाई जाती हैं। दण्डी संन्यासी केवल ब्राह्मणों के लिए ही आरक्षित है। आचार्य शङ्कर के काल में संन्यासियों का कार्य केवल धर्म प्रचार ही था।

मठों की व्यवस्था एवं उसके विधि-विधान के लिए आद्य शकंराचार्य ने 'मठाम्नाय महानुशासन' ग्रन्थ का प्रणयन किया। हेमकोश के अनुसार इस ग्रंथ में प्रयुक्त'आम्नाय' शब्द का अर्थ कुल, आगम व उपदेश है- 'आम्नायः कुल आगमे'। इन्होने चार मठ (1) द्वारका(शारदा पीठ),(2) पुरी-उडीसा (गोवर्धन पीठ), (3) मैसूर में श्रृंगवेर पीठ, (4) बदरीनाथ में ज्योतिष्पीठ स्थापित किया। मठाम्नायमहानुशासन में इस का उल्लेख इस प्रकार है-

'मर्यादैषा सुविज्ञेया चतुर्मठविधायिनी।
तामेतां समुपाश्रित्य- आचार्याः स्थापिताः क्रमात्॥

आम्नायाः कथिता ह्येते यतीनां च पृथक-पृथक।
तैः सर्वैश्चतुराचार्यैः नियोगेन यथाक्रमम्॥'

आदिगुरु शङ्कराचार्य ने चार मठ, चार आचार्य और चार पीठ का स्पष्ट उल्लेख कर दिया है। इससे पाँचवें, छठें, सातवें मठ का प्रश्न ही नहीं उठता। जिस प्रकार चार मठ हैं उसी प्रकार इस मठों के चार ही आचार्य भी होते हैं। जैसा कि मठाम्नाय में कहा गया है कि-

'एक एवाभिषेच्यः स्यादन्ते लक्षण सम्मितः।
तत्पीठे क्रमेणैव न बहु उज्यते क्वचित्॥'

इन चारों शांकर पीठों के आचार्य सन्यासी की अर्हता का निर्देश करते हुए मठाम्नाय में कहा गया है-

'शुचिर्जितेन्द्रियो वेदांगादिविशारदः।
योगज्ञ सर्वशास्त्राणां स मदास्थानमाप्नुयात्॥'

अर्थात् पवित्रात्मा वाला, इन्द्रियों पर विजय प्राप्त कर चुका हो वेदांग आदि सभी शास्त्रों में जो पारंगत हो, योगी हो वही शङ्कराचार्य पद को विभूषित कर सकता है।

आदि गुरु शङ्कराचार्य द्वारा स्थापित चार मठों का उल्लेख स्पष्ट रूप से किया गया है। जो कि निम्नवत् है-

1. शारदा मठ (द्वारिका)

आद्य गुरुश्री शङ्कराचार्य द्वारा प्रथम आम्नाय 'मठ' की स्थापना भारत के पश्चिम दिशा में किया गया। इसे ही शारदा मठ कहा जाता है। इस मठ का कीटवार सम्प्रदाय है तथा तीर्थ और आश्रम इसके संन्यासियों के योग पट्ट हैं। क्षेत्र द्वारिका, देवता-सिद्धेश्वर, देवी- भद्रकाली तथा आचार्य विश्वरूप हैं। गोमती निर्मल तीर्थ, वेद-सामवेद, गोत्र अविगत तथा क्षेत्र सौराष्ट्र तथा मध्यवर्ती भारत के पश्चिमस्थ प्रदेश शारदा मठ के अन्तर्गत आतें हैं। तत् त्वम् असि (तत्वमसि) अर्थात् 'वह तुम हो' इसका सिद्धान्त है। अपने स्वरुप को पहचान कर आनन्द में क्रीड़ा करने वाला ब्रह्मचारी ही स्वरूप हैं-

प्रथमः पश्चिमाम्नायः शारदा मठ उच्यते।
कीटवारः सम्प्रदायस्तस्य तीर्थाश्रमौ पदेः।।

द्वारकाख्यं हि क्षेत्रं स्याद्देवः सिद्धेश्वरः स्मृतः।
भद्रकाली तु देवी स्यात् आचार्यो विश्वरूपकः।।

सिंधु- सौवीर- सौराष्ट्र- महाराष्ट्रास्तथान्तराः।

देशाः पश्चिमदिकस्था ये शारदामठ भागिनः॥

त्रिवेणी-संगमे तीर्थे तत्त्वमस्यादि- लक्षणे।

स्नायतत्त्वार्थ- भावेन तीर्थनाम्ना स उच्यते॥

(मठाम्नाय महानुशासन)

2. गोवर्द्धन मठ (पुरी)

जगन्नाथ पुरी में गोवर्धन मठ स्थित है जिसके अधिकारी पद्मपाद आचार्य (सनन्द जी) हैं। आदि शङ्कराचार्य द्वारा स्थापना क्रम में यह दूसरा मठ है। सम्प्रदाय भोगवार तथा वन और अरण्य इसके सन्यासियों के पद अर्थात् योगपट्ट हैं। भगवान जगन्नाथ यहां के देवता तथा देवी विमला हैं। यहां के तीर्थ महोदधि तथा महावाक्य 'प्रज्ञानं ब्रह्म' है। वेद-ऋग्वेद है। बंगाल, दक्षिण पूर्व भारत, मगध, उत्कल वा जांगल इसकी सीमा में आते हैं-

पूर्वाम्नायों द्वितीयः स्याद् गोवर्द्धन मठः स्मृतः।

भोगवारः सम्प्रदायो वनारण्ये पदे स्मृते॥

पुरुषोत्तमं तु क्षेत्रं स्याज्जगन्नाथोऽस्य देवता।
विमलाख्या हि देवीस्या- आचार्यः पद्मपादकः॥

तीर्थं महोदधिः प्रोक्तं ब्रह्मचारी प्रकाशकः।
महावाक्यं च तत्र स्यात्।
प्रज्ञानं ब्रह्म चोच्यते॥

(मठाम्नाय महानुशासनम् 10-12)

इस सम्प्रदाय के नवदीक्षित ब्रह्मचारी अपने नामों के आगे प्रकाश शब्द जोड़ते हैं।

3. ज्योतिर्मठ (बदरिकाश्रम)

भारत के उत्तर में विद्यमान इस मठ को ज़ोशी, ज्योतिर्मठ अथवा श्री मठ कहा जाता है। यह हिमालय पहाड़ पर स्थित है। यहाँ आनन्दवार सम्प्रदाय तथा गिरि पर्वत व सागर नामधारी सन्यासी रहते हैं। बदरिकाश्रम क्षेत्र है, नारायण देवता और पूर्णागिरि देवी हैं तथा त्रोटकाचार्य इसके प्रथम आचार्य कहे गये हैं। इसका तीर्थ अलकनन्दा आनन्द ब्रह्मचारी तथा मठ का महावाक्य है- 'अयमात्मा ब्रह्म' वेद- अथर्ववेद, गोत्र- भृगु तथा कुरु, कश्मीर, कम्बोज (हरियाणा तथा

पश्चिमोत्तर प्रदेश), पंजाब और उत्तर दिशा के सभी प्रदेश ज्योतिर्मठ के अन्तर्गत आते हैं। मठाम्नाय महानुशासन में कहा गया है-

तृतीयस्तूत्तराम्नायो- ज्योतिर्नाम मठो भवेत्।
श्री मठश्चेति वा तस्य- नामान्तरमुदीरितम्॥

आनन्दवारो विज्ञेय- सम्प्रदायोऽस्य सिद्धिदः।
पदानि तस्य ख्यातानि – गिरिपर्वत सागराः॥

बदरिकाश्रमं क्षेत्रं- देवो नारायणः स्मृतः।
पूर्णागिरिश्च देवी स्या- दाचार्यस्तोटकः, स्मृतः॥

अथर्ववेद-प्रवक्ता च भृग्वाख्यं गोत्रमुच्यते।
कुरुकश्मीर- काम्बोज- पांचालादिविभागतः।
ज्योतिर्मठवशा देशा उदीचीदिगवस्थिताः॥

4. श्रृंगेरी मठ

आदि गुरु शङ्कराचार्य द्वारा स्थापित चौथा मठ श्रृंगेरी मठ है। इसका अधिकार क्षेत्र आन्ध्र, द्रविण, कर्नाटक, केरल और महाराष्ट्र है। सम्प्रदाय भूरिवार तथा गोत्र भूर्भुवः है। सरस्वती, भारती और पुरी तीन उपाधियाँ हैं। तीर्थ

रामेश्वरम् और देवता आदिवाराह हैं। मठ की अधिष्ठात्री देवी कामाक्षी प्रथम आचार्य हस्तामलक तथा तीर्थ तुंगभद्रा (नदी) है। इस मठ का महावाक्य है 'अहं ब्रह्मास्मि' अर्थात् मैं ब्रह्म हूँ। वेद यजुर्वेद तथा ब्रह्मचारी चैतन्य उपाधि धारण करते है।

चतुर्थो दक्षिणाम्नायः श्रृंगेरी तु मठो भवेत्।
सम्प्रदायो भूरिवारो भूर्भुवो गोत्रमुच्यते॥

पदानि त्रीणि ख्यातानि- सरस्वती भारती पुरी।
रामेश्वराह्वयं क्षेमादिवाराह-देवता॥

कामाक्षी तस्य देवी स्यात् सर्वकामफल-प्रदा।
हस्तामलक आचार्य- स्तुङ्गभद्रेति तीर्थकम्॥

आन्ध्र- द्रविड़-कर्णाट- केरलादिप्रभेदतः।
श्रृंगेर्यधीनादेशास्ते- ह्यवाचीदिगवस्थिताः॥

(मठाम्नाय महानुशासनम् 28-32)

आद्य शङ्कराचार्य द्वारा स्थापित ये चार मठ भारत की चार दिशाओं के संवाहक रहे है। आचार्य शङ्कर का मत था कि चारों पीठों के पीठाधीश्वर अपने-अपने क्षेत्रान्तर्गत अंचलों में निरन्तर भ्रमणशील रहें -

स्व- स्वराष्ट्रप्रतिष्ठित्यैः-संचारः सुविधीयताम्।
मठे तु नियतो वास आचार्यस्य न युज्यते॥

उक्त चारों मठों के अतिरिक्त तीन और मठों का वर्णन आदि शङ्कराचार्य ने शेषाम्नाय के तहत किया है। उनका कहना है कि चारों मठों के अतिरिक्त जो शेष आम्नाय हैं उसका स्वरूप केवल भावना के लिए है। इनकी भौतिक स्थिति नहीं है।

पाँचवाँ आम्नाय ऊर्ध्वाम्नाय समेरुमठ कहा जाता है। इसका सम्प्रदाय काशी है तथा सत्य और ज्ञान योग पद हैं।–

अथोर्ध्व शेषा आम्नायास्ते- विज्ञानैव विग्रहाः।
पंचमस्तूर्ध्व आम्नायः समेरुमठ उच्यते।
सम्प्रदायोस्य काशी स्यात् सत्यज्ञानाभिधे पदे॥

(मठाम्नाय 39)

सुमेरुपर्वत का क्षेत्र कैलाश है, इसका देवता निरंजन, देवी माया और आचार्य ईश्वर हैं। तीर्थ मानस है जो ब्रह्मत्त्व में अवगाहन करने वाला है। वहाँ उनके भावनामात्र से संन्यास का सहारा लेना चाहिए।

कैलाशः क्षेत्र मित्युक्तं देवतास्य निरंजनः
देवी माया तथाचार्य ईश्वरोऽस्य प्रकीर्तितः॥

तीर्थं तु मानसं प्रोक्तं ब्रह्मतत्त्वावगाहि तत्।
तत्र संयोगमात्रेण सन्यासं समुपाश्रयेत॥

(मठाम्नाय 40-41)

छठां आम्नाय 'स्वात्मा' है। इसका मठ परमात्मा सम्प्रदाय सत्वतोष और योगपट्ट योग है। इसका क्षेत्र नभः सरोवर और देवता हंस है। देवी मानसी, आचार्य का नाम चेतन और तीर्थ का नाम 'त्रिपटी' है। ये सूक्ष्म वेद के वक्ता और उसके धर्म का आचरण करने वाले हैं-

सूक्ष्मवेदस्य वक्ता च तत्र धर्मं समाचरेत।
षष्ठः स्वात्माढय आम्नायः परमात्मा मठो महान्॥

सत्त्वतोषः सम्प्रदायः पदं योगमनुस्मरेत्।
नभः सरोवरं क्षेत्रं परहंसोऽस्य देवता॥

देवी स्यान्मानसी माया आचार्यश्चेतना ह्वयः।
त्रिपुटी तीर्थं मुत्कृष्टं सर्वपुण्यप्रदायकम्॥

(मठाम्नाय- 42-44)

सातवाँ 'निष्कल आम्नाय' है। सहस्त्रार्कद्युति मठ है, इसका सम्प्रदाय सच्छिष्य तथा श्रीगुरु की दोनों पादुकायें ही पद है। इस आम्नाय के क्षेत्र का नाम अनुभूति, देवता विश्वरूप तथा देवी चित्शक्ति है।इसके आचार्य को सद्गुरू कहा गया है। सुशास्त्रों का श्रवण ही तीर्थ है। इस तीर्थ का आश्रय जरा-मरण विनाशक है। यहाँ पूर्ण आनन्द और प्रसन्नता के साथ संन्यास लेना चाहिये-

सप्तमों निष्कलाम्नायः सहस्त्राकं द्युतिर्मठः.
सम्प्रदायोऽस्य सच्छिष्यः श्री गुरोः पादुके पदे॥

तत्रानुभूतिः क्षेत्रं स्याद् विश्वरूपोऽस्य देवता।
देवी चिच्छक्तिनाम्नी हि आचार्यः सद्गुरुः स्मृतः॥

सच्छास्त्रश्रवणं तीर्थं जरामृत्युविनाशकम्।
पूर्णानन्दप्रसादेन संन्यासं तत्र चाश्रयेत॥

(मठाम्नाय 45-47)

उक्त सभी कथित आम्नायों के संन्यासी अलग अलय होगें। उन्हें अपने आम्नाय के अनुसार धर्मों का पालन करते रहना चाहिये। इस तरह से आदि गुरु शङ्करचार्य ने सभी मठों के लिए नियम बनाये।

दशनामी संघों के चारों महान मठों के अतिरिक्त पिछली अनेक शताब्दियों में संगठन और सम्बद्धता के सम्बन्ध में कुछ निश्चित नियम स्वीकृत किये गये हैं जिसके तहत संन्यासी सर्वप्रथम किसी मढ़ी (गोत्र) में अपनें को नामांकित कराता है। मढ़ी प्रवेश अथवा दीक्षा का केन्द्र समझा जाता है। मठ केवल एक ही नाम और मढ़ी का होता है, इसी से अखाड़े में दशनाम के और बावन मढियों में रहने से ये 'पंचायती दशनामी'कहलाते हैं। सम्पूर्ण मढ़ियों की संख्या (52) बावन है। गिरी के अधिकार में 27, पुरी के अधिकार में 16, भारती के अधिकार में 4, वन के अधिकार में चार और लामा के अधिकार में 1 हैं।

दस नामों वाले संन्यासियों में तीर्थ, आश्रम, सरस्वती और भारती नामवाले संन्यासी दण्ड धारण कर दण्डी संन्यासी कहलाते हैं। शेष संन्यासी गोसाई कहलाने के अधिकारी माने जाते हैं। निर्वाणी अखाड़ा द्वारा स्वीकृत 52 मढ़ियों की सूची निम्नवत् है-

1. गिरि, आनंदवार सम्प्रदाय, मढ़ी 27- मेघनाथपंथी-

(i) रामदत्ती (ii) दुर्गानाथी (iii) ऋद्धनाथी (iv) ब्रह्मनाथी (छोटे) (v) पाटम्बरनाथी (vi) बलभद्रनाथी, (vii) बड़े ज्ञान नाथी (viii) अघोरनाथी (ix) संज्ञानाथी (x) भावनाथी (xi) जगजीवननाथी (xii) छोटे ब्रह्मनाथी।

2. अपारनाथी पंथी

(i) ओंकारी, (ii) परमानन्दी, (iii) बादेला, (iv) यती, (v) ज्ञानेन्द्रनाथी, (vi) सारगबादेला, (vii) बोधनाथी, (viii) कुसुमनाथी, (ix) सहजनाथी,

(x) पारसनाथी, (xi) महेशनाथी, (xii) विश्वम्भरनाथी, (xiii) तारानाथी, (xiv) रुद्रानाथी

3. पुरी भूरवार सम्प्रदाय

(i) भगवान पुरी (ii) भगवंत पुरी (iii) गंग दरियाव (iv) लहर दरियाव (v) प्रणव पुरी (vi) जड़भरत पुरी (vii) सहज पुरी (viii) मुनिमेघनाथ पुरी (ix) अर्जुन पुरी (x) नीलकण्ठ पुरी (xi) हनुमान पुरी (xii) बैकुण्ठी (xiii) मुल्तानी (xiv) मथुरा पुरी (xv) केवल पुरी (xvi) दसनाम तिलक पुरी, नारद पुरी (xvi) बोधो अयोध्या (xviii) ज्ञाननाथपुरी।

4 वन

(i) श्यामसुन्दर वन (ii) रामचन्द्र वन (iii) शंखधारी वन (vi) बलभद्र वन

5. भारती

(i) नरसिंह भारती (ii) मनमुकुन्द भारती (iii) विश्वम्भर भारती (iv) पद्मनाथ भारती

दशनामी सन्यासियों में आध्यात्मिक प्रगति की अवस्थाएं

दशनामी संन्यासियों के हर एक संघ में संन्यासी अपनी आध्यात्मिक प्रगति अथवा चरित्र की उच्चता के अनुसार चार विभागों में श्रेणीबद्ध है।

1. कुटीचक्र- कुटीचक्र या कुटीचर वह संन्यासी है जो संसार का त्याग करके जंगल में घास आदि की कुटी बनाकर उसमें वास करता हुआ धार्मिक चिन्तन एवं पूजन में संलग्न रहता है। न तो वह कहीं यात्रा करता है और न किसी से कुछ मांगता है। बिना मांगे किसी से जो भी कुछ प्राप्त हुआ उसी से अपनी भोजनादि व्यवस्था करता है।

2. बहूदक- यह संन्यासी भ्रमणशील होता है तथा अन्नादि के रूप में भिक्षा ग्रहण करता है। रुपया पैसा नहीं ग्रहण करता और एक स्थान पर तीन दिन से अधिक नहीं रहता है।

3. हंस- इस नाम के संन्यासी वेदान्त दर्शन में पारंगत होते हैं और ब्रह्मलोक में परब्रह्म का सम्पूर्ण ज्ञान प्राप्त करने का उद्देश्य रखते हैं। एक स्थान में रहने वाले त्रिदण्डी केवल रामानुजियों में पाये जाते हैं और शैव दशनामी में केवल दण्डी होते हैं। वे भिक्षा पर निर्वाह करते हैं और सच्चे मन से योगाभ्यास में लगे रहते हैं।

4. परमहंस- परमहंस आध्यात्मिक विकास की सर्वोच्च स्थिति का प्रतिनिधि है। उसने सम्पूर्ण मोक्ष प्राप्त कर लिया है और अपनी आत्मा को परब्रह्म में लीन कर लिया है। इस तरह से वह आध्यात्मिक ज्ञान का परम आचार्य और मानव समाज का सर्वोच्च शिक्षक हो जाता है।

चूंकि ज्ञान प्राप्ति के साधन के रूप में स्थूल से सूक्ष्म ज्ञान की तरफ बढ़ने की प्रक्रिया बताई गई है। इसी तरह आध्यात्मिक ज्ञान प्राप्त करने के लिए भी स्थूल से सूक्ष्म की तरफ का मार्ग बताया गया है। इसिलिए मूर्तिपूजा आध्यात्मिक विकास की प्रारम्भिक अवस्था (स्थूल) है। इसीलिए 1008 स्वामी विष्णुतीर्थ महराज के मार्ग पर चलकर साधन करने वालों को साधन की प्रारम्भिक अवस्था में देवदर्शन आदि स्थूल चीजों का दर्शन होता है। परन्तु जैसे जैसे साधन आगे बढता है इन सभी का दर्शन नहीं प्राप्त होता है। यही अवस्था हंस और परमहंस की होती है। परमसत्य का साक्षात्कार कर लेने के अनन्तर हंस और परमहंस को मूर्तिपूजा की आवश्यकता शेष नहीं रह जाती। क्योंकि मूर्तिपूजा मनुष्य के आध्यात्मिक विकास की प्रारम्भिक आवस्थओं के लिए ही अवश्यक है।

सनातन धर्म के अनुयायियों में दण्डी संन्यासियों के प्रति सर्वोच्च आदर भाव है, क्योंकि उनके सम्बन्ध में यह विश्वास किया जाता है कि आध्यात्मिक दृष्टि से वे मानव धरातल से ऊँचे उठकर स्वयं नारायण पद को प्राप्त हो जाते हैं। 'दण्डधारणमात्रेण नरो नारायणो भवेत्' दण्डी संन्यासियों में त्रिदण्डी एवं एक दण्डी धारण करने का भी विधान है। जैसा कि मनुस्मृति में कहा भी गया है कि-

वाग्दण्डोऽथ मनोदण्डः कायदण्डस्तथैव च।
यस्यैते निहिता बुद्धौ त्रिदण्डीति स उच्यते॥

उक्त वर्णित दण्डियों में हंस तथा परमहंस एक दण्डी तथा कुटीचक्र बहुदक त्रिदण्डी होते हैं। जर्नल ऑफ रॉयल एशियाटिक सोसायटी के जुलाई 1925 ई० में एक लेख 'वेदान्त संन्यासियों का संगठन' में एक भिन्न दृष्टिकोण उपलब्ध होता है। वहाँ लिखा है-

There are two orders of Samnyasi Ekadandis, who carry a single danda, rod and Tridndis who carry a triple danda, These two names are found in the Mahabharata, but no scholar has so far as the writer known, has ventured on opinion as to what the original distinction between them was Since the days of Ramanuja atleast Ekadandis follow the Advaita Vedanta of Shamkara. While Tridandis hold the Visistadvaita of Ramanuja. Madhva, Who are dvaitas are also Ekadandis, the reason being that Madhva the founder was originally samnyansi of the school of Shamkara. Ekadandis are found in all parts of India; Tridandis are in the main found only in the South. (p. 481-482)

सुरजीत सिन्हा ने भी अपनी पुस्तक 'असेटिक्स ऑफ काशी' में इस बात को स्वीकार किया है कि वैष्णवों में भी त्रिदण्डी होते हैं। दीक्षा के बाद संन्यासी को दण्डी कहा जाता है। यदि वे दीक्षा के बाद सात दिन के अन्दर दण्डी को छोड़ देते है, तो उन्हें 'त्यक्त दण्डी' के नाम से जाना जाता है। संन्यासी दण्ड के साथ कमण्डलु रखते हैं।

सुरजीत सिन्हा बताते हैं कि संगठन का पारम्परिक सिद्धान्त 'महानुशासन'

में उपलब्ध है। दण्डी पुनः दो भागों में विभाजित हैं- पंच गौड़ और पंच द्रविड। पंच द्रविड पंच गौड़ द्वारा दिये गये भण्डारे के निमन्त्रण को स्वीकार नहीं करते।

इन सन्यासियों को जीवन पद्धति के आधार पर भोगवार, कीटवार, आनन्दवार तथा भूरिवार वर्गों में भी बाँटा गया है। जो सन्यासी संसार के समस्त भोग पदार्थों के प्रति उदासीन भाव रखते हैं उन्हें भोगवार, शरीर निर्वाह हेतु अत्यन्त अल्प आहार (कीटों की तरह) लेकर परोपकार एवं अध्यात्म चिन्तन में लगे सन्यासियों को कीटवार, जो किसी की याचना से विरत रहकर उतने ही से जीवन निर्वाह करते हैं जो उन्हें स्वतंत्र रूप से प्राप्त हो जाता है उन्हें आनन्दवार तथा जो सन्यासी जंगल में उत्पन्न होने वाली वनस्पतियों जैसे कंद, मूल, फल आदि से शरीर का निर्वाह करते हुए आध्यात्म चिन्तन में तल्लीन रहते हैं उन्हें भूरिवार कहते हैं।

अखाड़ों का इतिहास-

1. आवाहन अखाडा- इस अखाडे की स्थापना संवत् 603 (सन् 547) ज्येष्ठ कृष्ण पक्ष नवमी शुक्रवार को हुई। परन्तु यदुनाथ सरकार इसकी स्थापना सन् 1547 ई0 में स्वीकार करते हैं। आवाहन अखाडा जूना अखाड़े से सम्मिलित है। यही कारण है कि इस अखाडें के इष्ट देव भैरव जी माने जाते हैं। कुछ विद्वानों का कथन है कि इस अखाडे के संन्यासी श्री गणेश जी एवं दत्तात्रेय को अपना इष्टदेव मानते हैं। इस अखाड़े का प्रधान कार्यालय काशी में है। इसकी शाखायें हरिद्वार, प्रयाग एवं उज्जैन और त्र्यम्बकेश्वर आदि स्थानों पर हैं।

2. अटल अखाड़ा- इसकी स्थापना सन् 647. ई0 में गोडवाना में हुई थी। इस अखाडे के आराध्य देवता भगवान् श्री गणेश जी हैं। वर्तमान में इसे 'श्री शम्भु दशनाम अटल अखाड़ा' के नाम से जाना जाता है। इसका मुख्य कार्यालय वाराणसी तथा प्रमुख शाखायें हरिद्वार, प्रयाग, उज्जैन, त्र्यम्बकेश्वर और बडौदा आदि स्थानों में है। इस आखाड़े का भस्मी का गोला (शम्भु) अष्ट पहलदार होता है।

3. महानिर्वाणी अखाड़ा- इसकी स्थापना संवत् 805 मार्गशीर्ष शुक्ल पक्ष दशमी गुरुवार के दिन सन् 748 ई0 में स्वामी शुभकरन पुरी जी

महराज ने कुंदगढ़ के सिद्धेश्वर मन्दिर में की थी। यह स्थान छोटा नागपुर में है। भगवान् श्री कपिल मुनि इस अखाड़े के इष्टदेव हैं। कुछ मान्यताओं के आधार पर इस अखाड़े के लोग मानते हैं कि इनकी परम्परा इस अद्वैत् सिद्धान्त की भगवान् कपिल मुनि से प्रारम्भ हुई थी। पश्चात् भगवान् शङ्कराचार्य ने उसे और परिष्कृत करके दशनामियों को संगठित कर लिया और यह परम्परा तब से निरन्तर चल रही है। इसीलिए इसके आराध्य देव भगवान् कपिल मुनि माने जातें हैं। सम्प्रति यह 'पंचायती अखाड़ महानिर्वाणी' के नाम से विख्यात है। पहले अटल और महानिर्वाणी अखाड़े के एक ही आचार्य महामण्डलेश्वर होते थे। परन्तु इस समय अलग-अलग ही होते हैं।

इसका भस्मीगोला (शम्भु) चतुष्कोणीय होता है। इसकी प्रधान शाखा दारागंज प्रयागराज में है तथा अन्य शाखायें हरिद्वार, ओंकारेश्वर, वाराणसी, करनाली, छबीना खेड़ा, त्र्यम्बकेश्वर आदि स्थानों में हैं। इस अखाड़े के सन्त नागा शैव हैं तथा जटा रखते हैं।

5. आनन्द अखाड़ा- जी. एस. घुर्ये के अनुसार इसकी स्थापना विक्रम् संवत् 856 में बरार में हुई थी। जबकि सुरजीत सिंह ने एसेटिक्स ऑफ काशी मे इसकी स्थापना का समय विक्रम संवत् 912 बताया है। इस अखाड़े के इष्टदेव सूर्य हैं। इनका भस्मी का गोला (शम्भु) शिवलिंगाकार होता है। इसकी प्रमुख शाखा वाराणसी में तथा अन्य प्रमुख शाखायें हरिद्वार, प्रयाग, उज्जैन, त्र्यम्बकेश्वर आदि स्थानों में है। सम्प्रति यह 'श्री पंचायती शम्भु दशनाम आनन्द अखाड़ा' के नाम से जाना जाता है।

5. श्री तपोनिधि निरंजनी अखाड़ा- इस अखाड़े की स्थापना संवत् 960 कार्तिक कृष्ण पक्ष षष्ठी सन् 903 ई0 में गुजरात राज्य के माण्डवी स्थान में हुई थी। यदुनाथ सरकार इसे सन् 1904 में स्वीकार करते हैं परन्तु इसको निरंजनी स्वीकार नहीं करते, क्योंकि उनके पास एक प्राचीन ताँवे का छड़ा है जिस पर निरंजनी अखाडे की स्थापना के बारे में विक्रम संवत् 960 अकिंत है। यह अखाड़ा बहुत प्रसिद्ध है। इस अखाड़े के इष्टदेव कार्तिकेय हैं, जो देव सेनापति हैं। इस अखाड़े का इतिहास मोहनानन्द से प्राप्त होता है जो डूँगरपुर रियासत के राजगुरु थे। इसकी शाखा प्रयाग, हरिद्वार, काशी, उज्जैन, त्र्यम्बकेश्वर आदि स्थानों में है। सम्प्रति यह 'श्री पंच शम्भु दशनाम निरंजनी

अखाड़ा' के नाम से जाना जाता है। इसका भस्मी का गोला (शम्भु) गोलाकार है।

6. जूना अखाडा – यह अखाडा पहले भैरव अखाड़े के रूप में जाना जाता था। उस समय इस अखाडे के इष्टदेव भैरव ही थे जो कि शिव का ही एक रूप है। वर्तमान में इस अखाड़े के इष्टदेव दत्तात्रेय हैं जो कि रुद्रावतार हैं। इस अखाड़े

के अन्तर्गत आवाहन्, अलखिया और ब्रह्मचारी भी हैं। इसकी एक विशेषता है कि इस अखाडे में अवधूतनियाँ भी सम्मिलित हैं और उनका भी संगठन है। इस अखाड़े की स्थापना संवत् 1202 कार्तिक शुक्ल पक्ष दशमी मंगलवार सन् 1145 ई0 में कर्णप्रयाग नामक स्थान में हुई थी। इस अखाड़े का भस्मी का गोला (शम्भु) गोल आकृति का होता है। सम्प्रति यह 'श्री शंभू पंचदशनाम जूना अखाड़ा' के नाम से जाना जाता है।

7. श्री अग्नि अखाड़ा- अग्नि अखाड़े की स्थापना संवत् 1192 आषाढ़ शुक्ल एकादशी सन् 1135 में हुई थी। सुरजीत सिन्हा एसिटिक्स ऑफ काशी में लिखते हैं कि अग्नि अखाड़े की स्थापना 1957 में हुई। इसका केन्द्र गिरनार की पहाडी है। इस अखाड़ा के साधु नर्मदा खण्डी, उत्तरा खण्डी और नैस्टिक में विभाजित हैं। परन्तु अखाडे के अनुयायी 1957 को प्रामाणिक नहीं मानतें। यह अखाड़ा ब्रह्मचारियों का अखाड़ा कहा जाता है। इस अखाड़े के ब्रह्मचारी चतुर्नाम्ना कहे जातें हैं। इसकी मुख्य शाखा वाराणसी में तथा अन्य प्रयाग, उज्जैन, त्र्यम्बकेश्वर, बरेली, अहमदावाद, जूनागढ़ आदि स्थानों में हैं। सम्प्रति यह 'पंच अग्नि अखाड़ा या श्री दशनाम पंच अग्नि अखाड़ा 'के नाम से विख्यात है। इस अखाड़े की इष्टदेवी गायत्री माता तथा अग्नि हैं।

8. श्री पंचायती अखाड़ा बड़ा उदासीन- उदासीन शब्द उद् और आसीन से बना है। उद् शब्द का अर्थ है- ब्रह्म व आसीन का अर्थ है उपविष्ट। इस अखाड़े में तीन वर्ग होते हैं जिन्हें क्रम से मुनि, ऋषि, तथा सेवक कहतें हैं। उदासीन सेवक गृहस्थ होता है। उदासीन ऋषि बड़ी बड़ी जटा रखते हैं।

गुलाबी, गेरुआ, श्वेत या श्याम रंग के वस्त्र पहनते हैं। इनके निशान मखमल मे होते हैं और उन पर जरी का काम होता है। इन लोगों के नाम के अन्त में दास, प्रकाश, आनन्द, स्वरुप आदि शब्द होते हैं। इस सम्प्रदाय के दो उपभेद हैं बड़े उदासीन और छोटे उदासीन। इस अखाडे की स्थापना श्री प्रीतमदास जी के संरक्षकत्व एवं नेतृत्व में सवत् 1825 सन् 1768 ई0 वैशाख में हरिद्वार के कुम्भपर्व में हुआ था। किन्तु इसका विधिवत कानूनपूर्वक गठन आश्विन कृष्ण पक्ष नवमी संवत् 1844 सन् 1787 ई0 में प्रयागराज में आठ रुपये के स्टाम्प पेपर पर लिखकर किया गया था। उपस्थित चार धूनें और छह बक्सीसों के सन्तों तथा महन्तों नें पट्टा लिखकर इसे रजिस्टर्ड बना दिया था। विशाल भारत के अप्रैल 1954 के अंक में इस अखाड़े का वर्णन निम्न प्रकार से किया गया है। 'विधर्मियों के अत्याचार से हिन्दुओं की रक्षा करने के लिए नानक के पुत्र श्री चन्द्र जी (जन्म वि. स. 1551 अर्थात् ई0 सं0 1494) ने इस सम्प्रदाय का गठन किया। ढूँठानगर, बारहत, श्रीनगर, कंधार, और पेशावर इन पाँच स्थानों में पहले बसे थे। श्री प्रीतमदास जी ने 1884 विक्रम संवत् में प्रयाग में सभी उदासीन सम्प्रदाय को एकत्रित कर 'पंचायती उदासीन अखाड़ा' की स्थापना की। ये निर्विशेषवादी और चरम निर्विषयवादी पंचोपासक हैं।'

इस उदासीन सम्प्रदाय के दो तरह के विधान हैं-

1. स्वतंत्र मठ- इसमें गुरु परमपरा के क्रम से महन्त का चुनाव होता है।

2. अखाड़ा – इसमें मत प्रदान से महन्त निर्वाचित होता है। इसके चार प्रधान महन्त और एक सौ साधुओं की जमात समस्त भारत में भ्रमण कर अपनें मठों का निरीक्षण, महन्तो का निर्वाचन तथा अपने सम्प्रदाय मत का प्रचार और कुम्भ पर्व में सदाव्रत खोलने आदि का कार्य करती हैं। इसमें कोई आचार्य महामण्डलेश्वर नहीं होता।

इस अखाड़ा की उपास्य इष्टदेवी भगवती लक्ष्मी हैं।

इसमें पंच देवों की आराधना की जाती है। इस अखाडे की व्यवस्था में एक श्री महन्त, तीन मुखिया महन्त, एक प्रधान सचिव, एक सहायक सचिव, एक कोठारी, एक भंडारी, चार पटेल, दो कारवारी तथा एक पुजारी होते हैं।

इस अखाड़े का भस्सी का गोला (शम्भु) गोला तथा कुछ चपटे आकार का होता है।

बड़ा पंचायती अखाडे का स्थान कीटगंज (प्रयागराज) में है। यह उदासीन का नानाशाही अखाड़ा है। इसकी शाखाएं पंजाब, राजपूताना, तथा हैदराबाद में है। यह बड़ा धनाढ्य अखाड़ा है। इस अखाडे में चार पंगतों के चार महन्त इस क्रम में होते हैं- 1. अलमस्ती की पंक्ति का 2. गोविन्द साहब की पंक्ति का 3. भगत भगवान की परमपरा का 4. बालूहसनाजी की पंक्ति का।

9. श्री पंचायती उदासीन नया अखाड़ा – उदासीन साधुओं में परस्पर मतभेद हो जाने के करण प्रयाग के बाँध के महात्मा सूरदास जी की प्रेरणा से संवत् 1902 सन् 1885 में प्रयागराज में ही पंचायती उदासीन नया अखाड़ा की स्थापना की गई थी। इसके इष्टदेव भगवान विष्णु हैं। नये अखाड़े में केवल संगत साहव की परम्परा के ही साधु सम्मिलित हैं। यह उदासीन पंचायती नया अखाड़ा 6 जून 1913 को पंजीकृत किया गया। व्यवस्थित रूप से उदासीन सम्प्रदाय की प्रतिष्ठा का श्रेय श्री चन्द्राचार्य को ही है, जिन्होंने चारघूरों और छह- बखशीश (वरदान) की वरिष्ठ परम्परा आरम्भ की थी।

10. श्री पंचायती निर्मल अखाड़ा – संवत् 1912 में भाद्रपद शुक्लपक्ष द्वादशी में सन् 1855 में चनार थालिका वाली हवेली में महाराज पटियाला, संगरूर, फरीदकोट, नाभा तथा कलासिया के नरेशों की मन्त्रणा तथा सहयोग से परम तपस्वी सन्त श्री महन्त बाबा महताब सिंह जी के संरक्षकत्व में इस पंचायती निर्मल अखाडा की स्थापना की गयी थी। इसके विषय में यह परम्परा से सुना जाता है कि श्री गुरुनानक देव के प्रथम शिष्य संत भाई भगीरथ सिंह जी ने निर्मल सम्प्रदाय का गठन एवं प्रचार प्रसार किया। दशम गुरु श्री गोविन्द सिंह जी महाराज ने पाँच निर्मल गेरुवें वस्त्रधारी सन्तों को वेद, वेदान्त तथा धर्मशास्त्र आदि के अध्ययनार्थ भेजा था। यही सम्प्रदाय बाद में निर्मल सम्प्रदाय के नाम से प्रसिद्ध हुआ।इसके इष्टदेव गुरुग्रन्थ साहिब तथा सभी शिव आदि वैदिक देवता पूजनीय हैं। इसकी उपशाखाएं हरिद्वार, प्रयाग, उज्जैन त्र्यम्बकेश्वर, नासिक आदि स्थानों में हैं।

संन्यासी अखाड़े की छः प्रतिज्ञाएँ-

संन्यासी अखाडे के अपने नियम हैं और उन नियमों का पालन करना प्रत्येक सदस्य का अनिवार्य कर्त्तव्य है। अतः संन्यासियों से छह प्रतिज्ञाएँ कराई जाती हैं। कहा जाता है कि इन्हीं प्रतिज्ञाओं के आधार पर संन्यासी संगठन की नींव आधारित है। ये छः प्रतिज्ञाएँ निम्न प्रकार से हैं।–

1. 'तेरी-मेरी करना नहीं' अर्थात् सम्पत्ति में तेरा-मेरा न लगा, उसे सारी जमात (संघ) का समझना।

2. 'गांजा- तम्बाकू पीना नहीं' अर्थात् नशाखोरी से बचना।

3. 'यह अखाड़ा छोड़ दूसरे (सैनिक संगठन) में जाना नहीं।'

4. 'लोहा-लकड़ी उठाना नहीं' अर्थात् आपस में मारपीट करना नहीं।

5. 'जिसके पास रहना उसकी सेवा करना' अर्थात् अपने ऊपर के अधिकारी की आज्ञा मानना।

6. 'खाने-पीने की मौवा, घीरे-ढके की सौगन्ध' अर्थात् जमात (संघ) की चीज को खाने-पीने की छूट है, लेकिन चुराने-छिपाने तथा उसे वैयक्तिक सम्पत्ति बनाने की सौगन्ध है।

अखाड़े में प्रवेश के समय पहले आवेदक को उपस्थित मंडली के सम्मुख आना पड़ता है जो उसके आवेदक की जात-पाँत के बारे में पूछती है। उसके उपरान्त उस व्यक्ति की शारीरिक परीक्षा ली जाती है। इन परीक्षाओं में उत्तीर्ण होने के बाद आवेदक को अखाड़े के इष्ट देवता के सामने जमात या जुंडी 'तेरी-मेरी करना नहीं, आदि छह प्रतिज्ञाएँ दिलाई जाती हैं।

शिक्षार्थी और नागा की दीक्षा (विरजा) में भेदः

नागा दीक्षा लेने के पहले शिक्षार्थी को तीन दिन का उपवास करना पड़ता है। इस अवधि में वह केवल दूध का सेवन करता है। चौथे दिन हवन किया जाता है। इसके बाद मुण्डन क्रिया होती है। केवल कुछ बाल छोड़ दिये जाते है। विरजा अथवा दीक्षा की विधि नारद पारिव्राजकोपनिषद् के अनुसार की जाती है। जिसमें सर्वप्रथम कमर तक पानी में खड़ा होना पड़ता है। इसके पूर्व उपवास के बाद ही सावित्री मंत्र का जप करना पड़ता हैं। तत्पश्चात् विधि गणेश

पूजन से आरम्भ होती है और हवन की क्रियाएँ पूर्ण की जाती है, जिसे विराज बलिदान कहा जाता है। शिक्षार्थी को कहा जाता है कि उसे पाँच शिक्षकों से ही शिक्षा लेनी चाहिए और उनका आदर करना चाहिए। वे पाँच शिक्षक हैं –

1. भगवा वस्त्र, 2. ऊपर की जटा को हटाना, 3. विभूति (राख), 4. रुद्राक्ष कंठ माला और 5. मन्त्र देने का कार्य करते हैं।

विराज विधि को सम्पन्न करने में कम से कम चार संन्यासी होते हैं। शिक्षार्थी ने जिस साधु को गुरु चुना है वह उसके कानों में मन्त्र बोलता है। दूसरा साधु उसे सात नामों से एक नाम देता है। तीसरा साधु राख को शिक्षार्थी के अंगों पर रगड़ता है और चौथा साधु उसकी जनेऊ(यदि है तो) को तोड़ता है। दीक्षा विधि के समय एक स्थिति पर उसे सात कदम नग्न चलना पड़ता है। इस दीक्षा विधि के बाद वहाँ एकत्रित साधुओं को गुड़ और धनियाँ बाँटी जाती है।

नागाओं की दीक्षा-विधि शिक्षार्थी की दीक्षा-विधि से भिन्न है। नागा दिगम्बर बनने की विधि को तंगेटोरा (Tangatora) कहा जाता है। तीन दिन उपवास करने के बाद प्रवेश मंत्र 'भू संन्यासम् मया, भू संन्यासम् मया, स्व संन्यासम् मया' द्वारा श्रद्धा-विधि के समय उसका तंगटोरा किया जाता है। यह

विधि प्रातः 3 बजे के लगभग होती है। दीक्षार्थी भाले के पास खड़ा होता है। अग्नि प्रज्ज्वलित की जाती है। एक वरिष्ठ नागा, जो दीक्षार्थी का साधक गुरु होता है, उसके शरीर पर पानी डालता है, उसे नग्न दशा में लाता है। इस इन्द्रिय की एक विशेष नस को खींचता है ताकि वह नपुंसक हो जाये। तब वह शिक्षार्थी तेगटोरा हो जाता है। इस संस्कार के तीन वर्ष बाद वह नागा दिगम्बर घोषित कर दिया जाता है। परन्तु श्री शेषनारायण बधेका, पुरोहित दसनाम नागा संन्यासी से वार्तालाप करने पर ज्ञात हुआ कि दीक्षा के उसी दिन उसे नागा-दिगम्बर घोषित कर दिया जाता है।

अखाड़े में नागा की स्थितिः

1. वस्त्रधारी- नागा की पहली स्थिति वस्त्रधारी की है। शपथ या प्रतिज्ञा लेने के बाद उस व्यक्ति को अखाड़े में सम्मिलित कर लिया जाता है और उसे वस्त्रधारी (गुरुभाई) अथवा भण्डारी भी कहा जाता है। वस्त्रधारी प्रातः उठकर अपने सिद्ध गुरु को दतौन-पानी देना, झाडू देकर रहने का स्थान साफ करना, अपने ऊपर के अधिकारी सिद्ध की आज्ञाओं को मानना, एक वस्त्रधारी का आवश्यक कर्त्तव्य समझा जाता है। वस्त्रधारी को मत देने का अधिकार नहीं होता।

2. नागा दिगम्बर – नागा की दूसरी स्थिति नागा (दिगम्बर) की है। वस्त्रधारी दस- बारह वर्ष या इससे भी अधिक वर्षों तक अखाड़े में अपने सिद्ध गुरु की सेवा करता है और उससे आध्यात्मिकता को सीखता है तब उसे नागा बनाया जाता है। नागा बनाने का कार्य कुम्भ मेले में ही किया जाता है। इस कार्य के लिए प्रयाग को उत्तम स्थान समझा जाता है, परन्तु उज्जैन, हरिद्वार में भी नागा बनाये जाते हैं।

3. थानापति- नागा की तीसरी स्थिति थानापति की है। यह पद नागा पद से उच्च पद है। थानापति होने का आशय अखाड़े के किसी शाखा का कार्यकर्त्ता बनना है। ऐसा माना जाता है कि जो नागा बन चुका है उसे थानापति बनने का अधिकार है। थानापति बनने की योग्यता इस आधार पर की जाती है कि उसे नागा होना चाहिए अथवा भूतपूर्व महन्त होना चाहिए।

थानापति का चुनाव होता है जिसको पंच हर दावे में से चुनता है। उसका

कार्य अखाड़े की सम्पत्ति की देखरेख करना है। श्री पंच को यह अधिकार होता है कि वह थानापति को नियुक्त अथवा पदच्युत (Dismissal) कर सकता है।

प्रबन्ध व्यवस्था- प्रबन्ध व्यवस्था के लिए समस्त अखाड़ो का दायित्व आठ वरिष्ठ संन्यासियों का होता है। ये आठ प्रधान चार श्री महन्त और चार महन्त कहलाते हैं। इनके सहायतार्थ आठ उपप्रधान होते हैं जिन्हें 'कारबारी' कहा जाता है। अखाड़े के सदस्यों की बैठक इत्यादि बुलाने का दायित्व अखाड़े के एक अत्यन्त वरिष्ठ संन्यासी का होता है, जिसे कोतवाल कहा जाता है। अखाड़ो में चुनाव का पूर्ण अधिकार होता है चुनाव, प्रजातन्त्रीय तरीके से होते हैं, जिनमें महामण्डलेश्वर, मण्डलेश्वर, श्रीमन्त सचिव, महन्त, थानापति, श्री रमतापंच के श्री महन्त एवं जमात के महन्त जैसे पदों का चुनाव होता है।

झुंड़ी महन्त- कुम्भ की समाप्ति के बाद जब अखाड़े के नागा बिखरने लगते हैं, तब जितने नागा आदि अखाडे के सर्वोपरि आठ महन्तों के साथ रहते हुए यात्रा करते हैं, उन्हें पंच, श्रीपंच, पंच-परमेश्वर और जमात कहा जाता है। कुम्भ के समय समस्त एकत्रित अखाड़े के संघ को शंभु-पंच कहा जाता है। शंभु पंच की मान्यता केवल कुम्भ के समय ही है। दो कुम्भ के बीच के समय में अखाड़े का सर्वोपरि शासन श्रीपंच अथवा जमात करते हैं। पंच के अतिरिक्त कुछ छोटी-छोटी टुकड़ियाँ देश में विचरण करती रहती हैं, इन्हें झुंडी कहते हैं। झुंडी पंच की सम्मति से बनती है और झुंडों के महन्तों का निर्वाचन भी श्रीपंच ही करता है जमात में कार्य करने के लिए एक अलग व्यवस्था है।

श्री पंच की भाँति झुंडी के पास भी अपना इष्टदेवता, अपना निशान, भगवा झण्डा, माला, छड़ी आदि होती है. जिनका पारिभाषित नाम नक्शा है। यह उसे पंच की ओर से मिलता है। झुंडी की कोई स्थावर सम्पत्ति नहीं होती। भक्तगण जो भी पूजा में देतें है, वही उसकी सम्पत्ति है। बचे रुपयों को कुम्भ के अवसर पर झुंडी पंचायत कोष में वह रकम दे देता है, जिसे 'मुक्त' कहते हैं।

श्रीपंच के श्रीमहन्त और कारबारी- दसनामी नागा साधुओं के इतिहास में एक विशेष बात यह है कि श्रीपंच के श्रीमहन्त और कारबारी रेल या नाव या किसी तरह की सवारी को यात्रा के उपयोग के लिए नहीं ले सकता है। उसे एक स्थान से दूसरे स्थान की यात्रा पैदल ही करनी पड़ती है।

आठ श्रीमन्तों का चुनाव- कुम्भ मेले के समाप्त होने के पहले शंभु-पंच अखाड़े के शासन के लिए श्रीपंच के आठ महन्तों का चुनाव करता है। अखाडे में केवल इन्हीं आठ महन्तों को श्रीमहन्त कहा जाता है। ये एक कुम्भ से दूसरे कुम्भ के बीच के लिए ही चुने जाते हैं। श्रीमहन्त के चुनाव के समय ही श्री शंभु-पंच, कारबारी के चुनाव करता है।

प्रशासन की दृष्टि से दावे (विभाग) – घुर्ये बताते हैं कि दसनामियों, गिरि, पुरी, भारती और वन के अन्तर्गत दावे (विभाग) होते हैं। कहा जाता है कि अखाड़े में आठ दावे होते हैं जिनके, अन्तर्गत मढ़ी होती है। पर्वत और सागर को लेते हुए गिरी के चार दावे हैं, जिनकी 27 मढ़ियाँ हैं, जिन्हें निम्न रूप से जाना जाता है-

(1). रामदत्ती दावा- 1. रामदत्ती, 2. दुर्गानाथी, 3. बलभद्रनाथी, 4. जगजीवननाथी, 5. संजानाथी।

(2). ऋद्धिनाथी दावा- 1. ऋद्धिनाथी, 2. ब्रह्मनाथी, 3. पटंबरनाथी, 4. छोटा ज्ञाननाथी, 5. बड़ा ज्ञाननाथी, 6. अघोरनाथी, 7. भावनाथी, 8. बड़ा ब्रह्मनाथी।

(3). चारमढ़ी दावा- 1. ओंकारी, 2. यति, 3. परमानन्दी, 4. चाँद बोदला।

(4). दसमढ़ी दावा- 1. सहजनाथी, 2. कुसुमनाथी, 3. सारनाथी, 4. पारसनाथी, 5. भावनाथी, 6. सागर बोदला, 7. नगेन्द्रनाथी, 8. विशम्भरनाथी, 9. रुद्रानाथी, 10. रतननाथी।

इन 27 मढ़ियों के अतिरिक्त लामामढ़ी भी गिरि दावे के अन्तर्गत गिनी जाती है।

पुरी के अन्तर्गत भारती, सरस्वती, तीर्थ, आश्रम, वन और अरण्य को लेते हुए 4 दावे हैं, जिनकी 25 मढ़ियाँ निम्न प्रकार हैं-

(1). बैकुंठी दावा- 1. बैकुंठी, 2. मुलतानी (केशोपुरी), 3. मथुरापुरी, 4. केवलपुरी, 5. दशनामी, 6. तिलकपुरी (मेघनाथपुरी)। वन की चार मढ़ियाँ -1. श्यामसुन्दर वन, 2. बलभद्र वन, 3. रामचन्द्र वन, 4. शंखधारी वन भी इसमें सम्मिलित हैं।

(2). सहजावत दावा- 1. सहजपुरी।

(3). दरिया दावा- 1. गंगदरियाव, 2. भगवानपुरी, 3. भगवन्तपुरी, 4. पूरनपुरी, 5. हनुमंतपुरी, 6. जड़ भरतपुरी, 7. नीलकंठपुरी, 8. ज्ञाननाथपुरी. 9. मनीमेघनाथ पुरी, 10. बोध अयोध्यापुरी, 11. अर्जुनपुरी।

(4). भारती दावा- 1. नरसिंह भारती, 2. मनमुकुन्द भारती, 3. विसंभर भारती, 4. बहुनाम भारती।

उपरोक्त मढ़ियाँ आध्यात्मिक कार्य करती हैं।

भण्डारा (भोज) के भेद – नागा संन्यासियों में जब किसी प्रकार का कार्यक्रम होता है, तब भण्डारे का आयोजन किया जाता है। उदाहरणस्वरूप यदि एक संन्यासी अपने गुरू की गद्दी पर नियुक्त होता है तब वह भण्डारे का आयोजन करता है। इस समय समस्त संन्यासी नये महन्ती को चादर ओढ़ाने में सम्मिलित होते हैं।

भण्डारा दो प्रकार का होता है- 1. व्यष्टि और 2. समष्टि। भण्डारे का व्यष्टि प्रकार वह होता है कि उसमें केवल अखाड़े से सम्बन्धित संन्यासी ही भाग लेते हैं जबकि समष्टि भण्डारे में अन्य अखाड़ों के परमहंस और नागा भी भाग लेते हैं।

नशाबन्दी- कुम्भ मेले के अवसर पर यह देखा गया है कि साधु समाज गांजा, चरस, भांग आदि का अधिक सेवन करते हैं। अखाड़ों में केवल दो अखाड़े महानिर्वाणी और निरंजनी हैं, जो अपने सदस्यों को नशा न करने का आदेश देते हैं। जूना अखाड़े में मांस और मदिरा पर पाबन्दी है।

शिक्षा- 'काशी के संन्यासी' नामक पुस्तक से जानकारी मिली है कि पाँच परमहंस संस्कृत की पाठशालाएँ चलाते हैं जिनके नाम निम्नलिखित हैं- 1. अमरनाथ मठ, 2. मृत्युंजय आश्रम, 3. दक्षिणामूर्ति मठ, 4. हथियाराम मठ, 5. अन्नपूर्णा मठ।

संस्कृत शिक्षा के अतिरिक्त परमार्थ साधक संघ ने अखिल भारतीय गीताप्रचार परिषद् का निर्माण किया है जो गीता की परीक्षा आयोजित करता है और उत्तीर्ण होने वाले परीक्षार्थियों को प्रमाणपत्र देता है। स्वामी विद्यानन्द जी मण्डलेश्वर गीता प्रचार मन्दिर से 'गीताधर्म' नामक मासिक पत्रिका का प्रकाशन

भी करते थे, जो अब बन्द हो चुकी है।

नाथपंथी और नागा संन्यासी- नाथपंथी और नागा संन्यासियों में कुछ साम्य है। विशेषकर जूना अखाड़े से नागपंथी और जूना अखाड़े के नागा संन्यासी दोनों के इष्टदेव भैरव हैं। दोनों दत्तात्रेय की भी उपासना करते है। नाथ पंथियों की तरह जूना अखाड़े में भी धूनी का महत्व है। एक विशेष तथ्य ध्यान में रखने का है कि सभी नाथपंथी कनफटा नहीं होते।

प्रमाण करने की विधि – दशनामी संन्यासी जब आपस में मिलते हैं तब 'नमो नारायण' कहते हैं, चाहे वह आश्रम, भारती, सरस्वती और तीर्थ के ब्रह्मण दण्डी हों। 'नमो शिवाय' का उच्चारण केवल नाथपंथी से सम्बन्धित है।

तिलक- दशनामी संन्यासी अपने माथे पर तीन आड़ी रेखाओं का तिलक करते हैं जो कि शिव के तीसरे नेत्र का प्रतीक है। कुछ संन्यासी या तो रेखाओं के नीचे या ऊपर एक बिन्दु लगाते हैं, शिवलिंग का प्रतीक है। तिलक की यह रेखाएँ विभूति (राख) द्वारा बनाई जाती हैं। इसे त्रिपुण्ड कहा जाता है. वैसे तो शरीर के विशेष हिस्सों में 32 निशान लगाने का विधान है, किन्तु व्यावहारिकता में केवल पाँच लगाये जाते हैं।

माला- दशनामी संन्यासियों में माला पहनने का भी रिवाज है। यह माला रुद्राक्ष की होती है। या तो माला 32 दानों की या 64 दानों की होती है। कुछ लोगों का कहना है कि रुद्राक्ष की माला में 68 दाने होते हैं।

हठयोग की मनाही- दशनामी संन्यासियों को हठयोग की मनाही है। उनके लिए राजयोग ही बताया जाता है।

संन्यासियों के उप-सम्प्रदाय- उप सम्प्रदाय साधुओं की तपस्या के कारण पड़े हैं-

1. दण्डी- इस मत के साधु यात्रा में दण्ड और कमण्डल अपने साथ रखते हैं। दण्ड बास का एक टुकडा होता है, जो गेरुआ कपड़े और पवित्र धागे से ढँका हुआ रहता है। निर्वाण तंत्र के अनुसार केवल ब्रह्मण दण्डी सम्प्रदाय में आ सकते हैं, वे किसी धातु की वस्तु और अग्नि को नहीं छूते। वे भिक्षा के लिए दिन में एक बार जाते हैं। बारह वर्ष अभ्यास के बाद वे परमहंस का जीवन अपना सकते हैं या अपनी इच्छा के अनुसार दण्डी ही रह सकते हैं।

2. परमहंस – परमहंस के दो भेद हैं – 1. दण्डी परमहंस, और 2. अवधूत परमहंस.

3. दशनामी नागा- दशनामी नागा के जटा होती है और यह जटा तीन प्रकार की है- नागा जटा, शंभु जटा, और बारबन। बाल यदि रस्सी की तरह गूँथे हुए हों और साँप की आकृति के समान लगते हों, उसे नागा जटा कहते हैं। शंभुजटा एक ढेले के समान होती है और बारबन शंभु जटा का छोटा रूप है।

4. अलेखिया- यह शब्द अलेख से आया है, जिसको भिक्षा माँगते समय संन्यासी कहता है। अलेख का अर्थ यह है कि जिसका लेखन न हो सके और जो वाणी और मानस से परे है। भिक्षा-पात्र या तो गणेश अथवा भैरव अथवा काली के सम्मानार्थ होता है। वे जो गणेश भिक्षा पात्र रखते हैं वे सुबह के समय भिक्षा माँगते हैं। जो भैरव पात्र रखतें हैं, वे संध्या समय भिक्षा माँगते हैं और जो काला भिक्षा-पात्र रखते हैं वे अर्धरात्रि में भिक्षा माँगते हैं। भिक्षा माँगते समय एक भिन्न प्रकार का वस्त्र पहनते हैं, जिसे केलका और मातंगा कहा जाता है। विशेष प्रकार के आभूषणों गिरनार चल, तोरा, छल्ला आदि जो चाँदी, पीतल अथवा ताँबे के बने होते हैं, धारण करते हैं, वे अपनी कमर में छोटी-छोटी घंटियाँ भी बाँधते हैं ताकि भिक्षा माँगते हुए लोगों का ध्यान आकर्षित हो सके।

5. डंगालि- ये संन्यासी भिक्षा नहीं माँगते किन्तु व्यापार करते हैं और धन कमाते हैं, उससे संन्यासियों को भोजन करवाते हैं.

6. अघोरी- ये बिल्कुल भिन्न प्रकार के संन्यासी हैं। ये समदृष्टि तत्त्व का अभ्यास करते हैं। ये शुभ या अशुभ वस्तुओं में भेद नहीं करते। ये भिक्षा पात्र के रूप में मानव-मुंड रखते हैं। शिव और शक्ति की उपासना करते हैं। भवभूति का नाटक 'मालती- माधव' से ज्ञात होता है कि चामुण्डा को, अपने किसी लक्ष्य को प्राप्त करने के लिए, खुश करने का प्रयास करते हैं।

7. ऊर्ध्वबाहु- ये संन्यासी अपने इष्ट को प्रसन्न करने के लिए अपने शरीर को सताते हैं। वे जो एक अथवा दोनों हाथ ऊपर उठाकर रखने की शपथ लेते हैं, वे ऊर्ध्वबाहु कहलाते हैं।

8. आकाशमुखी- ये संन्यासी अपने मुख को आकाश की ओर उठाये रखने की शपथ लेते हैं।

9. नखी- कुछ संन्यासी जो अपने नाखून नहीं काटने की शपथ लेते हैं, उन्हें नखी कहा जाता है।

10. थारेश्वरी- कुछ संन्यासी जो रात और दिन खडे रहने का व्रत लेते हैं, वे थारेश्वरी कहलाते हैं। वे खडे-खड़े भोजन करते और नींद निकालते हैं।

11. ऊर्ध्वमुखी- ये संन्यासी बहुत ही कठिन तपस्या करते हैं। वे अपने पैरों को ऊपर और सिर को नीचा रखते हैं। वे अपने पैरों को किसी वृक्ष की शाखा से बाँध देते हैं।

12. पंचधुनी- ये संन्यासी चार दिशा में अग्नि प्रज्ज्वलित कर गर्मी के मौसम में बीच में बैठते हैं वे पंचधुनी संन्यासी कहे जाते हैं.

13. मौनव्रती- ये संन्यासी मौनव्रत रखने की शपथ लेते हैं।

14. जलसाजीवी- ये संन्यासी प्रातः से संध्या तक पानी में खड़े रहने की शपथ लेते हैं।

15. जलधारा तपसी - ये संन्यासी एक गड्ढा खोदकर उसमें बैठते हैं। ऊपर पानी का एक घड़ा रखते हैं जिसमें छेद होते है, जिसमें से पानी उनके ऊपर गिरता है।

16. करलिंगी- ये सन्यासी नग्न रहने की शपथ लेते हैं, इन्हें जितेन्द्र समझा जाता है।

17. फलाहारी- ये संन्यासी गेहूँ, जौ, चावल आदि से बने भोजन को न खाने की शपथ लेते हैं और वे केवल फलों पर रहते हैं. भोजन पर नियंत्रण उनके धर्म का एक अंग है।

18. दूधारी- ये संन्यासी केवल दूध पर जीवित रहते हैं।

19. अलूना- ये संन्यासी उसी भोजन को लेते हैं जिसमें नमक न हो। वे अलूना कहे जाते हैं।

20. औघड़- दशनामी संन्यासी जो ब्रह्मगिरी संन्यासी होते हैं और वे गोरखनाथ के अनुगामी होते हैं।

21. गूदड़- गूदड़ संन्यासी जो एक प्रकार का वस्त्र पहनतें हैं जिसे केलका कहा जाता है। वे एक कान में छल्ला और दूसरे कान में ताँबे से बनी वस्तु को धारण करते हैं। भिक्षा के समय वे सुगन्धित वस्तु का प्रयोग करते हैं। गुधार संन्यासियों का कर्तव्य होता है कि वे किसी संन्यासी की मृत्यु के बाद क्रियाकर्म करें। मृत संन्यासी की वस्तुएँ ये लोग लेते हैं।

22. सुखर- इन संन्यासियों का कर्तव्य भी गूदड़ संन्यासियों की तरह है। वे भिक्षा के लिए नारियल से बने खप्पर का प्रयोग करते हैं और भिक्षा के समय सुगन्धित वस्तुएँ जलाते हैं।

23. रूखर- ये संन्यासी गूदड़ संन्यासियों की तरह ही होते हैं, किन्तु उनके रिवाजों में थोड़ा ही अन्तर होता है।

24. कुखर- ये संन्यासी नये पात्र में ही भिक्षा लेते है और पकाते हैं।

25. भूखर- ये संन्यासी भिक्षा के समय सुगन्धित वस्तुएँ नहीं जलाते।

26. अवधूतनी- कुछ स्थानों पर स्त्रियाँ संन्यासिन होती हैं। वे माला धारण करती हैं। माथे पर शैव चिन्ह अंकित करती हैं। तीर्थ यात्राओं पर जाती हैं और भिक्षा से जीवन यापन करती हैं।

27. घरबारी संन्यासी – ये संन्यासी अपने परिवार के साथ रहते हैं, यद्यपि वे अपने को संन्यासी कहते हैं।

28. टिकरनाथ- ये संन्यासी भैरव की पूजा करते हैं। टिकरा (मिट्टी का बना पात्र) का उपयोग करते हैं।

29. त्यागी- ये संन्यासी भिक्षा नहीं माँगते। बिना माँगे जो मिल जाता है उसी पर गुजारा करते है। यदि कपड़े मिल जावें तो कपड़े पहनते हैं नहीं तो नग्न अवस्था मे रहते हैं।

30. अतुर संन्यासी- मृत्यु के समय किसी व्यक्ति को उसके आत्मा को उठाने के लिए जब दीक्षा दी जाती है, ऐसे व्यक्ति को अतुर संन्यासी कहा जाता है।

31. मानस संन्यासी- जब मनुष्य अपने घर को छोड़ देता है और साधु का जीवन बिताता है, उसे मानस संन्यासी कहा जाता है।

32. अन्त संन्यासी- एक व्यक्ति जो एक स्थान पर बैठकर मृत्यु तक उपवास कर, ईश्वर के ध्यान में लगा रहता है, उसे अन्त संन्यासी कहते हैं।

33. क्षेत्र संन्यासी- यदि कोई व्यक्ति संन्यासी जीवन बिताने की शपथ लेता है और मृत्यु तक किसी पवित्र स्थान पर रहता है, उसे क्षेत्र संन्यासी कहा जाता है।

34. भोपा- ये संन्यासी भैरव की पूजा करते हैं। इनके लम्बे केश होते हैं। भिक्षा के समय अपनी कमर अथवा पैर में घंटियाँ बाँधते हैं, नाचते हैं और भैरव की स्तुति मे गीत गाते हैं।

35. दसनामी भाट- यद्यपि यह दशनामी नहीं होते, किन्तु वे दशनामी में ही भिक्षा लेते हैं। वे संन्यासियों की परम्परा का हिसाब रखते हैं। आवश्यकता होने पर उसे बताते हैं। तीर्थ-यात्रा पर जातें हैं। यद्यपि वे शिव के उपासक हैं, फिर भी सरस्वती के प्रति आदर की भावना रखते हैं।

36. चन्द्रवत – ये घरेलू भिखारी होते हैं। वे अपने साथ गाय, बकरी, बन्दर, आदि रखतें हैं, कभी-कभी- जादू के खेल द्वारा पैसा अर्जित करते हैं।

वैष्णव अखाड़ों का इतिहास-

कालान्तर में हिन्दुओं की सामाजिक स्थिति बहुत गिर चुकी थी। मूर्तियों का खण्डन करना, विश्वासों का हनन करना विधर्मियों के कृत्य थे। कहा जाता है. कि सिकन्दर लोदी (सन् 1489-1517 ई0) के समय तक हिन्दुओं पर

अत्याचार करने का आन्दोलन ही चल पड़ा था और यह क्रम बढ़ता ही जा रहा था। यहाँ तक कहा जाता है कि सन् 1398 में तैमूर ने हरिद्वार में। बहुत अधिक संख्या में बैरागियों को मरवा डाला था। ऐसी स्थिति में श्री बालानन्द का उदय हुआ जो कि आचार्य बृजानन्दी के शिष्य थे। इन्होंने सन् 1672 में चतुःसम्प्रदायों एवं सम्बन्धित अखाड़ों को संगठित किया। घुर्ये यह मानते हैं कि वैष्णव बैरागियों के अखाड़े का संगठन 1650-1700 के बीच हुआ है। इस स्थापना का एक कारण यह भी था कि वैष्णवों के चार वर्गों में विभाजन और मतभेद था जिसका लाभ लेकर शैव सम्प्रदाय के साधु- महात्मा बैरागियों को तंग करते थे। श्री बालानन्द ने पारस्परिक भेदभाव की उपेक्षा कर उन्हें एक सूत्र मे बाँधने के लिए ही अखाड़ों की प्रथा चलाई थी ताकि संगठित होकर वे प्रतिपक्षियों से अपनी रक्षा के साथ ही तीर्थों की प्रतिष्ठा बचाने में समर्थ हो सकें। 'वृहद् उपासना रहस्य' में कहा गया है-

शस्त्र सुविधा सबहि पढ़ाई। बाधेउ सात अखाड़े भाई।

स्वामी बालानन्द कृपाला। राखेउ तिलक लगे जस भाला।।

श्री वेदप्रकाश गर्ग उनके लेख 'वैष्णव अनी अखाड़े' में लिखते हैं कि 18वीं शताब्दी में वैष्णव सम्प्रदायों को अनेक संकटों का सामना करना पड़ा था। यवन आक्रमणकारियों और विधर्मी शासकों से तो उनकों अपार कष्ट था। वैष्णवेतर सम्प्रदायों की असहिष्णुता भी उनको त्रस्त कर रही थी। सुना जाता है कि विक्रम संवत् 1720 के लगभग किसी कुम्भ के अवसर पर नंगे होकर तीर्थों पर स्नान करने वाले शैव तथा शाक्त सम्प्रदायों को वैष्णवों ने रोका- 'तुम ऐसा शास्त्र विरुद्ध आचरण मत करो। तीर्थ जलाशयों में नग्न होकर स्नान करना निषिद्ध है। ' इस पर वे चिढ़ गये। इसी शास्त्र-विरुद्ध कृत्य को करना उन्होंने अपना धर्म समझ लिया और वैष्णवों पर अत्याचार करने लगे। कहा जाता है कि लक्ष्मीगिरि और भैरवगिरि नामक गुँसाइयों (शङ्कर मतावलम्बी) ने तो प्रतिदिन कम से कम पाँच-पाँच वैष्णवों का वध करके ही भोजन करने की प्रतिज्ञा कर ली थी। (नागरी प्रचारणी पत्रिका वर्ष 71, अंक-3-4,पृष्ट 334) उन्हें जब वैष्णव नहीं मिलते थे तो वे आटे के वैष्णव बनाकर उन्हें तलवार से काटते थे और तब भोजन करते थे।

उज्जैन सिंहस्थ के सर्वेक्षण पर यह जानकारी प्राप्त हुई थी कि शंभुदल(शैव

अखाड़ा) ने नासिक कुम्भ के अवसर पर बहुत बैरागियों को मार डाला था। उस लड़ाई में रामबाग अखाड़े का आधा निशान कट गया था।

चतुःसम्प्रदाय में विशेषकर रामानन्दी, निम्बार्क, माधव-गौड़ीय एवं विष्णुस्वामी के अनुयायी ही हैं। चतुःसम्प्रदाय के बारे में जी. एस. घुर्ये की पुस्तक से निम्नलिखित जानकारी मिलती है-

'In the first historycall known gathering of Chatuh-Sampradayi's that took place at the begining of the eighteenth century near Jaipur and considered the way and means to combat the aggressiveness of the Shaiva ascetics, it was the Nimbarki ascetics Virindavandeva, who was chosen to preside over its deliberations. (इंडियन साधू- जी. एस. घुर्ये –पृष्ट 203)

अखाड़े

नानक पंथी शैव अखाड़े वैष्णव अखाड़े

1 श्री पंचायती अखाड़ा बड़ा उदासीन 1आवाहन अखाड़ा 1 दिगम्बर 1 निर्वाणी

2 श्री पंचायती उदासीन नया अखाड़ा 2 अटल अखाड़ा 2 निर्मोही 2 दिगम्बर

3 श्री पंचायती निर्मल अखाड़ा 3 महानिर्वाणी 3 निर्वाणी 3 निर्मोही

4 आनन्द गूदड़ा अखाड़ा 4 सन्तोषी

5 श्री तपोनिधी निरस्जनी

6 जूना 5 खाकी

7श्री अग्नि अखड़ा 6महानिर्वणी 7. निरावलम्बी

वैष्णव अखाड़ो की स्थापनाः

वैष्णव अखाड़े की तीन अनियों और 52 द्वारे निर्धारित किये गये। अखाड़े की तीन प्रसिद्ध अनियाँ हैं (1) निर्मोही (2) दिगम्बर (3) निर्वाणी। आगे चलकर निर्मोही के नौ (9), दिगम्बर के दो (2) और निर्वाणी के सात (7) भेद होकर कुल 18 प्रभेद हो गये।

कहा जाता है कि अयोध्या में सर्वप्रथम श्री बालानन्द द्वारा सात अखाड़े संगठित रूप से स्थापित किये गये थे, जिनका संक्षिप्त परिचय निम्नलिखित है-

1. निर्वाणी : इसके संस्थापक अभयरामदासजी नामक सन्त थे जो नवाब सफदरगंज (1739-54 ई.)के समकालीन थे। हनुमानगढ़ी पर इसी अखाड़े का अधिकार है। कालान्तर में शिष्यों की संख्या में असाधारण रूप से वृद्धि होने पर यह चार थोक अथवा पट्टियों में विभक्त हो गया जिनके नाम 1. हरद्वारी, 2 बसन्तिया, 3 उज्जैनिया, 4 सागरिया हैं। नागा लोगों के चार विभाजन हैं, जिन्हें सेती कहा जाता है और उनके नाम भी उपरोक्त ही हैं। आरम्भ से ही अयोध्या का यह सबसे अधिक शक्तिशाली अखाड़ा रहा है। यहाँ के साधु बहुत ही धनी हैं। फैजाबाद, गोंडा, बस्ती, प्रतापगढ़ में इनकी काफी भूमि है। फैजबाद में इनके अधीन कुछ गाँव भी थे। पण्डित रामनारायण ने

निर्वाणी का अर्थ निम्न प्रकार से किया है-

वानं विषय रूपं चतुष्कं फलमुदाहृतम्।
यस्मात्तु निर्गतं वानं स निर्वाणास्समीरितः।

भजन रत्नावली-पृ.305

2. दिगम्बर : अयोध्या में इस अखाड़े की स्थापना किसी बलरामदासजी ने की थी। इसकी स्थापना को कम से कम 250 वर्ष हो गये हैं। दिगम्बर अखाड़े के साधु नंगे ही रहते हैं। दिगम्बर निम्बार्की अखाड़े श्याम दिगम्बर और रामानन्दी में यही अखाड़ा राम दिगम्बर अखाड़ा कहा जाता है। सर्वेक्षण के अवसर पर, नंगे रहने का तथ्य सत्य साबित नहीं हुआ। पण्डित रामनारायणदासजी ने दिगम्बर शब्द की व्याख्या निम्न रूप से की हैं-

केवलं स्वेष्टदेवस्य स्मरणौ वर्तते सदा।
दिशोम्बराणि यस्य स्यात्समतस्य दिगम्बरः।।

भजन रत्नावली पृ.305

3. निर्मोही : गोविन्ददास नाम के एक सन्त ने, जो जयपुर से अयोध्या आये थे, रामघाट पर इस अखाड़े की स्थापना की थी। इनका समय भी 18 वीं सदी का आरम्भ माना जाता है। कहा जाता है कि कुछ दिनों बाद गद्दी सम्बन्धी विवाद के कारण इनमें दो वर्ग हो गये। एक वर्ग रामघाट पर रहने लगा और दूसरा गुप्तारघाट पर। गुप्तारघाट के निर्मोहियों के पास काफी भूमि बस्ती, मनकापुर, खुर्दाबाद आदि स्थानों पर है। निर्मोही शब्द का अर्थ 'मोहरहित' किया जाता है। पण्डित रामनारायणदास ने कहा है-

स्वस्य देहानवत्रिषु पुत्रवित्तगृहादिषु।
मोहो हि निर्गतो यस्मात्स निर्मोहउदाहृतः।।

भजन रत्नावली पृ. 306

4. सन्तोषी : सफदरगंज के शासनकाल में जयपुर से आये श्री रतीरामदास ने एक मन्दिर बनवाकर इस अखाड़े को स्थापित किया। वाजिदअली शाह के शासनकाल में निद्धिसिंह नामक एक अलवार ने दूसरा मन्दिर बनवाया था। इसके बाद खुशहालदास नासक एक संतोषी साधु अयोध्या आये और

उनके उत्तराधिकारी रामकृष्णदास ने नया मन्दिर बनवाया। सन् 1900 ई. में जब महन्त की मुत्यु हुई तब बहुत दिनों तक यह अखाड़ा वीरान पड़ा रहा। सन्तोषी अखाड़े में मूर्तियों (साधु) की संख्या कम है। संतोषी का अर्थ निम्न प्रकार से किया गया है-

स्वारब्धस्य तु संयोगात्स्वल्पे लब्धेपि वस्तुनि।
संतोषी विद्यते यस्य ससंतोषी सदामत।।

भजन रत्नावली पृ.306

5. खाकी : कहा जाता है कि चित्रकूटवासी संत दयाराम ने शुजाउद्दौला के समय (1754-75 ई.) में नवाब से चार बीघा भूमि प्राप्त कर इस अखाड़े की नींव डाली थी। खाकी अपने शरीर पर भस्म रमाते हैं। बस्ती में इनकी भूमि भी है। खाकी नाम की व्याख्या पण्डित रामनारायदास निम्न रूप से करते हैं।

खं ब्रह्मण्या स्मरणे च कं सुखे च प्रकीर्तितम्।
ब्रह्मस्मरणे यस्य सुखं खाकी मतो बुधेः।।

भजन रत्नावली पृ.305

अर्थार खं का अर्थ है ब्रह्म का स्मरण और कं का सुख अर्थात् ब्रह्म के स्मरण में जिसे सुख हो, वह खाकी है।

6. महानिर्वाणी : कोटा बूँदी के निवासी महात्मा पुरुषोत्तमदास ने शुजाउदौला के शासनकाल में इस अखाड़े की स्थापना की थी। इन्होंने एक मन्दिर की भी स्थापना की थी। इसमें 25 पट्टियाँ हैं, जिनमें अधिकांश भ्रमणशील याचक का जीवन व्यतीत करते हैं। महानिर्वाणी की तरह निर्वाणी अखाड़ा भी है। दोंनों में भेद यह है कि निर्वाणी सदस्य इन्द्रियक इच्छाओं को तिलांजलि दे देते हैं, जबकि महानिर्वाणी मोक्ष में ही सुख को मानते हैं। पण्डित रामनायणदासजी ने महानिर्वाणी को निम्न रूप से समझाया है-

निर्वाणां निवृतोनाशे मोक्ष चैव प्रकीर्तितम्।
महन्मोक्ष सुखं यस्य स महानिर्वाणोमतः।।

भजन रत्नावली पृ.306

7. निरावलम्बी : कहा जाता है कि कोटा के बीरबलदास ने इस अखाड़े की स्थापना शुजाउदौला के समय की थी। उसने अयोध्या में एक मन्दिर बनवाया, जो बाद में तोड़ दिया गया। इनके बाद नरसिंहदास ने दर्शनसिंह के पास ही एक नया मन्दिर बनवाया। इनकी सम्पत्ति थोड़ी सी है। निरावलम्बी का अर्थ आलम्बनहीन किया जाता है। पण्डित रामनारायणदास के मत से-

देवान्तरेष्ववलंबोयश्चाल्प सुखसाधनः।
सनिश्शेषगतो यस्मान्निरालम्बो मतो हि सः॥

भजन रत्नावली पृ.306

कालान्तर में उपासना की दृष्टि से अखाड़ो की संख्या बढ़ती गई। इस कारण संगठन एवं व्यूह रचना की दृष्टि से तीन अनियाँ रखी गई-निर्मोही, दिगम्बर और निर्वाणी अनी की संज्ञा दी गई। इन अनियों में पृथक् –पृथक् अखाड़े हैं। जैसा कि निम्न तालिका में स्पष्ट होता है।

वैष्णव अखाड़े

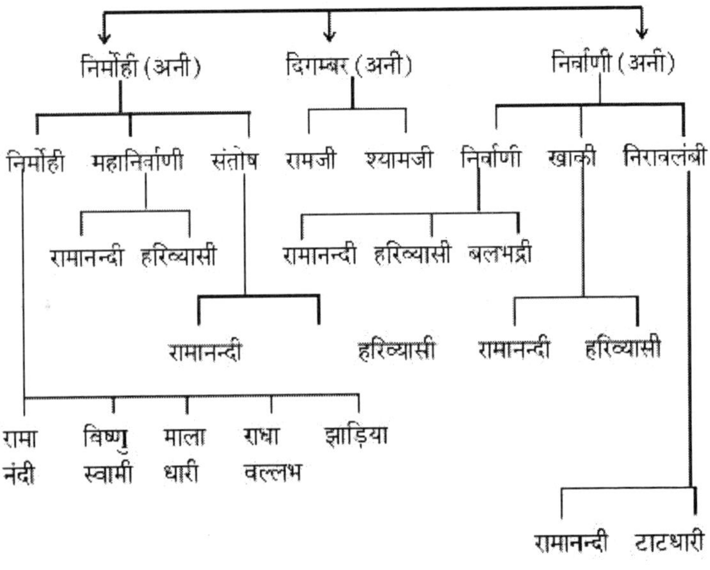

इस प्रकार कुल अखाड़ों की संख्या 18 है। रामोपासक अखाड़ा 7 हैं- 1 रामानन्दी निर्मोही, 2 रामानन्दी महानिर्वाणी,3 रामानन्दी संतोष,4 रामजी (दिगम्बर), 5 रामानन्दी निर्वाणी, 6 रामानन्दी खाकी, 7 रामानन्दी निरावलम्बी।

कृष्णोपासक अखाड़े 11 हैं। 1 विष्णुस्वामी निर्मोही, 2 मालाधारी निर्मोही, 3 राधाबल्लभ निर्मोही, 4 झाड़िया निर्मोही, 5 हरिव्यासी महानिर्वाणी, 6 हरिव्यासी संतोषी, 7 श्यामजी (दिगम्बर), 8 हरिव्यासी निर्वाणी, 9 बलभद्री निर्वाण, 10 हरिव्यासी खाकी, 11 टाटम्बरी।

अखाड़ो के मुख्य कर्त्तव्यः डॉ. बद्रीनारायण श्रीवास्तव ने उनकी पुस्तक 'रामानन्द सम्प्रदाय तथा हिन्दू साहित्य पर उसका प्रभाव' में लिखा है, 'इन अखाड़ों के मुख्य कर्त्तव्य विपक्षियों सें हिन्दूधर्म एवं हिन्दुओं के मन्दिरों की रक्षा करना, वैष्णव धर्म के विद्रोहियों का दमन करना, कुम्भपर्व के अवसर पर अपने सम्प्रदाय की मर्यादा बचाना आदि हैं। इसी कारण इन साधुओं का अधिक समय सैनिक शिक्षा प्राप्त करने में ही व्यतीत होता है। इसमें कोई सन्देह नहीं कि इन अखाडों में गत 300 वर्षो में हिन्दूधर्म और हिन्दू जाति की अपूर्व सेवा की है।

(रामानन्द सम्प्रदायक तथा हिन्दी साहित्य पर उसका प्रभाव पृ.229, डॉ. बडी नाराणय श्रीवास्तव)

'अनी' शब्द की व्याख्या : हमने ऊपर 'अनी' शब्द की चर्चा किया है। अखाड़ों के सन्दर्भ में इसका प्रयोग होता है। घुर्ये लिखते हैं कि संस्कृत शब्द 'अनिका' का लघु रूप अनी है, जिसका अर्थ सेना (Army) होता है। नरहरिदास का कथन है कि शस्त्र के नुकीले भाग को अनी कहते हैं। सेना का नेतृत्व करने वाले को अनी कहते हैं। रामायण के लंकाकाण्ड में अनी का प्रयोग हुआ है और वैष्णव बैरागी यह मानते हैं कि भगवान राम की स्वयं की एक अनी थी अर्थात् अनी की उत्पत्ति राम से ही है। डॉ. गंगादास से प्रश्न पूछा गया कि अनी का संगठन पहले हुआ अथवा खालसा का? प्रत्युत्तर में उन्होंने कहा कि अनी का संगठन पहले हुआ। बाद में खालसा बने। अनी से सम्बन्धित बैरागी एक हाथ में तलवार और एक हाथ में रामायण रखते हैं अर्थात् वे सदैव धर्म की रक्षार्थ तैयार रहते हैं। दिगम्बर अनी के पास श्री रामानन्द के पदचिह्न हैं, इस कारण उसकी प्राचीनता एवं महत्ता मानी जाती है।

अनी के कर्त्तव्य : कुम्भ के अवसर पर अनी के महन्त खालसाओं के महन्तों से उनकी सामर्थ्य के अनुसार रकम लेकर उन्हें एवं उनकी मूर्तियों (अनुयायियों) को बैंड-बाजे, अखाड़ों सहित नहलाने के लिए ले जाते हैं एवं साथ ही साधु-समाज के विवादों को चतुःसम्प्रदाय के साथ मिलकर निर्णय लेते हैं। वास्तव में साधु-समाज पर इन अनियों का प्रभुत्व है, इस कारण श्री लक्ष्मणदासजी का कहना है कि अनी के लोग महाराजा हैं। वैष्णव वैरागियों की तीन अनी हैं- 1 निर्मोही, 2 दिगम्बर और 3 निर्वाणी।

अखाड़ों की शासन व्यवस्था : अखाड़ों का रजिस्टर्ड विधान है। निर्मोही अखाड़ा-रामघाट अयोध्या के महन्त श्री रघुनाथदासजी ने 'श्रीपंच रामानन्दीय निर्मोही अखाड़ा श्री अयोध्या जी का रजिस्टर्ड विधान' प्रकाशित किया है। उनके अनुसार निम्नलिखित सूचना शासन व्यवस्था के बारे में मिलती है–

महन्त : महन्त का चुनाव प्रत्येक अखाड़ो के सदस्य नागा अतीत करते हैं। इनके द्वारा चुने महन्त को चुनाव के समय उपस्थित रहना पड़ता है। अखाड़ो की व्यवस्था पंच तथा सरपंच आदि की एक कार्यकारिणी समिति द्वारा

की जाती है। महन्त को इस समिति की आज्ञा माननी पड़ती है अन्यथा उसे सामान्य सभा पदच्युत कर देती है। महन्त, सरपंच या पंच आदि त्यागपत्र न दें तो उसे आजीवन अपने पद पर बने रह सकने का अधिकार है। इसमें से यदि किसी की मुत्यु हो जाय या कोई त्यागपत्र दे दे तो रिक्त स्थान की पूर्ति अखाड़े के नागा अतीतों की एक विशेष आयोजित सभा द्वारा की जाती है।

अखाड़े की सम्पत्ति की देखभाल व्यवस्थापिका समिति के कुछ पंचों द्वारा होती है। वर्ष में कार्यकारणी की बैठक एक बार अवश्य होती है। उसमें प्रत्येक साधु व महन्तादि के कर्त्तव्याकर्त्तव्य पर विचार किया जाता है।

महन्त अखाड़े की सम्पत्ति का स्वामी होता है। उसे मन्दिर आदि की पूजा-व्यवस्था करनी पड़ती है। परम्परा की रक्षा करना भी उसी का काम है। साम्प्रदायिक वेषभूषा, आचार-व्यवहार का उसे पूरा पालन करना पड़ता है। न तो उसे उत्तराधिकारी चुनने का अधिकार होता है और न परम्परा के विरुद्ध आचरण करने का। साधुओं को नागा बनाने का कार्य महन्त ही करता है। उसे ही शिष्य बनाने का भी अधिकार होता है। महन्त आय-व्यय का पूरा लेखा-जोखा पंचों को देता रहता है और महन्ती से हट जाने पर सामान्य सदस्य मात्र

रह जाता है।

अखाड़े की सम्पत्ति का आय-व्यय का लेखा गोलकी (Treasurer) रखता है। इसका निर्वाचन तीन वर्ष के लिए किया जाता है। गोलकी के सम्मुख ही एक पुजारी दूसरे को कार्यभार सौंपता है। बदचलनी पर गोलकी को बीच में ही पदच्युत कर दिया जाता है।

अखाड़ों के साधुओं की श्रेणियाँ- अपने गुरु के स्थान को छोड़कर चतुःसम्प्रदाय की सेवा करने की भावना वाला साधु इन अखाड़ों में सम्मिलित होता है और 'अखाड़ामल्ल' नाम से पुकारा जाता है। तब वह निम्नलिखित श्रेणियों को पार कर 'नागा' श्रेणी तक पहुँचता है। जिस नागा की सेवा में वह रखा जाता है, उसका वह 'सादिक' कहलाता है। अखाड़ों में साधुओं की श्रेणियाँ इस प्रकार हैं-

1. यात्री : नागा अतीत के लिए दातून आदि का प्रबन्ध करते हैं तथा इधर-उधर भ्रमण किया करते हैं।

2. छोरा : ये नागा अतीतों को स्नानादि कराते तथा उनके पीने का पानी लाते हैं। साथ ही इनका कार्य पत्ता-दोना लगाना, झाड़ू लगाना, है। इसका व्यावहारिक नाम 'रकमी' भी होता है।

3. बंदगीदार : इसका कार्य चौका, झाड़ू, भोजन तैयार करना तथा शास्त्र व शस्त्र की शिक्षा प्राप्त करना है। साथ ही यह कोठार की वस्तुओं को सँभालता, हनुमानजी का पट लेकर चलता और छड़ी उठाता है।

4. हुरदंगा अथवा हुड़दंगा : इसका कार्य भगवत सेवा, पूजा, आरती करना, भोग लगाना, पंगत कराना, निशान उठाना, पंच की गोलक सँभालना तथा शास्त्र व शस्त्र विद्या में निपुणता प्राप्त करना है।

5. मुरीठिया अथवा मुदाठिया : भगवान की पूजा करना, हिसाब संभालना एवं शास्त्र व शस्त्र में पूर्णतया निपुण हो जाना है।

6. नागा : सेवकों को चेतावनी देना, भगवत-भागवतों की पूजा का प्रबन्ध करना, सम्प्रदाय के मठ, मन्दिरों एवं अनुयायियों की रक्षा करना, नृसिंहा बाजा बजाना, जमात बनाकर देश में भ्रमण करना और प्रचार करना इनके कर्त्तव्य है। यह नागा चार के होते है- बसंतिया, हरिद्वारी, सागरिया,

उज्जैनी।

7. अतीत : यह सिद्ध नागा की स्थिति है। इनका प्रमुख कार्य सम्प्रदाय की प्रमुख समस्याओं पर विचार करना है। सिद्ध नागाओं को ही नागा अतीत के नाम से अभिहित किया जाता है–

1. सदर नागा : पंच मिलकर सदर नागा का चुनाव होता है। तत्पश्चात् वह जमात बाँधकर देश में बारह वर्ष तक भ्रमण करता है।

2. महा अतीत : इसका मुख्य कार्य भगवद् भजन करना है।

अखाड़ों की उपरोक्त श्रेणियों की अवधि तीन-तीन वर्ष की होती है

जिसमें सदर नागा की अवधि 12 वर्ष की होती है। 52 महंतों के ऊपर एक सदर नागा का अधिकार होता है और 52 नागाओं के ऊपर एक अतीत का अधिकार होता है।

इन श्रेणियों के अतिरिक्त एक विशेष स्थिति 'अखाड़ामल्लों'की भी है, जिसमें साधक गुरु की अनुमति प्राप्त कर अपने समय का अधिकांश समय शारीरिक विकास में व्यतीत करता है। यह व्यवस्था केवल विशेष रूप से उन्नतिशील साधकों के लिए स्वीकृत की जाती है।

चेला बनने की अवस्था : चेलों को पहले बड़ी सेवा और तपस्या करनी पड़ती है। उनका प्रवेश 16 वर्ष की अवस्था में होता है। यद्यपि ब्राह्मणों और राजपूतों के लिए यह बन्धन नहीं रहता। किन्तु सर्वेक्षण में यह भी पाया गया

कि बहुत से साधु बाल्यकाल से ही इसमें प्रवेश कर चुके हैं।

अखाड़ों की विशिष्ट शब्दावली

1 रकम – यह एक प्रकार की प्रतिज्ञा है। इसके नियत दिन के शुभ अवसर पर दूध-पाव, माल-पुआ, कच्ची, पक्की विशेष सामग्री का भगवान् को भोग लगाया जाता है। तत्पश्चात् रकमी रकम उठाता है। यह अखाड़े की एक प्रधान वस्तु मानी जाती है, वह सिखलाई जाती है और पूछी जाती है।

2 सेली – नागाओं की चार सेली मानी जाती है- 1 सागरिया, 2 उज्जैनिया, 3 बसंतिया और 4 हरिद्वारिका। इन सेली नागाओं को 'पट्टदार' भी कहते हैं। यह व्यवस्था हनुमानगढ़ी अयोध्या में प्रशासन की दृष्टि सें है। प्रत्येक सेली का एक महन्त होता है और चारों पट्टी का एक श्रीमहन्त होता है। श्रीमहन्त का चुनाव इन पट्टियों के क्रम में होता है। श्रीमहन्त हनुमानगढ़ी के बाहर नहीं जाते।

3 उतार-चढ़ाव - पारस्परिक घनिष्ठ सम्पर्क रहने के उद्देश्य से सेलियों के उतार- चढ़ाव का क्रम है।

जैसे- सागरिया सेली के हाथ के नीचे उज्जैनिया और उसके हाथ के नीचे बसंतिया, बसंतिया के हाथ के नीचे हरिद्वारिका और हरिद्वारिका के हाथ के नीचे सागरिया सेली रहती है। इस प्रकार उतार- चढ़ाव की नियमावली रकम ही है। रकम में दो रकम 'सदरी' तथा दो रकम 'कदरी' नाम से अभिहित है।

4 शेली – यह अनियों के पहचान की एक वस्तु होती है जो काले डोरे से बनी हुई होती है। निर्मोही अपने दाहिने पैर में और निर्वाणी अपने बाएँ पैर में बाँधे रहते हैं। दिगम्बर अनी वाले नही बाँधते हैं।

5 लटूरी - यह भी अनियों की परिचायिका है। सिर के केशों की लटूरी (जूड़ा) को निर्माही दाहिनी ओर को झुकी हुई, दिगम्बर ठीक मध्य में और निर्वाणी बायीं ओर को झुकती हुई बाँधते हैं।

6 महावीरी - सिन्दूर की एक रेखा लगाई जाती है, जो महावीरी की प्रसादी होती है। इसे निर्मोही दाहिनी ओर भृकुटी के पास, दिगम्बर सीधी मध्य में और निर्वाणी बायीं ओर भृकुटि के पास लगाते हैं।

7 अरबी - अर्जुन बाजे को कहते हैं जो निर्मोही और निर्वाणी अनी में बजाया जाता है।

8 रल - समूह को कहते हैं।

9 टकसार – नियम पद्धति को उतारने वाले को 'टकसार' कहते हैं।

उपासना एवं सम्प्रदाय सम्बन्ध :

तीनों अनियों के सभी अखाड़ों में श्री राम-कृष्ण की ही उपासना है। इसी से पत्र-व्यवहार में 'श्रीरामकृष्णाभ्यां नमः' शीर्षक रहता है। कुछ अखाड़ो में रामोपासकों की अधिकता है और कई और एक अखाड़ों में कृष्णोपासकों का आधिक्य है। 18 अखाड़ों में 7 अखाड़ों की गणना रामजी और 11 अखाड़ों की गणना श्यामजी में है। निर्मोही अनी में रामानन्दी निर्मोही, रामानन्दी महानिर्वाणी और रामानन्दी संतोषी अखाड़े श्री रामोपासना प्रधान है। तथा विष्णुस्वामी निर्मोही, मालाधारी निर्मोही,राधावल्लभी निर्मोही, झाडिया निर्मोही, हरिव्यासी महानिर्वाणी और हरिव्यासी संतोषी नामक अखाड़े श्रीकृष्णोपासना प्रधान हैं। ऐसे ही दिगम्बर अनी में एक अखाड़ा रामजी और दूसरा श्यामजी प्रसिद्ध है। निर्वाणी अनी में भी रामानन्दी निर्वाणी, रामानन्दी खाकी और रामानन्दी निरावलम्बी नामक अखाड़े रामजी के तथा हरिव्यासी निर्वाणी बलभद्री निर्वाणी, हरिव्यासी खाकी और टाटम्बरी नामक अखाड़े श्यामजी के हैं।

द्वारा :

जिस प्रकार संन्यासियों की 52 मढ़ियाँ हैं उसी प्रकार वैष्णव साधु समाज के 52 द्वारा हैं। द्वारा का अर्थ वैसे द्वार होता है किन्तु वैष्णव साधु-समाज में द्वारा उसे कहा जाता है जहाँ एक सम्प्रदाय की शाखा है। इस 52 द्वारों में रामानन्दियों के 36, निम्बार्क सम्प्रदाय के 9, विष्णुस्वामी सम्प्रदाय के 4 और माधव-गौड़ीय सम्प्रदाय के 3 द्वारे हैं।

वैरागी साधु की पहचान : वैरागी सन्तों और साधुओं के अन्त में 'आनन्द', 'दास', 'शरण' आदि शब्द जोड़े जाते हैं। जल के लिए तुम्बड़ी का बना पात्र रामनन्दी रखते हैं। द्वैत के अनुयायी नारियल का बना हुआ पात्र रखते हैं।

'खालसा' की उत्पत्ति : महन्त श्रीश्री 108 श्री राजकुमारदासजी ने

जानकारी दी कि सन् 1479 में गुरु नानक ने 'खालसा' शब्द का प्रयोग किया था। खालसा शब्द सिखों में अधिक प्रचलित है। अतः इन्ही के अनुशरण पर रामादल ने कुछ खालसों का संगठन किया था, जिन्हें चतुःसम्प्रदाय खालसा कहा जाता है। यह चतुःसम्प्रदाय खालसा रामानन्दी, निम्बार्क, माध्व, गौडीय और विष्णुस्वामी सम्प्रदाय के मेल से बनता है। प्रत्येक सम्प्रदाय का इसमें महन्त होता है और श्रीमहन्त रामानन्द सम्प्रदाय का ही होता है।

(वैष्णव कबीर – स्वामी योगीराज गोवत्स-पृ.150)

कुछ विद्वानों की मान्यता है कि धीरमदासजी महाराज से खालसा की उत्पत्ति है।

खालसा का अर्थ- रामदास शास्त्री महामण्डलेश्वर चार सम्प्रदाय आश्रम, वृन्दावन ने जानकारी दी कि खालसा का अर्थ 'मैदानी मुकाम'से होता है। और सिख का अर्थ 'शिष्य' से लिया जाता है। इस कारण खालसा का प्रयोग मुसलमानों से मुकाबला करने के लिए किया जाने लगा। आज से ढाई सौ वर्ष पहले खालसा चलते- फिरते सैनिक थे। आरम्भ में यह परम्परा थी कि खालसा में दो साधु लिये जाते थे-एक अखाड़े के लिए और एक परम्परा चलाने के लिए।

खालसा बनने की पद्धति – एक खालसा बनाने के लिए चतुःसम्प्रदाय के महन्त और अनी मिलकर निवेदक के आवेदन पर विचार करते हैं तब उस

व्यक्ति को जो खालसा बनाना चाहता है, अनुमति दी जाती है। खालसा बनाने वाला व्यक्ति पंच को बुलाता है और भण्डार (भोजन) करवाता है। खालसा बनाने की प्रक्रिया मे महन्ती की प्रक्रिया भी शामिल है। डॉ. गंगादासजी ने बताया कि कंठी, चादर और तिलक होता है जिसमें महन्त को रूपये एवं चादर देना पड़ता है और महन्त उसका दुगुना करके पंच के समस्त महन्तों को चादर और रूपये देता है।

इन खालसों का सम्बन्ध द्वारों से होता है। खालसा के महन्त नागा नहीं बना सकतें। शाही स्नान के समय बाजे का खर्च, पूजन की सामग्री, निशान के लिए भेंट, हाथियों का किराया और स्नान के बाद भण्डारा (भोजन) इन खालसाओं को अनी को देना पड़ता है एवं साथ ही रूपये भी देना पड़ता है।

डॉ. बद्रीनारायण श्रीवास्तव श्री वैष्णवों के निम्नलिखित पाँच खालसा बताते हैं-

1. डाकोर खालसा : यह खालसा टीलाजी द्वारा गादी के महन्त श्री मंगलदासजी के परिवार का है। इसी के अन्तर्गत डाकेर खालसा तथा रतलाम खालसा है।

2. डाडिया खालसा : श्री धीरमदास ने इस खालसा की स्थापना की थी। श्री जगन्नाथ ने इस 12 भाई डाडिया खालसा की श्रीवृद्धि की।

3. त्यागी खालसा : इस खालसा की स्थापना धीरमदास के शिष्य नन्दराम दास ने की थी।

4. त्यागी खालसा : श्री सियारामदास ने इस खालसे की स्थापना की थी। इसके 14 भाई महात्यागी खालसा भी कहा जाता है।

संवत् 2000 के बाद खालसों में अधिक वृद्धि होती गई। कारण पूछने पर ज्ञात हुआ कि जब महंत चेलों की नहीं सुनते तब वे अलग हो जाते हैं और पृथक् खालसा बना लेते हैं।

अखाड़ों के झंडे : दिगम्बर अनी का झंडा 13.5 फीट चौड़ा और 6 फीट ऊँचाई का होता है। यह रेशमी कपड़ों के पाँच टुकड़ों से बनाया जाता है। पाँच रंगों में गहरा नीला, लाल, पीला, हरा और सफेद होता है। झंडे के सामने के हिस्से में हनुमान का चित्र अंकित होता है और दूसरी ओर सूर्य देवता सात

घोड़ों के रथ पर अंकित होते है।

निर्मोही और निर्वाणी अखाड़ों के झंड़े दिगम्बर अनी के झंड़े से भिन्न होते है। निर्मोही अखाड़े का झंड़ा पीले रंग का और निर्वाणी अखाड़े का झंड़ा सफेद रंग का होता है। इनके झुंड़ों का ऊपरी हिस्सा कलसा रहित होता है। कलसा रहित होने की कहानी बताई जाती है। कहा जाता है कि शैव संन्यासियों के साथ लड़ाई में दोनों अखाड़ों के झंडे के ऊपरी हिस्से को काट डाला गया था और शैव संन्यासी उन हिस्सों को ले गये, तब से झंडों का ऊपरी हिस्सा कलसा रहित है।

जुलूस की स्थिति : जब बैरागी जुलूस के साथ स्नान करने जाते हैं, तब दिगम्बर अनी की स्थिति हर समय बीच में होती है और वे संगीत साज बजाते हैं। झाड़िया निर्मोही नौबत (orchestra) निर्मोही अनी के लिए बजाते हैं और रामानन्दी खाकी निर्मोहियों के सम्मुख डंका (बडा ड्रम) बजाते हैं। दिगम्बर अनी के नगाड़े (Drum) को गर्भगंज (Garbhaganj) कहा जाता है, क्योंकि वह बहुत आवाज करता है।

वैष्णवों के उपसम्प्रदाय

1 **श्रीसम्प्रदाय** के अन्तर्गत रामानन्दी, करीब, खाकी, मलूकदासी, दादू, रायदासी, सेनापंथी, और रामस्नेही आते हैं।

2 **आटीवरी :** यह गौड़ीय सम्प्रदाय के रीति-रिवाजों से भिन्न हैं। इसकी स्थापना करने वाले जगन्नाथ नामक एक साधु थे, आटीवरी ज्यादातर उड़ीसा में रहते हैं। पुरी में इनका एक मठ है।

3 **अहमद पंथी :** ये लोग बादल लोगों की तरह हैं। ये तुलसी माला धारण करते हैं।

4 **आउन :** यह भी गौड़ीय वैष्णव की एक शाखा है। इन्हें सहजिया करता मज भी कहते हैं। इसके अनुयायी बहुत कम हैं।

5 **अप्पापंथ :** यह रामानुजी वैष्णव सम्प्रदाय है। ये आध्यात्मिक गुरु की आवश्यकता नहीं समझते हैं। मूलादास इसके स्थापक हैं।

6. **बारकरी :** यह अधिकतर महाराष्ट् में पाये जाते हैं। तुलसी माला

धारण करते हैं। भिक्षा के समय गेरुआ वस्त्र धारण करते हैं।

7. **कामदेती** : यह लोग रमायत और निमायत से होते हैं। इनके कंधों पर कामदेती लटकती रहती है। कामदेती दो टोकरियों की होती है। भिक्षा की वस्तुएँ वे इसमें रखते हैं। एक टोकरी पर गाय और दूसरी टोकरी पर हनुमान की आकृति होती है। वे घर-घर भिक्षा के लिए नहीं जाते। भिक्षा के समय यह 'धनुषधारी राम' शब्द को उच्चारित करते हैं।

8. **कलिंग** : ये लोग नीचे स्तर के प्राणी हैं। वे अपने मृतक को जलाते नहीं।

9. **किशोरी भजन** : इस सम्प्रदाय के स्थापक विक्रम कालाचंद विद्यालंकार थे। श्रीकृष्ण के कार्यें की नकल करके मोक्ष प्राप्त किया जा सकता है। स्त्री की पूजा किशोरी के रूप में की जाती है। वे गौरंग देव का नाम लेते हैं।

10. **कुदापंथी** : आगरा जिले के एक व्यापारी तुलसीदास इसके संस्थापक हैं।

11. **खुशी विश्वासी** : ये सभी गौरंग देव का नाम लेते हैं। इनके रीति-रिवाज सहजिया सम्प्रदाय से मिलते-जुलते हैं।

12. **गिरी** : ये भी गौड़ीय सम्प्रदाय की एक शाखा है।

13. **गुरुदासी** : ये लोग गृहवासी होते हैं।

14. **गोबराई** : एक मुसलमान गोबराई, जो मुरदापुर के रहने वाले थे, ने इस सम्प्रदाय की स्थापना की थी।

15. **चरणदासी** : देहली के एक व्यापारी चरणदास इसके संस्थापक थे।

16. **चुहारपंथी** : ये वल्लभाचार्य सम्प्रदाय की शाखा है।

17. **चूड़ाधारी** : गौड़ीय वैष्णव की एक शाखा है।

18. **जगमोहिनी** : ये मूर्ति पूजा नहीं करते और आध्यात्मिक गुरु को ही भगवान मानते हैं।

19. **दरबेश** : सनातन गोस्वामी इसके संस्थापक थे। वे ईश्वर को 'दिन

दारदी' कहकर सम्बोधित करते हैं।

20. पंथदासी : ये अधिकतर अयोध्या, नेपाल और लखनऊ में पाये जाते हैं।

21. मातुकधारी : भिक्षा के समय मतुक पहनते हैं। वे एक स्थान पर खड़े होकर माँगते हैं। ये केवल उत्तरी भारत में पाये जाते हैं।

22. महापुरुषी : शङ्करदेव इसके संस्थापक हैं।

23. राधावल्लभी : हरिवंश गोस्वामी इसके संस्थापक हैं। राधा की अर्चना करते हैं।

24. वैष्णव तपसी : ये लोग पेड़ की छाल से अपने अंग को ढँकते हैं।

25. फरारी : ये लोग केवल फल खाते हैं।

26. दुधारी : केवल दूध लेते हैं।

27. काठिया : ये लोग कमर में चारों ओर लकड़ी का टुकड़ा बाँधते हैं।

28. हरिव्यासी

29. पंचधुनी : वे पाँच धुनी लगाते हैं और बीच में बैठकर तपस्या करते हैं।

30. आचारी : ये लोग विशेषकर दक्षिण भारत में रहते हैं। ये दूसरों के हाथो का भोजन स्वीकार नहीं करते।

31. सतनामी : जगजीवन दास इस सम्प्रदाय के संस्थापक थे, जिन्होंने 17 वीं सदी में इसकी स्थापना की। घासीदास ने इस मत का विस्तार किया था।

32. स्वामीनारायण : इनके मन्दिर अहमदाबाद, जूनागढ़, भावनगर में है। स्वामी नारायण 1734 में हुए थे। बस्ती जिले में स्वामीनरायण छपिया नाम से प्रसिद्ध इस गाँव में एक प्रसिद्ध मन्दिर भी है। यहीं स्वामीनरायण का जन्म स्थान है।

33. मलूकदासी : बाबा मलूकदास ने सन् 1574 में स्थापित किया।

साधु-समाज की स्थापना :

साधुओं का अपना कोई संगठन नही था इसलिए सन् 1956 में साधु-समाज की स्थापना की गई। संगठन के सम्बन्ध में कहा गया है कि हमारे देश में भारत- साधु-समाज नाम से एक नया संगठन स्थापित हुआ है। इस संगठन में संन्यासी ही शामिल हो सकते हैं। साभार-(कुम्भ के प्रतिनिधि अखाड़े एवं धार्मिक सम्प्रदापः डॉ0 एलरिक बारलो शिवाजी से)

इस प्रकार यद्यपि अनेक अखाड़े हो गये हैं तथापि सभी का कार्य धर्म का संरक्षण एवं प्रचार-प्रसार तथा ईष्ट आराधना ही है। साथ ही ये सभी अपनी प्राचीन परम्पराओं प्राचीन मठों से ही सम्बद्ध रहते हैं। यही अनेकता में एकता की स्थिति भारतीय संस्कृति का मूल रहस्य है।

❑❑

अध्याय– 7

कुम्भ में कल्पवासियों की दिनचर्या

कुम्भ पर्व आये श्रद्धालुओं के लिए करणीय कार्यों का विस्तृत विवरण धर्मग्रन्थों में प्राप्त होते हैं। तीर्थ-यात्रा मद- मोह,लोभ, ऐश्वर्य प्रदर्शन के त्याग के लिए की जाती है। यात्री को इस यात्रा के संकल्प के साथ ही आरामतलबी की आदत और दिखावे का शौक त्याग देना चाहिए। सामान्य यात्रियों की भांति ऐश्वर्यशाली एवं शक्तिशाली यात्रियों को भी वाहन–यान त्याग कर पैदल ही कुम्भ –पर्व का पुण्यफल प्राप्त करना चाहिए। मत्स्य-पुराण में ब्रह्मर्षि मार्कण्डेय द्वारा तीर्थयात्रियों के लिए की गई व्यवस्था निम्नवत है-

प्रयाग तीर्थयात्रार्थी यः प्रयाति नर : क्वचित्।
बलीवर्दसमारूढः शृणु तस्यापि यत्फलम्।।
नरके वसते घोरे गवां क्रोधो हि दारुणः।
सलिलं च न गृह्णन्ति पितरस्तस्य देहिनः।।
ऐश्वर्य लौभमोहाद्वा गच्छेत् यानये यो नर :।
निष्फलं तस्य तत्तीर्थ तस्मात् यानं विवर्जयेत्।।

बैलगाड़ी, घोड़ा या अन्य मोटर गाड़ी जैसा यानों से प्रयाग –क्षेत्र में स्नानार्थ अथवा अन्य धर्माचरण हेतु जाना निष्फल होगा। उलटे यदि इस यान-उपयोग के पीछे शक्ति अथवा ऐश्वर्य के प्रति आसक्ति अथवा प्रदर्शन की भावना हो तो यात्री घोर पाप का भागी होगा।

प्रयाग क्षेत्र में पहुँचने के उपरांत तीर्थ-यात्री को सर्वप्रथम प्रयागराज के अधिष्ठाता श्री वेणीमाधव भगवान का आश्रय अक्षयवट, सोमेश्वर, वासुकी,

प्रलय के समय बालमुकुन्द भगवान का आश्रय अक्षयवट, शेषनाग एवं उनके इष्ट श्री शंख –माधव त्रिवेणी-संगम तथा भरद्वाज मुनि का स्मरण कर उन्हे अपना प्रणाम निवेदित कर यात्री को प्रयाग क्षेत्र में निवासार्थ प्रवेश करना चाहिए–

त्रिवेणी माधवं सोमं भारद्वाजं च वासुकीम्।

वन्दे अक्षयवटं शेषं प्रयागं तीर्थनायकम्॥

प्रयागक्षेत्र में कल्पवास करने की पुरानी परम्परा है। प्रत्येक वर्ष माघ-मास में श्रद्धालु एक मास के लिए कल्पवास करने आते हैं। माघ मास में अरुणोदय के समय स्नान की बड़ी महत्ता बताई गई है। 'कृत्यतत्व' कहता है-

स्वर्गलोक चिरं वासो येषां मनसि वर्त्तते।

यत्र क्वापि जले तैस्तुस्नातव्यं मृग भास्करे॥

किसी भी नदी अथवा जलाशय में माघ-स्नान लाभकारी है। यदि गंगा में स्नान का अवसर मिले और वह भी प्रयागराज स्थित त्रिवेणी तीर्थ में तो क्या कहना।माघ-स्नान ससंकल्प करना चाहिए। ब्रह्म-मुहूर्त में उठकर शौचादि से निवृत्त होकर प्रथमतः सामान्य जल से मज्जन –प्रक्षालन कर भागीरथी की धारा में प्रवेश करना चाहिए। कुश- तिलादि लेकर संकल्प का मंत्र पढ़े- **'ओम् अद्य**

माघ मासे अमुक तिथि वारभ्य मकरस्थरविं यावत् प्रत्यहं अमुक गोत्रः अमुकदेवशर्मा स्वर्गलोके चिरकाल वासकामः प्रतिदिन सहस्त्रसुवर्णदानजन्यफल प्राप्तिकामः श्री विष्णु प्राप्तिकामः वा गङ्गायां प्रातः स्नानमहं करिष्ये।'

स्नान करते समय इस मंत्र का पाठ करें-

ओम् दुःखदारिद्रनाशाय श्री विष्णोस्तोषणाय च।
प्रातः स्नानं करोम्यद्य माघे पापप्रणाशनम्।।
मकरस्थे रवौमाद्ये गोविन्दाच्युतमाधव।।
स्नानेनानेन मे देव यथोक्तफलदो भव।।

स्नानोपरांत इस मंत्र का पाठ करें-

ओम् – दिवाकर जगन्नाथ प्रभाकर नमोऽस्तुते।
परिपूर्ण कुरुष्वेदं माघस्नानं महाव्रतम्।।
माघमासमिमं पुण्यं स्नाम्यहं देव माधव।
तीर्थस्यास्य जले नित्यं प्रसीद भगवान हरे।।

कल्पवास की पूरी अवधि में इस विधि से माघ-स्नान करने की शास्त्रों ने बड़ी महिमा गाई है।कुम्भ-पर्व के दौरान कल्प वास की महिमा और अधिक बढ़ जाती है। कल्पवास किस तिथि से किस तिथि तक करना चाहिए इसके बारे में विभिन्न मत हैं। कल्प एवं कल्पना दोनों शब्द एक ही धातु से निःसृत हैं। यूँ तो एक निश्चित अवधि तक नियमपूर्वक प्रयागक्षेत्र में निवास ही कल्पवास है, चाहे यह अवधि एक रात की हो, त्रिरात्रि की हो अथवा एक मास की – '**कल्पः कल्पपर्यन्तः वासः इव वासः यस्य सः कल्पवासः**' परन्तु सामान्यतः एक मास के वास को ही कल्पवास कहा जाता है। पद्म एवं ब्रह्म पुराणों के अनुसार पौष मास के शुक्लपक्ष की एकादशी से प्रारंभ कर माघ शुक्ल-एकादशी तक कल्पवास करना चाहिए-

एकादश्यां शुक्लपक्षे पौषमासे सदा भवेत्।
द्वादश्यां पूर्णिमायां वा शुक्लपक्षे समापनम्।।

(ब्रह्मपुराण)

पौषस्यैकादशी शुक्लामारंभ्य स्थण्डिलेशयः।
माससमात्रं निराहारस्त्रिवारं स्नानमाचरेत्॥
त्रिकालमर्चयेद्विष्णु त्यक्तभोगो जितेन्द्रियः।
माघस्यैकादशी शुक्लां यावद्विद्याधरोत्तम॥

पद्मपुराण

विष्णु-पुराण के अनुसार अमावस्या अथवा पूर्णमासी के दिन कल्पवास –व्रत प्रारम्भ किया जा सकता है-

दर्श वा पौर्णमासी वा प्रारभ्य स्नानमाचरेत्।
पुण्यान्यहानि त्रिंशत्तु मकरस्थे दिवाकरे॥

आवश्यक मात्र इतना है कि सूर्य मकर राशि में स्थित हो।

आजकल पौष-पूर्णिमा से माघ पूर्णिमा तक एक मास का कल्पवास करने की परम्परा है।

कल्पवास स्वेच्छापूर्वक संकल्पित कठोर तपस्या है। इसके प्रमुख नियम हैं-दिन में एक वार स्वयं पकाया हुआ स्वल्पाहार अथवा बिना पकाया हुआ फल-मूल आदि का भोजन (ताकि पकाने का झंझट उसे हरि-विमुख न कर सकें); प्रमुख पर्वों में उपवास, तीन बार गंगा, अथवा त्रिवेणी संगम में स्नान, त्रिकाल संध्या-भूमि-शयन, इन्द्रिय-ब्रह्मचर्य, जप, हवन, देवार्चन, अतिथि-देव अनुसार, गो- विप्र-संन्यासी सेवा,सत्संग,मुण्डन एवं पितरों का तर्पण।

पद्मपुराण में महर्षि दत्तात्रेय ने कल्पवास की व्यावस्था निरूपित की है इसके अनुसार कल्पवासी को मनसा, वाचा, कर्मणा इक्कीस नियमों का पालन करना चाहिए। ये नियम हैं सत्य –व्रत अर्थात् असत्य का पूर्ण त्याग, अहिंसा अर्थाते क्रोध का पूर्ण त्याग, इंद्रियों का शमन (जितेंद्रिय बनना); सभी प्राणियों पर दया –भाव विना; ब्रह्मचर्य व्रत का पूर्णतया पालन अर्थात् आठों प्रकार के मैथुनों का त्याग तेल,एवं अन्य विलासिता के उपादानों का त्याग ; सभी व्यसनों का त्याग, सूर्योदय के पूर्व शैय्या त्याग; नित्य तीन बार सुरसरि–स्नान; त्रिकाल- संध्या; पितरों को पिण्ड-दान; यथाशक्ति दान; भरसक मौन धारण कर अन्तर्मुखी जप; हरिकथा श्रवण एवं सत्संग, क्षेत्र-संकीर्तन, एक समय भोजन,

भूमि-शयन एवं गंगोदक-सेवन। माघ-मास में मूलक (मूली) खाना निषिद्ध है। खाने पर मद्यपान सदृश पाप लगता है। श्री दत्तात्रेय कहते हैं-

अथ ते संवप्रक्ष्यामि माघस्नानविधिं परम्।
कर्तव्यो नियमः कश्चिदव्रत रूपी नरोत्तमैः।।
फलातिशयहेतोर्वै किंचिद्भोज्यं त्यजेद्बुधः।
भूमौ शयीत होतव्यमाज्यं तिलसमन्वितम्।।
त्रिकालं चार्चयेन्नित्यं वासुदेवं सनातनम्।।
दातव्यो दीपकोऽखण्डों देवमुद्दिश्य माधवम्।।
इन्धनं कम्बलं वस्यमुपानदजिनं घृतम्।
तैलं कार्पासकोष्ठं च उष्णां तूलवटीं पटीम्।।
अन्नं चैव यथाशक्ति देयं माघे नराधिप।
सुवर्णं रक्तिकामन्नं दद्याद्वेदविदे तथा।।
परस्याग्निं न सेवे त्यजेद्विपः प्रतिग्रहम्।

यघपि इस अवधि में शीत अपने प्रचण्डतम रूप में रहता है तथापि मात्र हवन के समय को छोड़कर अग्नि-सेवन पूर्णतः वर्जित है। नारद-पुराण के अनुसार –

न वह्निं सेवयेत्स्नाता ह्यस्नातोऽपि वरानने।
होमार्थ सेवयेद्वह्निं शीतार्थं न कदाचन्।।

तात्पर्य है कि कल्पवासी अपने को सांसारिक सुखों से स्वयं हटा कर हरि-कीर्तन एवं चिंतन–मनन में लीन रखें।

कल्पवास के दौरान गृहस्थों को नित्यशुद्ध रेशमी अथवा ऊनी, श्वेत अथवा पीत परिधान धारण करने की सलाह शास्त्र देते हैं। यदि सूती कपड़े हों तो उनकी शुद्धि, प्रक्षालन; धारण के पूर्व अवश्य करना चाहिए। कल्पवास सभी स्त्री एवं पुरुष विना किसी भेद –भाव के कर सकते हैं। विवाहित गृहस्थों के लिए नियम है कि पति-पत्नी दोनो एक साथ कल्पवास करें। विधवा स्त्रियां अकेली कल्पवास कर सकती हैं। इस प्रकार के आचरण से मनुष्य अपने अंतः

करण एवं शरीर दोनो कायाकल्प कर सकता है। यदि अपने थोथे अहंकार एवं सामाजिक अथवा आर्थिक भेद-भाव की भावना उसके हृदय में रही तो कल्पवास के दौरान उसे मात्र कायिक एवं मानसिक कष्ट, क्षोभ एवं कुण्ठा के अतिरिक्त अन्य कुछ भी हस्तगत न होगा। 'कल्प' दो प्रकार का होता है –संकल्प एवं विकल्प। 'सम' उपसर्ग इसकी ऊर्ध्वगामिनी अंतर्मुखी गति को इंगित करता है और 'वि' उपसर्ग इसकी अधोगामिनी बहिर्मुखी गति को। जो व्यक्ति संकल्प लेता है वह समाधि की ओर बढ़ता है और जो 'विकल्प' का आधार लेता है वह ऊहापोह द्वारा ग्रस्त होकर व्याधिग्रस्त होता है। यही कारण है कि हर कार्य के सम्पादन के पूर्व मनुष्य को संकल्प लेने के लिए शास्त्र प्रेरित करते हैं। आधुनिक काल में भी हर महत्वपूर्ण कार्य के पूर्व सर्वत्र संकल्प लिया जाता है। सैन्य-प्रशिक्षण में 'पक्का इरादा' अथवा संकल्प को सर्वोपरि स्थान दिया गया है। हमारे संविधान की 'भूमिका' ही राष्ट्र का संकल्प है। संकल्प के बिना मनुष्य दिशाहीन, दिग्भ्रमित हो जाता है। वह अनेकानेक आसान एवं प्रेयस्कर किन्तु श्रीविहीन, विकल्पों के जाल में फँसकर व्याधि-ग्रस्त हो जाता है। 'कल्प' शब्द ध्यान में आते ही इसके साथ जुड़े 'कल्पतरु' अथवा 'कल्पवृक्ष' की कल्पना भी मानस-पटल पर उभरती है। कल्पतरु की विशेषता यह है कि इसकी छाया में बैठकर व्यक्ति जो भी विचार करता है वह तुरन्त पूरा होता है। वस्तुतः वह कल्पतरु हमारे अंदर ही है। मन ही कल्पतरु है यदि दृढ़ मन से संकल्प किया जाए तो अवश्य उसकी पूर्ति होती है। कल्पवास इस कल्पतरु को सींचता और बढ़ाता है यदि तीर्थयात्री निर्दिष्ट नियमों का पालन करते हुए कल्पवास करे तो अवश्य वह अपने अन्दर निहित इस कल्पतरु की छाया में निरन्तर वास करने में समर्थ होगा। वह मन को अपने संकल्प के अनुसार ढाल सकेगा, नाना प्रकार के विकल्पों द्वारा जनित अस्थिर-चित्त की प्रताड़ना से बच सकेगा। हाथ को गोकर्णाकार बना और उसमें डाल रखकर तीन बार पान करना होंठों और हाथों को दो बार धोना आचमन कहलाता है। आचमन करते समय के अनुसार 'ॐ' विष्णु मंत्र का तीन बार उच्चारण करना चाहिए।

स्नान- कल्पवास में त्रिकाल-स्नान का नियम है। स्नान छः प्रकार के बताए गए हैं-

ब्राह्माग्नेयमुद्दिष्टं वायव्यं दिव्यमेव च।

वारुणं यौगिकं तद्वत् षोढा स्नानं प्रकीर्तितम्॥

इन स्नानों की विधियों को स्पष्ट करते हुए कहा गया है-

ब्राह्मं तु मार्जनं मन्त्रैः कुशैः सोदक बिन्दुभिः।

आग्नेयं भस्मनापादमस्तकादिविधूननम्॥

गवां हि रजसा प्रोक्तं वागव्यं स्नानमुत्तमम्॥

यत्तु सातपवर्षेण स्नानं तद् दिव्यमुच्यते॥

वारुणञ्चावगाह्यं तु मानसन्तवात्मवेदनम्।

यौगिकं स्नानमाख्यातां योगो विष्णु विचिन्तनम्॥

आत्मतीर्थमिति ख्यातं सेवितं ब्रह्मवादिभिः॥

मनः शुचिकरं पुंसां नित्यं तत्स्नानमाचरेत्॥

मनु स्पष्टतः कहते हैं कि –

आग्नेयं भस्मना स्नानमवगाह्यं तु वारुणम्।

आपोहिष्ठेति च ब्राह्मं वायव्यं गोरजः स्मृतम्॥

सामान्य गृहस्थों के तीनों बार गंगा-स्नान ही श्रेयस्कर है। विरक्त, साधु एवं संन्यासी भस्म-स्नान अथवा धूलि स्नान करके भी स्वच्छ रह सकते हैं।

स्नान के पश्चात चन्दन अथवा भस्म धारण किया जाता है। भस्म के ऊपर चंदन नहीं लगाया जाता है। चन्दनादि के ऊपर भस्म धारण किया जा सकता है। स्नान का मुख्य उद्देश्य है शुचिता की उपलब्धि। शरीर और चित्त, बाहर और भीतर की शुचिता स्नान द्वारा तभी उपलब्ध हो सकेगी जब सत्य, अहिसा एवं शील आदि धर्मांग उसके हृदय में स्थित हों। वामन–पुराण के अनुसार –

आत्मा नदी सँयमतोयपूर्णा सत्यावह शीलतटा दयोर्मिः।

तत्राभिषेकं कुरु पांडुपुत्र न वारिणा शुध्यति चान्तरात्मा।।

हे पाण्डुपुत्र, आत्मा की नदी में स्नान करों जो संयम एवं सत्य से परिपूर्ण है, शील जिसके किनारे हैं, जिससे दया की लहरें उठती रहती हैं। मात्र पानी में नहाने से अंतरात्मा की शुद्धि नही हो सकती। कबीर की अक्खड़ सधुक्कड़ी भाषा में –

नहाए-धोए क्या भया जो मन मैल न जाए।

मीन सदा जल में रहे, धोए बास न जाए।।

यदि स्वच्छ मन से तथा शिव-संकल्प के साथ यात्री स्नान करेगा तभी तैत्तिरीय संहिता की यह सूक्ति चरितार्थ होगी- 'अप्सु स्नाति साक्षादेव दीक्षातपसी अवरुंधे तीर्थे स्नाति' जल में नहाता है, साक्षात् दीक्षा एवं तप से जुड़ता है, तीर्थ में स्नान करता है। पुण्यसलिला कल्याणमयी चतुष्फलदायिनी भगवती गंगा के तट पर निवास करते समय तथा उसकी धारा में स्नान करते समय कोई दूषित, कलुषित या निरादर सूचक कार्य नहीं करना चाहिए। ब्रह्माण्डपुराण ने चौदह क्रियाओं को अनुचित एवं निषिद्ध बताया है। इन्हे गंगा-धारा या गंगातट में कदापि नहीं करना चाहिए- समीप में शौच, गंगाजी में मुँह धोना या कुल्ला करना, बाल झाड़ना, निर्माल्य डालना, मैल छुड़ाना, शरीर रगडना, हँसी-मजाक (जल-क्रीड़ा) करना, दान लेना, रति-क्रिया, दूसरे तीर्थ के प्रति भक्ति प्रदर्शित करना, दूसरे तीर्थ का गुणगान करना, कपड़ा धोना, जलोत्पाटन (जल में कपड़ा पटक कर फीचना) एवं तैरना-

गंगा पुण्यजलां प्राप्य चतुर्दश विवर्जयेत्।

शौचमाचमनं केशं निर्माल्यं-अघमर्षणम्।

गात्रसंवाहनम्-प्रतिग्रहमथोरतिम्।

अन्यतीर्थरतिं चैव अन्यतीर्थ -प्रशंसनम्॥

क्रीड़ां वस्त्रत्यागंमथाघातं संतारं च विशेषतः।

आधुनिक दृष्टि से भी ये वर्जनाएँ समुचित प्रतीत होती हैं। गंगा को प्रदूषण से बचाने के लिए तथा अन्य यात्रियों को असुविधा से बचाने के लिए सभी को इन शास्त्र विहित नियमों का पूर्णरूपेण पालन करना चाहिए।

वृहद्धर्मपुराण उपरोक्त को परिपुष्ट करते हुए निषिद्ध क्रियओं का और अधिक खुलासा करता है-

वस्त्रस्य क्षालनं चैव स्वगात्रमलकर्षणम्।

उच्छिष्टक्षेपणं चैव पादक्षालनमेव च॥

अपानवायुनिस्सारं निष्ठीवनमथापि वा।

गंगायां शपथं नैव प्राणान्तेऽपि समाचरेत्॥

कपड़ों की धुलाई, बदनका मैल छुडाना जूठन फेंकना पैर की सफाई, अधोवायु का निस्सारण, थूक–खँखार ड़ालना तथा शपथ लेना- ये कार्य गंगाजी में कभी नहीं करना। पुनश्च –

मिथ्यावाक्यं शोक-मोह-नास्तिक्यं पापचित्तताम्॥

कटुवाक्यं परपीडाकारं कार्यं च वर्जयेत्॥

गंगा में अथवा गंगा तट में झूठ नहीं बोलना चाहिए और न ही शोक, दुःख अथवा नास्तिक विचारों की चर्चा करना चाहिए। कोई ऐसा काम नहीं करना चाहिए जिससे दूसरों को कष्ट हो-न तो धक्कामुक्की करें, न दूसरे पर छींटा ड़ाले और न किसी से उलझें। किसी से कड़वी बात भी न कहें। यात्रीगण गंगाक्षेत्र को भौतिक एवं वैचारिक प्रदूणष से बचायें।

न तीर्थे स्त्रयाकुले स्नायात् नाऽसज्जनसमावृते।

न स्नायात् क्षोभितास्वप्सु न स्वयं क्षोभयेत्तथा।

(जहां स्त्रियां बहुतसंख्या में स्नान कर रही हों वहां स्नान नहीं करना चाहिए।जहां दुष्ट प्रकृति के लोग नहा रहे हों, वहां भी जाना समुचित नही। गंदे जल में न तो स्नान करना चाहिए और न ही स्वयं जल को गंदा बनाना चाहिए।

गंगा-सेवा के कर्त्तव्यों का निरूपण भी हमें इन शास्त्रों में मिलता है-

सायं प्रातश्च मध्याह्ने गंगायास्तट मार्जनात्।
कोटिजन्मार्जितं पापं तस्य मार्जयते शिवः॥

(वृहत्पराशरसांहिता)

जो व्यक्ति प्रातः, मध्याह्न एवं सायंकाल– तीनों समय गंगा तट की सफाई कर उसे स्वच्छ रखता है, भगवान शङ्कर उसके कोटि-कोटि जन्मों में किए गए पापों को धो डालते हैं। इसी प्रकार वृहद्धर्मपुराण कहता है कि जो व्यक्ति, गंगा जी पर मिट्टी, ईंट अथवा पत्थर से घाट बनाकर उसकी तट की शोभा बढ़ाता है वह पुनर्जन्म से छुटकारा (मोक्ष) पा जाता है-

पाषाणौरिष्टिकाभिर्वा मृदावा भक्तिसंयुतः।
शोभयेत् तटमीशायाः स पुनर्जन्मवञ्चितः॥

कितनी सुन्दर व्यवस्था है गंगा –क्षेत्र को शुद्ध एवं पवित्र रखें एवं इसकी शोभा बढ़ाने की चेष्टा करें। यदि इन नियमों का पालन हर भारतीय करे तो गंगाजल पूर्णतः प्रदूषण रहित एवं शुद्ध हो जाएगा।

ब्रह्मचर्य –

ब्रह्मचर्य का सामान्य अर्थ स्त्री-प्रसंग से विरत रहना लगाया जाता है। वस्तुतः ब्रह्मचर्य का अर्थ है ब्रह्म की चर्या अर्थात् ब्रह्म में विहार करना। चूँकि कामसक्ति मनुष्य को समष्टि से, ब्रह्म से अलग करती है और मोहाविष्ट करती है अतः काम चिन्तन आदि आठों प्रकार के मैथुन का निषेध इस व्रत की आचरणअवधि में किया गया है। निषेधाज्ञा एक प्रकार के प्रतिरोध को जन्म देती है। जिस बात का प्रतिषेध किया जाए, मन बार-बार उसकी ओर प्रतिकूल-प्रतिक्रिया के वशीभूत हो जाने लगता है इसलिए ब्रह्मचर्य-व्रत मूलतः निषेधात्मक न होकर प्रेरणात्मक है। अध्ययन, मनन, सत्संग एवं हरि-स्मरण द्वारा दिव्य-चिंतन में अपने को लीन करने से विषय चिंतन के लिए न तो समय रहेगा और न ही प्रवृत्ति। व्यसन त्याग, विलासिता के उपादानों का त्याग, अल्प एवं सादा भोजन, भूमि-शयन आदि तपश्चर्या के साधन इस कार्य में कल्पवासी की सहायता करते हैं। पति-पत्नी साथ-साथ ब्रह्मचर्य में रत रहते हैं तो भौतिक एवं

शारिरिक सम्बन्धों से परे उनका दिव्य-स्नेह का सम्बन्ध बनता है जो यौवनजरा सभी स्थितियों में चिर-स्थायी एवं सुखदायी होती है।

सत्संग एवं हरि–स्मरण

कल्पवास में सत्संग, हरि नाम स्मरण, जप एवं हरि-नाम संकीर्त्तन का बड़ा महत्व है। संत-समागम से मनुष्य की दृष्टि में परिवर्तन आता है। संत मनुष्य को प्राणिमात्र में नारायण की छवि देखने की दृष्टि देते हैं। इससे उसके अहंकार की वृत्ति अन्य जनों को तुच्छ मानने की प्रवृत्ति समाप्त हो जाती है। उसके लिए जब सारा जगत् प्रभुमय है तो बड़ा कौन और छोटा कौन- **'सीयराम मय सब जग जानी। करहुँ प्रनाम जोरि जुग-पानी।।'** वह सहज ही समदृष्टि प्राप्त कर लेता है।

जप इस कार्य में बहुत सहायक है। योग-सूत्र कहता है- 'जपः तदर्थ भावनम्',जैसा जप होगा वैसी ही भावना होगी। भगवान के दिव्य नामों का जाप मनुष्य मे जप को अत्यंत महत्तवपूर्ण स्थान दिया गया है। हरि-नाम संकीर्तन सर्वाधिक सरल एवं सहज उपाय भगवद् –भक्ति एवं द्वैतावस्था से मुक्ति का है। संगीत की लहरियों में तैरता –डूबता व्यक्ति सहज ही संसार की भौतिकता से हट जाता है और कुछ क्षणों के लिए वह प्रभु का सायुज्य प्राप्त कर लेता है इसीलिए कलिकाल में भक्ति का यह सबसे सुगम उपाय माना गया है। श्री चैतन्य महाप्रभु ने इसी के जरिए अपने भक्तों का कल्याण किया। उनका अमोघ मंत्र 'कीर्त्तनीयः सदा हरिः' आज भी भक्तों के लिए प्रकाशस्तंभ का कार्य करता है। स्वयं भगवान की उक्ति है-

नाऽहम् वसामि वैकुण्ठे योगिनाम् हृदये न च।
मद्भक्ताः यत्र गायन्ति तत्र तिष्ठामि नारद।।

कुम्भ मेला के दौरान भारत एवं विदेशों से साधु-संत, विद्वान्-ज्ञानी एवं भजन-कीर्त्तन मण्डलियां आती हैं। रुचि के अनुसार कल्पवासी उनके सत्संग का सुफल सरलतापूर्वक प्राप्त कर सकता है।

व्रत एवं उपवास

व्रत एवं उपवास भी कुम्भ–चर्या के अभिन्न अंग हैं। विभिन्न पूर्व चर्चित स्नान-तिथियों एवं उत्सवों के दिन व्रत एवं उपवास रखने का विधान है।

आजकल दोनों शब्द एक ही अर्थ में उपयुक्त होता है, किन्तु इन दोनों में सूक्ष्म अंतर है। व्रत का तात्पर्य है- निर्धारित संकल्प के अनुसार आचरण करने का अनुष्ठान यथा राष्ट्र-सेवा का व्रत लेना। उपवास का मौलिक अर्थ है भौतिक प्रवृत्तियों से हटकर आत्मा के सन्निकट वास करना। चूँकि भोजन –त्याग आदि मनुष्य को दैनिक झंझटों से फुर्सत मिल जाती है और वह आत्म–चिंतन में सरलातापूर्वक प्रवृत्त हो पाता है इसलिए इसका सामान्य अर्थ निराहार रहना हो गया है। व्रत दो कोटि में विभाजित किए जा सकते हैं- काम्य एवं नित्य। काम्य व्रत किसी विशेष अभिलाषा अथवा मनोकामना की पूर्ति के लिए किये जाते हैं। संतान-लाभ, धन-प्राप्ति, पद आदि अभीष्ट –फलों के लिए जो व्रत किए जाते हैं उन्हे 'काम्य-व्रत' कहा जाता है। 'नित्य-व्रत' वे हैं जो किसी अभिलाषा की पूर्ति के उद्देश्य से नहीं किये जाते वरन् आध्यामिक उदात्त प्रेरणा से भक्ति एवं प्रेम हेतु किए जाते हैं। 'काम्य–व्रत' आसक्ति से उद्भूत होते हैं, 'नित्य-व्रत' निरासक्ति एवं जन-कल्याण की भावना से। 'नित्य व्रत' का पालन ही निष्काम –कर्म योग है अतः इसका स्थान सर्वोपरि है। नित्य –व्रत का व्रती कहता है-

न त्वहं कामये राज्यं न स्वर्गं न पुनर्भवम्।
कामये दुःख-तप्तानां प्राणिनां आर्त्तिनाशनम्॥

इन व्रतों के साथ पौराणिक एवं लौकिक कथाएँ जुड़ी हैं जो इनके माहात्म्य पर प्रकाश डालती हैं। कई कथाएँ अटपटी लगती हैं। इनको पढ़ने और सुनने के समय यह ध्यान में अवश्य रखना चाहिए कि ये कथाएँ उस समय रची गई जब न छापाखाने थे, न रेडियो और न टेलिविजन। जन-साधारण अनपढ़ था। उन्हे दर्शन एवं नीतियों की बारीकियों को समझाने के न तो साधन थे और न साधक। अतः लोकमानस में विभिन्न नीति-परक सिद्धान्तों की स्थापना के महत् उद्देश्य से इन चमत्कारी कथाओं की रचना की गई। आज पर्यावरण की सुरक्षा की महत्ता से हम सब सुपरिचित हैं। वन एवं वृक्षो की रक्षा के लिए विभिन्न प्रचार एवं प्रसार के साधनो का उपयोग किया जा रहा है। प्राचीन काल में इसी उद्देश्य से पीपल, वट आदि वृक्षों में भगवान के निवास की बात कही गई थी। वृक्ष को दस-पुत्रो के बराबर बताकर वृक्षारोपण एवं संवर्द्धन की प्रेरणा दी गई थी। पर्वत, नदी, सर्पादि जन्तुओं की रक्षा की बात इन्हीं व्रत-कथाओं द्वारा लोक-मानस में पैठाई गई थी। इन व्रत-कथाओं की सार्थकता यह है कि बिना किसी प्रसार-साधन के आज-तक ये कथाएँ जन-साधारण द्वारा याद रखी जा रही हैं और उसकी श्रद्धा एवं आस्था की पात्र बनी हुई हैं। व्रतो में धर्म के दसों अंगों का पूर्ण-पालन सन्निहित है। मनु के अनुसार ये दस अंग है- धृति, क्षमा, दम, अस्तेय, शौच, इन्द्रिय निग्रह, धी, विद्या, सत्य एवं अक्रोध।

धृतिः क्षमा दमोऽस्तेयं शौचमिन्द्रियनिग्रहः।
धीर्विद्या सत्यमक्रोधो दशकं धर्मलक्षणम्॥

(धृत = धैर्य, दम = स्वार्थ का दमन, शौच = पवित्रता, अस्तेय = चोरी न करना, धी = बुद्धि, अक्रोध = अहिंसा)

व्रतों मे भी इस प्रकार उपरोक्त धर्म-लक्षणों के पूर्ण-पालन पर जोर दिया गया है-

क्षमा सत्यं दयादानं शौचमिन्द्रियनिग्रहः।
देवपूजाग्निहवनं संतोषस्तेयवर्जनम्॥
सर्वव्रतेष्वयं धर्मः सामान्यो दशधा स्मृतः॥

सभी व्रतों के लिए यह शास्त्रोक्त विधान है कि व्रती क्षमा, सत्य-भाषण,

सद्व्यवहार, दया, दान, शुचिता, इन्द्रिय-निग्रह, देवार्चन, हवन, संतोष एवं अस्तेय आदि धर्माचरणों का पालन करें। अपने व्रत अथवा स्वधर्म का पालन न करने से तीर्थ-यात्रा का कोई फल नहीं मिलता। 'स्वधर्म का उल्लेख कूर्म-पुराण एक विशिष्ट उद्देश्य से करता है। यादि कोई व्यक्ति विशेष कर्तव्य हेतु तीर्थ-स्थल पर नियुक्त किया गया है तो उस कर्तव्य का पालन ही उसका व्रत है। उसका सही वहन ही उसे तीर्थ-सेवन का फल देगा। यदि कुंभ-मेला में नियुक्त शासकीय कार्मिक उदाहरणतः पुलिस-कर्मी, अभियंता एवं चिकित्सक आदि अपने कर्तव्यों का पालन न कर स्वयं स्नान-ध्यान में प्रवृत्त हों तो वे अपने कर्तव्य-व्रत अथवा 'स्वधर्म' से च्युत हो जाएँगे। उन्हे न तो तीर्थ-सेवन का फल मिलेगा और न पुण्य। उलटे इस लोक में उन्हे कष्ट मिलेगा, सजा मिलेगी और परलोक में भी वे पाप भागी होंगे। कूर्म-पुराण स्पष्टतः कहता है-

यः स्वधर्मान् परित्यज्य तीर्थसेवां करोति हि।

न तस्य फलते तीर्थमिह लोके परत्र च॥

उपवास भरसक निर्जल एवं निराहार रह कर करना चाहिए। यदि ऐसा करने की सहन-शक्ति न हो तो जल, दुग्ध अथवा अल्पमात्रा में फल का सेवन व्यक्ति कर सकता है, किन्तु बारंबार इनका सेवन भी अनुचित होगा। उपवास के पूर्व-दिन से मात्र एक बार भोजन कर उदर को विश्रान्ति देना चाहिए। उपवास से पूर्व ठूँस-ठूँस कर खाने से उपवास रखना निरर्थक हो जाता है। उपवास के पारण के दिन भी एक समय भोजन करना उचित है। इस प्रकार एक दिन के व्रत-उपवास का अर्थ है तीन दिनों के नियमित भोजन-जीवन का प्रारंभ।

देव – पूजन

देव-पूजन के प्रसंग में बार-बार षोडशोपचार का उल्लेख आता है।

इसका अर्थ है सोलह प्रकार से पूजा करने का विधान। भगवान की सोलह कलाएँ मानी गई हैं। उसी को आधार मानकर यह पूजन-विधि बनाई गई है। कुछ आचार्य अड़तीस उपचारों की विधि बताते हैं किन्तु षोडशोपचार ही सर्वमान्य है। यह षोडशोपचार है- आसन, स्वागत, अर्घ्य, पाद्य, आचमन, मधुपर्क, स्नान, वस्त्र, आवरण, सुगंधि, पुष्प, धूप, दीप, नैवेद्य, माल्य, अनुलेपन (चंदनादि) एवं नमस्कार। जिस प्रकार विशिष्ट अभ्यागत के आने पर हम उसे आसनादि द्वारा सत्कृत करते हैं, उसी प्रकार देवता का भी स्वागत-सत्कार किया जाए यही षोडशोपचार-विधि का तात्पर्य है।

यदि प्रतिदिन पूजा-अर्चना से सेवित देव-मूर्ति की रात्रि पूजा हो रही हो तो आसन, स्नान, वस्त्र एवं आभूषण (जो उन्हें पूर्वतः अर्पित किए जा चुके हैं) को छोड़ शेष द्वादशोपचार द्वारा भी पूजा की जा सकती है। कहीं-कहीं मात्र अर्घ्य, पाद्य, आचमन, स्नान, वस्त्र, गन्ध, पुष्प, दीप और नैवेद्य (भोजन) इन दशोपचार द्वारा ही पूजा की जाती है। यदि संक्षेप में काम चलाना हो अथवा साधन की कठिनाई हो तो पंचोपचार-गंध, पुष्प, धूप, दीप तथा नैवेद्य द्वारा ही पूजा की जा सकती है। ज्ञानी एवं विरक्त व्यक्ति मानस-पूजा करते हैं। वे भौतिक उपादान न प्रस्तुत कर काल्पनिक उपचारों के माध्यम से देवार्चन करते हैं।

पूजन में सर्वोपरि है पूजक का भाव। ''भावग्राही जनार्दनः'', ईश्वर भक्त की भावना को ही ग्रहण करता है। इन उपचारों में भी मनुष्य से किसी उपचार की क्या अपेक्षा हो सकती है।

पूजन के पश्चात विसर्जन की विधि है। यदि उत्सवादि हेतु मृण्मय मूर्ति की स्थापना की गई हो तो नदी में उसका विसर्जन कर दिया जाता है।

दान

कुंभ-पर्व में दान की बड़ी महिमा बताई गई है। त्याग से मनुष्य स्वयं लाभ उठाता है। दान से दान देनेवाले को एवं लेने वाले, दोनो को लाभ होता है अतः दान त्याग से श्रेष्ठतर माना गया है।

वृहदारण्यक उपनिषद् में एक अत्यंत शिक्षाप्रद उपाख्यान है। एक बार देव, मनुज एवं दैत्यों ने तपस्या की। ब्रह्माजी प्रकट हुए। तीनों ने उनसे उपदेश की याचना की। ब्रह्मा ने मात्र एक व्यंजन का उच्चारण किया- 'द'। तीनों

संतुष्ट होकर लौटे। देवताओं ने सोचा कि वे भोगलिप्सा में अत्यंत संलिप्त रहते हैं इसलिए बार-बार शक्तिहीन हो जाते हैं, इसलिए ब्रह्मा ने उन्हें 'दाम्यत' अर्थात् संयम से काम लेने के लिए कहा है। मनुष्यों ने विचार किया कि वे अत्यन्त लोभी और कृपण हैं इसलिए प्रजापति ने उन्हें 'दत्त' अर्थात् दान देने का उपदेश दिया है। दैत्यों का मत था कि उनके क्रूर आचरण एवं स्वभाव को देखते हुए ब्रह्मा ने उन्हें 'दयध्वम्' का अर्थात् दया करने का उपदेश दिया है। आज भी बादल गरज कर उन्हें उपदेश की याद दिलाता है- 'द-द-द' दाम्यत, दत्त, दयध्वम्।

दान करने से मनुष्य स्वार्थ, छोटेपन एवं संकोच से ऊपर उठ जाता है। दान से आत्मिक सुख मिलता है। अर्थोपार्जन का उद्देश्य ही है दान की सामर्थ्य प्राप्त करना। इसलिए दान की अत्यधिक महिमा है। दधीचि, शिवि, बलि एवं कर्ण अगर जगविश्रुत है तो अपनी दानशीलता के कारण ही।

प्रयाग-क्षेत्र में कुंभ-पर्व की अवधि में दिए गए दान की अपनी विशेष गरिमा है। यह है ही महादान-पर्व, जहाँ चक्रवर्ती सम्राट् भी अपना सर्वस्व दान करने में गौरव की अनुभूति प्राप्त करता था। पुराणों में प्रयाग में दिए दान की भूरि-भूरि प्रशंसा की गई है। उनका कहना है कि यहाँ का अल्प-दान भी वट-बीज की भाँति बढ़ता है- 'अल्पदानं फलं चात्र वर्धते वट बीजवत्।'' जिस प्रकार धूलिवत् वट-बीज विशाल-महीरूह का स्वरूप ले लेता है उसी प्रकार प्रयाग में दिए गए दान का पुण्य-फल भी बृहत् रूप धारण करता है।

विभिन्न शास्त्रों एवं स्मृतियों में दान के सम्बंध में निर्देश एवं व्यवस्थाएँ दी गई हैं। मनुस्मृति के अनुसार याचक की उत्तमता अथवा योग्यता का विचार करके दान देना चाहिए-

परितुष्टेन भावेन पात्रमासाद्य शक्तितः॥

मनु के अनुसार गृहस्थ ब्रह्मचारियों एवं संन्यासियों को मात्र भोजन एवं वस्त्र का दान दें, रूपया-पैसा न दें क्योंकि उनको अर्थोपार्जन का अधिकार नहीं है-

शक्तितोऽपचमानेभ्यो दातव्यं गृहमेधिना।

दान प्रेमभाव से देना चाहिए। दान देकर उसका प्रचार-प्रसार नहीं करना चाहिए-पत्थर पर उत्कीर्ण पटिकाएँ शास्त्रविहित नहीं हैं-

यत्किन्चिदपिदातव्यं याचित्तेनाऽनसूयमा।

एवं

न दत्त्वा परिकीर्तियेत्''।

तैत्तिरिय उपनिषद् (शिक्षावल्ली) ने दान के सम्बंध में पाँच निर्देश दिए हैं- श्रद्धया देयम्। अश्रद्धया अदेयम्। ह्रिया देयम्। भिया देयम्। संविदा देयम्। श्रद्धापूर्वक दान देना चाहिए। मैं भला क्या दे सकता हूँ, इस संकोच एवं शील के साथ देना चाहिए। 'दान देना परम कर्तव्य है, मैं इससे च्युत न होऊँ।'-इस भय के साथ देना चाहिए। ज्ञानपूर्वक अर्थात् पात्र, काल एवं देश का विचार करके दान देना चाहिए।

भगवान श्रीकृष्ण ने भी अपने गीतोपदेश में कहा हैं-

दातव्यमिति यद् दानं दीयतेऽनुपकारिणे।

देशे काले च पात्रे च तद् दानं सात्त्विकं स्मृतम्॥

दान देना हमारा कर्तव्य (दायित्व) है, ऐसा समझकर देश, काल एवं पात्र की उपयुक्तता का विचार कर निरपेक्ष भाव अनुपकारी (जिसके उपकार का भार हमारे ऊपर न हो) व्यक्ति को जो दान दिया जाता है वही सात्विक उत्तम-कोटि का दान होता है।

अगर दान दे सकें तो दें, सामर्थ्य न होने पर किसी अन्य समर्थ व्यक्ति से दान की व्यवस्था करा दें। याचक को कभी कटु-कठोर उत्तर न दें- यह शुक्र-नीति का निर्देश हैः-

याचकाद्यैः प्रार्थितः सन् न तीक्ष्णं चोत्तरं वदेत्।

तत् कार्यं तु समर्थश्चेत् कुर्याद् वा कारयीत वा।।

पद्मपुराण प्रयाग में माघ- मास में दिए गए दानों का प्रतिफल का वर्णन करते हुए कहता है-

माघेऽन्नदाताऽमृतपः सुरालये,

हेम्नश्च दाता बलभित्समीपगः।

दीपाग्निवासांसि ददन्नरः सदा

सूर्यस्य लोके वसति प्रभामयः।।

त्रिवेणी में गो-दान की महिमा है। दुर्भाग्यवश इसके कारण एक अत्यंत कुत्सित कुप्रथा प्रारंभ हो गई है। पंडे और घाटिए कृशकाय बछिया तट पर बाँधे रहते हैं वे यजमानों को प्रेरित करते हैं कि वे सस्ते मूल्य में उन्हीं से यह बछिया खरीद कर फिर उन्हें ही दान कर दें। बेचारीं गो-दुहिता बार-बार जल में खड़ी की जाती है। कुछ दिनों में शीत-पीड़ा से वह काल-कवलित हो जाती है। ऐसा दान वस्तुतः दान देने वाले एवं लेने वाले दोनों को गोहत्या का घोर पातक लगता है। अतः यात्रियों को कदापि इस पाखण्ड का भागीदार न बनना चाहिए। यथाशक्ति जो भी वे दान करेंगे उसका वृहत् प्रतिफल उन्हें मिलेगा ऐसा शास्त्र का वचन है, फिर इस प्रकार के तमाशे की क्या आवश्यकता है?

वेणी-दान

प्रयाग का प्रमुख दान है- वेणी-दान। संगम के अधिष्ठाता श्री वेणी-माधव को यह दान अर्पित किया जाता है। इसका तात्पर्य है यात्री द्वारा शिखा के अतिरिक्त सभी केशों का मुण्डन एवं गंगा में प्रवाह। केश के मूल में पाप निवास करता है, ऐसी लोक-धारणा है। पाप के मूलोच्छेदन हेतु संगम से उत्तम और कौन सा स्थान हो सकता है-

केशमूलान्युपाश्रित्य सर्वपापानि देहिनाम्।
तिष्ठन्ति तीर्थस्नानेन तस्मातांस्तत्र वापयेत्।।

प्रयाग-क्षेत्र में कल्पवास करने पर भी जो मुण्डन नहीं करते हैं वे नरक भोग करते हैं-

गंगायां भास्करक्षेत्रे मुण्डनं यो न कारयेत्।
स कोटि कुल संयुक्तं आकल्पं रौरवे वसेत्।।

कुछ आचार्यो का कथन है कि त्रिवेणी पर सधवा स्त्रियाँ भी, पति के जीवित रहते हुए भी, मुण्डन करा सकती हैं- ऐसे आचार्य नापितों के कुल-गुरू रहे होंगे। इनके अनुसार-

स्त्रीणां समर्तृष्काणां तु सर्वपापनुत्तये।
प्रयागे वपनं कार्यं नान्यक्षेत्रे कदाचन्।

इसी व्यवस्था के आधार पर दक्षिण-भारत की स्त्रियाँ अपने केशों का यहाँ मुण्डन करवाती हैं। सामान्यतः मात्र दो अंगुलि-परिमाण का केश-दान करने से ही सधवाओं का वेणी-दान सम्पन्न हो जाता है-

क्षुरकर्म न शस्तं स्याद्योषितां तु वरानने।
ममर्तृष्काणां तत्रैव विधिं तासां श्रृणुष्व में।।
सर्वान्केशान्समुद्धत्यच्छेदयेदङ्गुलद्वयम्।
एवमेव तु नारीणां मुण्डमुण्डन मादिशेत्।।

प्रथम स्नान कर गीले कपड़ों मे ही क्षौर कराने का विधान है। तदुपरान्त पुनः स्नान कर सूखे रेशमी कपड़े पहनकर स्वर्णमयी, रजतमयी, मुक्तामयी अथवा पुष्पमयी वेणी माधव को अर्पित की जाती है। यह दान सभी पापों से तुरन्त मुक्ति दिलाता है। निम्नलिखित मंत्र का पाठ कर वेणी को प्रवाहित कर दिया जाता है-

वेण्यां वेणी प्रदानेन सर्व पापं प्रणश्यतु।
जन्मान्तरेष्वपि सदा सौभाग्यं मम वर्धताम्।।

वेणी-दान के साथ एक अन्य विश्वास जुड़ा है। यदि पति-पत्नी इस बात

की कामना रखते हों कि अगले सात-जन्मों तक उनका साहचर्य बना रहे तो उन्हें संयुक्त रूप से वेणी-दान करना चाहिए। पुरुष तो मुण्डन कराएँ एवं स्त्रियों की वेंणी का मात्र अग्रभाग ही विसर्जित किया जाए। यह अग्रभाग स्वर्ण या रत्न से संयोजित हो।

श्राद्ध एवं तर्पण

धर्मशास्त्रों कें अनुसार मनुष्य को तीन ऋणों का भुगतान करना पड़ता है- देव-ऋण,ऋषि एवं पितृ-ऋण। पिता चूँकि प्रत्यक्ष देवता है इसलिए उसका सबसे अधिक महत्व है। यह ऋण श्राद्ध एवं पिण्ड-दान द्वारा चुकाया जाता है। पुत्र ही श्राद्ध का अधिकारी है। इसीलिए भारतीय समाज में पुत्रैषणा की इतनी प्रबल प्रवृत्ति है। यदि पुत्र न हो तो दौहित्र और यदि वह भी न हो तो परिवार का कोई भी सदस्य यह कृत्य कर सकता है। यदि पुत्रहीन व्यक्ति मर जाए तो उसकी पत्नी श्राद्ध कर सकती है। पत्नी का श्राद्ध व्यक्ति तभी कर सकता है जब उसका पुत्र न हो। यदि कोई भी सगा-सम्बंधी न हो तो कुछ स्मृति-ग्रन्थ कुल-पुरोहित को यह अधिकार देते हैं। श्राद्ध का अर्थ है श्रद्धा-पूर्वक देना। जिन पितरों ने हमें शरीर, बुद्धि एवं संस्कार दिए उन्हें श्रद्धापूर्वक पिण्ड न देना घोर कृतघ्नता है। प्रत्येक अमावस्या को पितरों की पुण्य-तिथि होती है और उन्हें पिण्डदान दिया जा सकता है। आश्विन की अमावस्या परम-श्रेष्ठ मानी गई है। सामान्यतः पितृ-पक्ष में ही पिण्ड-दान दिया जाता है, किन्तु तीर्थराज प्रयाग-क्षेत्र एवं श्रीबद्रीनाथ-धाम स्थित ब्रह्म-कपाल-कुण्ड-क्षेत्र इसके अपवाद हैं। यहाँ अन्य तिथियों में भी पिण्ड-दान एवं तर्पण किया जा सकता है। ब्रह्म-कपाल-क्षेत्र में तो निर्वंश एवं संन्यासी अपने हेतु भी श्राद्ध-कर्म एवं पिण्ड-दान कर सकते हैं।

श्राद्ध के बारह प्रकार हैं- नित्य, नैमित्तिक, काम्य, वृद्धिश्राद्ध, सपिण्डन श्राद्ध, पार्वण, गोष्ठीश्राध्द, शुद्ध्यर्थ, कर्मांग, दैविक, यात्रार्थ एवं पुष्ट्यर्थ। भविष्यपुराण, वराहपुरण एवं स्मृतिग्रंथों में इन श्राद्ध-क्रमों की विशद् चर्चा की गई है। श्राद्ध सामान्यतः अपने घर में या अपनी भूमि में ही किया जाता है, किन्तु गया, गंगा, कुरुक्षेत्र, प्रयाग, नैमिषारण्य, पुष्कर एवं प्रभास इसके प्रमुख अपवाद हैं। अन्य तीर्थों में श्राद्धकर्म किया जा सकता है, किन्तु इन पुण्यस्थलियों में श्राद्ध पितरों को अधिक रुचिकर होता है, ऐसी मान्यता है।

तीर्थस्थान में पार्वण विधि से श्राद्धानुष्ठान किया जाता है। 'पार्वण' का इस संदर्भ में अर्थ है 'पर्व' के अवसर पर पितरों के निमित श्राद्ध करना' सामान्यतः अमावस्या के दिन यह अनुष्ठान किया जाता है, किन्तु प्रयाग में अन्य तिथियों में भी शुद्ध करने का विधान है। 'पार्वण' श्राद्ध अन्य श्राद्धकर्मों से थोड़ा भिन्न है। इसमें अर्घ्य एवं आवाहन नहीं किया जाता है और पिण्ड तीर्थ-जल धारा को अर्पित कर दिया जाता है।

श्राद्ध अनुष्ठान कर्मकाण्ड की एक लम्बी रीति प्रक्रिया है और इसे सुचारु रूप से सम्पन्न करने के लिए समुचित ज्ञान रखने वाले पुरोहित की नितांत आवश्यकता है। अतः प्रयाग आने के पूर्व परिवार के वृद्ध जनों से अपने कुल, ग्राम अथवा क्षेत्र के तीर्थ-पुरोहित का नाम-पता मालूम कर लेना चाहिए तथा आते ही उनसे सम्पर्क स्थापित कर लेना चाहिए। कुंभ-मेला के दौरान बहुत से 'अल्पकालिक' तीर्थ-पुरोहित या पंडे आ जाते हैं जिन्हें श्राद्धानुष्ठान का पूरा ज्ञान नहीं होता। इनके चंगुल से बचें। जिस तरह पार्सल या लिफाफे पर सही नाम-पता न लिखे होने पर सही व्यक्ति को पार्सल या चिट्ठी नहीं मिलती है उसी प्रकार सही अनुष्ठान नहीं होने पर पितरों तक हव्य या पिण्ड नहीं पहुँचता।

श्राद्ध का एक अंग है तर्पण। प्रतिदिन गंगा-स्नान करते समय देवताओं, ऋषियों एवं पितरों को जल देकर तृप्त करना ही तर्पण है-

तर्पणन्तु शुचिः कुर्यात् प्रत्यहं स्नातको द्विजः।

देवेभ्यश्च ऋषिभ्यश्च पितृभ्यश्च यथाक्रमम्॥

वैसे तो त्रिकाल-स्नान के साथ-साथ त्रिकाल-तर्पण भी करना चाहिए, किन्तु यदि संभव न हो तो अरुणोदय काल में स्नान करते समय तर्पण कर देना अच्छा होगा ऐसा मनु का मत है। गंग-धारा में नाभि तक निमज्जित होकर आर्द्रवस्त्र धारण कर तर्पण किया जाता है। यदि स्वास्थ्य-कारणों से यह संभव न हो तो शुष्कवस्त्र पहन कर तीरस्थ होकर भी तर्पण किया जा सकता है बशर्ते एक पैर जल में हो। इस प्रकार के तर्पण में उद्धत जल का व्यवहार किया जाता है और उसमें तिल मिला दिया जाता है। उपवीती (सामान्य रूप से जनेऊ पहनकर अर्थात् बाएँ कंधे से दाहिनी भुजा के अंदर जाता हुआ यज्ञोपवीत धारण

कर) होकर देवों का, निविती होकर (गले में माला की तरह यज्ञोपवीत को पहनकर) मनुष्यों अथवा ऋषियों का तथा प्राचीनवीती होकर (यज्ञोपवीत को दाहिनी कंधे से बाई भुजा के अन्दर ले जाते हुए) पितरों का तर्पण किया जाता है-

निवीतं मनुष्याणां प्राचीनावीतं-पितृणांमुपवीतं देवानाम्।

(जैमिनी न्यायमालाविस्तर)

तर्पण करते समय बाएँ हाथ में कुश रखना चाहिए और दाहिने हाथ में कुशद्वय की पवित्री पहननी चाहिए। कुंभ-मेला के दौरान बालुकामय क्षेत्र में यह व्यवस्था कठिन होगी अतः 'अह्निनकतत्त्वकार' की सलाह मानकर दाहिने हाथ की तर्जनी में चाँदी और अनामिका में सोनें की अंगूठी पहन लेनी चाहिए। ऐसा करने से रोज-रोज कुश इकट्ठा करने का झंझट जाता रहता है-

तर्जन्या रजतं धार्यं स्वर्णं धार्यमनामया।
कुशकार्यकरं यस्मान्नतुवन्याः कुशाः कुशाः।

तर्पण-कर्म के पुरोहित की अनिवार्यता नहीं है। समुचित प्रक्रिया एवं मंत्रो द्वारा इस कर्म का सम्पादन व्यक्ति स्वयं कर सकता है।

सर्वप्रथम प्राचीनवीती होकर दक्षिणमुख हों तथा कृतान्जलिपूर्वक तीर्थों का आवहान करें।–

ओम् कुरुक्षेत्रं गया गंगा प्रभासपुष्कराणि च।
तीर्थानि एतानि पुण्यानि तर्पणकाले भवन्त्विह॥

तत्पश्चात् उपवीती होकर पूर्वमुख हों एवं देव-तर्पण करें। प्रत्येक प्रमुख देवता को एक- एक अंजलि जल मंत्र पढ़ पढ़कर दें- 'ॐ ब्रह्मातृप्यतां ॐ रुद्रस्तृप्यतां, ॐ प्रजापतिस्तृप्यतां' आदि। तत्पशचात् शेष सभी देवगणों के लिए निम्नलिखित मंत्र पढ़कर एक अंजलि जल अर्पित करें-

ॐ देवाः यक्षास्तथा नागाः गन्धर्वाप्सरसोऽसुराः।
क्रुराः सर्पाः सुपर्णाश्च तरवो ब्रह्मगा खगाः॥
विद्याधराः जलाधारास्तथैवाकाश गामिनः।

निराहाराश्च ये जीवाः पापे धर्मे रताश्च ये॥

तेषामाप्यायनायैतद्दीयते सलिलं मया॥

इसके बाद निवीती होकर पश्चिम मुख हों तथा निम्नलिखित मंत्र पढ़कर दो अंजलि जल प्रदान करे-

ॐ सनकश्चसनन्दश्च तृतीयश्च सनातनः।

कपिलश्चासुरिश्चैव वोढुः पंचशिखस्तथा॥

सर्वेते तृप्तमायान्तु मद्दतेनाम्बुना सदा।

इसके उपरांत उपवीती होकर पूर्व मुख हों एवं मरीचि से नारद तक सभी देवार्षियों को मंत्र पढ़ पढ़कर एक-एक अंजलि जल दें—

'ॐ मरीचिस्तृप्यतां, ॐ अत्रिस्तृप्यतां, ॐ अंगिरा-स्तृप्यतां, ॐ पुलस्त्यस्तृप्यतां, ॐ पुलहस्तृप्यतां, ॐ क्रतुस्तृप्यतां, ॐ प्रचेतास्तृप्यतां, ॐ वाशिष्ठस्तृप्यतां, ॐ भृगुस्तृप्यतां, ॐ नारदस्तृप्यतां॥''

पुनः प्राचीनवीती होकर दक्षिणमुखी हों और निम्नलिखित मंत्रो का पाठ करते हुए पितरों को एक एक सतिल-सलिलान्जलि दे-

ॐ अग्निष्वात्ता पितरतृप्यन्तामेतत् सतिलोदकं तेभ्यः स्वधा।

ॐ सौम्याः ॐ हविष्वन्तः ॐ सुकालिनः ॐ बर्हिर्षदः ॐ आज्यपाः।

तत्पश्चात यमराज के चतुर्दश नामावली मंत्र का तीन बार पाठ कर तीन अंजलि जल चढ़ाएँ-

ॐ यमाय धर्मराजाय मृतवेचान्तकाय च।

वैवस्ताय कालाय सर्वभूतक्षयाय च॥

औदुम्बराय दध्नाय नीलाय परमेष्ठिने।

वृकोदराय चित्राय चित्रगुप्ताय वै नमः॥

इसके बाद प्राचीनवीती होकर दक्षिणमुखी हों तथा पितृगणों का आवाहन करें- '**ॐ आगन्छन्तु में पितर इमं गृह्णन्त्वापोनन्जलिं।**' यह कहकर तिल तर्पण करें। पुनः '**विष्णुरों अमुकगोत्रः पिता अमुकदेवशर्मा तृप्यतामेतत्**

सतिलोदकं तस्मै स्वधा' मंत्र का तीन बार पाठ कर तीन अंजलि सतिल जल चढ़ाएँ। इसी तरह पितामह, प्रपितामह, मातामह, प्रमातामह एवं वृद्धमातामह को भी सतिल तीन-तीन अंजलि जल दें।

'विष्णुरों अमुक गोत्र माता अमुकीदेवी तृप्यतामेतत् सतिलोदकं तस्मै स्वधाः' मंत्र का पाठ कर सतिल अंजलि तीन बार माता (दिवंगता) के हितार्थ अर्पण करें। इसी तरह पितामही, प्रतितामही, मातामही, प्रमातामही, वृद्धमातामही, पितृव्य, मातुल तथा अन्य दिवंगत मातृगणों को भी एक- एक अंजलि जल दें। यदि विमाता हो तो उसे भी विस्मृत न करें तथा उसके लिए भी तर्पण करें।

इसके पश्चात उन दिवंगत बंधु-बांधवों का नम्बर आता है जिनके नाम-गोत्र आदि का व्यक्ति को स्मरण नहीं रहता। उनके लिए निम्नलिखित मंत्र पढ़कर एक अंजलि जल चढ़ाएँ-

ॐ अग्निदग्धश्च ये जीवाः येऽप्यदग्धाः कुले मम।

भूसौ दत्तेन तृप्यन्तु तृप्ता यांतु परां गति॥

पुनः पाठ करें-

ॐ ये बान्धवा बान्धवा व येऽन्यजन्मनिबान्धवः।

ते तृप्तिमखिलां यान्तु में चास्मत्तेयकांक्षिणः॥

और उन सभी बंधु-बंधुवों को एक अंजलि जल दें जो जन्म –जन्मान्तर में कभी भी सम्बद्ध रहे हैं।

कोई भी देव, ऋषि, पितर, बंधु-बांधव तर्पण से वंचित न हो जाए इसलिए निम्नलिखित मंत्र पढ़कर तीन अंजलि जल चढ़ाएँ-

ॐ आब्रह्मभुवनाल्लोका देवर्षिपित् मानवाः।

तृप्यंतु पितरः सर्वे मातृमातामहादयः॥

अतीतकुलकोटिनां सप्तद्वीप निवासिनां।

मया दत्तेन तोयेन तृप्यंतु भुवनत्रयम्॥

पुनः इसी उद्देश्य से तीन बार **''ॐ आब्रह्मस्तम्बपर्यंतम् जगत् तृप्यंतु''** कह कर तीन अंजलि जल चढ़ाए।

इसके बाद गीला कपड़ा निकाल कर भूमि के ऊपर उसे निचोड़ते हुए जल गिराएँ तथा यह मंत्र पढ़े-

ॐ ये चास्माकं कुले जाता अपुत्रागोत्रिणो मृताः।

ते तृप्यंतु मया दत्तं वस्त्रनिष्पीडनोदकम्॥

यहाँ तर्पण-प्रक्रिया समाप्त होती है। इसके पश्चात अपने पिता के चरणों को नमस्कार करें तथा इस मंत्र का पाठ करें।

ॐ पिता स्वर्गः पिता धर्मः पिता हि परमं तपः।

पितरि प्रीतिमापन्ने प्रीयंते सर्वदेवता॥

अलग-अलग वेद धारण करने वाले ब्राह्मणों तथा द्विजेतर जातियों में तर्पण विधि क्रिया में कुछ विभेद व अन्तर मिलते हैं। तंत्रशास्त्र के अनुसार तर्पण तीन प्रकार का होता है- आन्तर, मानस एवं बाह्य। उपरोक्त प्रक्रिया इस मत के अनुसार बाह्य-तर्पण कहलाएगी।

तर्पण का मुख्य उद्देश्य है अपने पूर्वजों का श्रद्धापूर्वक स्मरण तथा अपनी कुल-परम्पराओं के परिपालन हेतु संकल्प-धारण करना। मनुष्य का व्यक्तित्व एवं चरित्र उसे पूर्वजों, गुरुओं एवं सांस्कृतिक वातावरण से बहुत प्रभावित होता है, यह सर्वमान्य मनोवैज्ञानिक तथ्य है। बहुधा व्यक्ति इन प्रभावों के स्रोत के सम्बन्ध में बेखबर रहता है। श्राद्ध और तर्पण उसे याद कराते हैं कि वह किस कुल का है, उसके पूर्वज कौन थे, उसकी कुल परम्पराएँ क्या थीं। इससे वह अपने कीर्तिमान पूर्वजों के पुण्यकृत्यों का अनुकरण करने की प्रेरणा पाता है।

यदि उपरोक्त तर्पण-क्रिया स्वतः करने में कठिनाई लगे तो तीर्थ-पुरोहित की सहायता लें।

प्रयाग –परिक्रमा

प्रयागराज के तीर्थों को तीन कोटियों में रखा गया है- गंगा-यमुना के मध्य स्थित तीर्थ 'अन्तर्वेदी तीर्थ' कहलाते हैं, यमुना के दक्षिणी क्षेत्र के तीर्थ 'मध्यवेदी तीर्थ' कहलाते हैं और गंगा के पूर्व एवं उत्तर में स्थित तीर्थ 'बहिर्वेदी तीर्थ' कहलाते हैं। इन क्षेत्रों अथवा वेदियों में क्रमशः 44, 17 एवं 13 प्रमुख

तीर्थ अवस्थित हैं। पहले बारी-बारी से इन वेदियों की परिक्रमा का प्रचलन था। किन्तु आजकल बहुत ही कम व्यक्ति परिक्रमा करते हैं। यदि संभव हो तो कम-से कम 'अन्तर्वेदी' की परिक्रमा अवश्य करनी चाहिए। यह परिक्रमा मनुष्य को उसकी त्रिकाल-चिन्ताओं से मुक्ति दिलाती है-

प्रदक्षिणां त्रयं कुर्यात् प्रयागस्य तु यो नरः।
भूतभव्य-भविष्येषु न स शोच्यः कदाचन्॥

ध्वज-स्नान एवं गंगा को वस्त्र भेंट करना

गंगा में ध्वज-स्नान एवं गंगा को पीत-वस्त्र देने का (पियरी चढ़ाने का) लोकाचार भी है। जिनकी मनौती पूरी होती है अथवा जिनका अनुष्ठान निर्विघ्न समाप्त होता है वे गंगा में ध्वज-स्नान धूम-धाम से कराते हैं। स्नान के उपरांत ध्वजा या तो समारोह पूर्ण वापस ले जाई अथवा प्रवाह कर दी जाती है। प्राचीन काल में मांसोदन एवं मदिरा द्वारा गंगा-पूजन की प्रथा थी। संभवतः गंगा-तीर स्थित नाविकों एवं अन्य प्रजाजन के तोष के लिए यह व्यवस्था की गई थी। वन-गमन के समय भगवती सीता ने मनौती की थी-

सा त्वां देवी नमस्यामि प्रार्थयामि च शोभने।
प्राप्तराज्ये नरव्यघ्ने शिवेन पुनरागते॥

सुराघटसहस्त्रेण मांस भूतौदनेन च।
यक्ष्ये त्वां प्रीयतां देवि पुरीं पुररूपागता॥

(रामायण 2/52/69)

विवाहोपरान्त नववधुएँ अखण्ड सौभाग्य हेतु अथवा संतानोपलब्धि आदि कामनाओं की सम्पूर्ति होने पर कृतज्ञता-ज्ञापन के रूप में गंगा-माता को 'पियरी' अथवा पीतांशुक भेंट करती हैं।

(साभार - कुम्भगाथा, त्रिनाथ मिश्र)

❑❑

अध्याय–8

प्रयागराज के प्रमुख धार्मिक स्थल

प्रयागराज के तीनों क्षेत्रों- अन्तर्वेदी, मध्यवेदी एवं बहिर्वेदी में असंख्य तीर्थ स्थान हैं जिनका वर्णन करना सम्भव नहीं है। उनमें से अधिकांश तीर्थों के बस अपभ्रंसित नाम ही शेष हैं। कोई भग्नावशेष अथवा स्पष्ट चिन्ह नहीं प्राप्त है। परन्तु प्राचीन शास्त्रों में प्रयाग के धार्मिक स्थलों का वर्णन प्राप्त होता है।

वायु पुराण के अनुसार तीर्थों की संख्या साढ़े तीन करोड़ है, किन्तु वाराहपुराण में आया है कि हनुमान, बाली, सुग्रीव, ब्रह्मा जी, लोमश, मार्कण्डेय आदि ऋषियों, सिद्ध-महात्माओं तथा देवताओं ने तीर्थों की संख्या गिनकर 66 अरब बतायी है। इनमें प्रयाग सर्वप्रमुख है। प्रयाग तीर्थराज हैं। इनके तीर्थराज होने के सम्बन्ध में पुराणों में एक कथा वर्णित है, जिसके अनुसार ऋषियों के प्रश्न करने पर शेषनाग ने एक कथा सुनायी थी जिसके अनुसार भारत के समस्त तीर्थों को एक तराजू के पलड़े पर रखा गया और दूसरे पलड़े पर अयोध्या आदि सप्तपुरियों को प्रयाग के संग में रखा गया तब दूसरा पड़ला भारी निकला। दूसरी बार फिर सप्तपुरियों को प्रयाग के साथ तुलना करने के लिए तुला का उपयोग किया गया। इस बार प्रयाग का पलड़ा

भारी सिद्ध हुआ। इस प्रकार तौल करने पर प्रयाग की प्रधानता सिद्ध हुई और वह 'तीर्थराज' की उपाधि से अलंकृत किया गया।

प्रयागराज में माघ स्नान की विशेष महिमा है। यह तथ्य भी तुला की ही सहायता से सिद्ध किया गया। एक ओर अन्य तीर्थों में स्नानदान का पुण्य रखा गया ओर दूसरी ओर प्रयाग में माघ स्नान से उत्पन्न पुण्य को स्थापित किया गया तो यही पलड़ा भारी सिद्ध हुआ। विधाता ने स्वयं तौलने का कार्य सम्पादित किया था-

तीर्थैर्व्रतैर्दानतपोभिरध्वरैः सार्धं विधात्रा तुलया धृतं पुरा।
माघे प्रयागस्य तयोर्द्वयोरभूत् माघो गरीयानत एवसोऽधिकः॥

पद्मपुराण उत्तरखण्ड 127अ. श्लोक 149।।

प्रयागराज का वर्णन वेदो, शास्त्रों, पुराणों, रामायण, महाभारत आदि अनेक ग्रन्थों में मिलता है। मनुस्मृति में कहा है-

हिमवद्विन्ध्ययोर्मध्ये, यत्प्राग्विनशदपि।
प्रत्यगेव प्रयागाच्च, मध्यदेशः प्रकीर्तितः।

अर्थात् हिमालय और विन्ध्याचल के बीच उस स्थान से पूर्व जहां सरस्वती नदी बालू में लुप्त हो जाती है और प्रयाग के पश्चिम में जो देश हैं, उसको मध्यदेश कहते हैं। तीर्थराज प्रयाग अपने में अनेक तीर्थ धारण किये हुए है। जिनके बारे में कहा गया है-

त्रिवेणीं माधवं सोमं भरद्वाजं च वासुकिम्।
वन्देऽक्षयवटं शेषं प्रयागं तीर्थनायकम्॥

त्रिवेणी, विन्दुमाधव, सोमेश्वर, भरद्वाज, वासुकिनाग, अक्षयवट और शेष (बलदेव जी) ये प्रयाग के प्रमुख स्थान हैं। इसके अतिरिक्त भी अन्य बहुत से देवस्थान, तीर्थ, प्रयाग में हैं जिनका विवरण निम्नवत है-

1.त्रिवेणीः- तीर्थराज प्रयाग में त्रिवेणी का अत्यन्त महत्वपूर्ण स्थान है। गंगा, यमुना एवं अदृश्य सरस्वती का पावन संगम यहीं है। यहाँ स्नान, दान का विशेष महत्व है। वेणी क्षेत्र प्रयाग में 20 धनुपर्यन्त विस्तृत है।

मघः सितासिते विप्र राजसूयैः समो भवेत्।

धनुर्विंशतिविस्तीर्णे सितनीलाम्बुसंगमे॥

पुराणों में मूल वेणी, मध्य वेणी एवं अन्त्य वेणी का वर्णन मिलता है। अक्षयवट के दक्षिण में आदि वेणी का स्थान है। आदि वेणी में जपदान का अनन्त फल है। मध्यवेणी गंगा, यमुना एवं अदृश्य सरस्वती के संगम के पास तथा अन्त्य वेणी अरैल में स्थित है। प्रयाग में मुण्डन का विशेष महत्व है। यथा ''गया पिण्डे प्रयागे मुण्डे।'' प्रयाग में सधवा स्त्रियां भी विहित प्रक्रियानुसार वेणीदान करती हैं। ओंकार स्वरूप त्रिवेणी का वर्णन पुराणों में इस प्रकार मिलता है-

ओमित्येकाक्षरं ब्रह्म परब्रह्माभिधायकम्।

तदेव वेणी विज्ञेया सर्वसौख्यप्रदायिनी॥

अकारः शारदा प्रोक्ता प्रद्युम्नस्तत्र जायते।

उकारो यमुना प्रोक्ता निरुद्धस्तज्जलात्मकः॥

मकारो जाह्नवी गंगा तत्र संकर्षणो हरिः।

एवं त्रिवेणी विख्याता वेदबीजं प्रकीर्तिता।।

भगवान शङ्कराचार्य ने 'त्रिवेणीदशक' स्तोत्र में त्रिवेणी की महिमा का वर्णन किया है-

लोकत्रयैश्वर्यनिदानवेणी तापत्रयोद्घाटनबद्धवेणी

त्रिवेणी स्नान के अवसर पर त्रिवेणी की स्तुति का विधान है -

धर्मार्थकामाकलनैकवेणी श्रीमत् प्रयागे जयति त्रिवेणी।

धर्मार्थकाममोक्षाणां भूमिके भुवि विश्रुते।

वेणी! त्वं पाहि मां साक्षात् दृष्टस्पृष्टेऽवगाहिते।

सर्वागमेषु विख्याते सर्वतीर्थवरप्रदे।।

जीवानां कल्पलतिके वेणीमातर्नमो नमः।।

2. विकिरक्षेत्रः- गंगा, यमुना, संगम के उत्तरी भाग में पापनाशक विकिर क्षेत्र है। इसी स्थान पर ब्रह्मा जी द्वारा सम्पादित यज्ञ की सामग्री बिखरी पड़ी थी। अतएव इसे विकिर क्षेत्र कहते हैं। यहां स्नान, दान का अत्यन्त महत्त्व है। यहाँ श्राद्ध कर्म भी किया जाता है जिसकी अत्यन्त प्रसिद्धि है।

3. अक्षयवटः-

प्रयाग में संगम के निकट पवित्र स्थानों में से एक है, अक्षयवट। अक्षयवट का अर्थ होता है कभी भी नाश न होने वाला बरगद का पेड़। प्रयाग में स्थित अक्षयवट की कथा इस प्रकार है। पृथ्वी को बचाने के लिए भगवान् ब्रह्मा ने प्रयाग में एक बहुत बड़ा यज्ञ किया था। इस यज्ञ में वह स्वयं पुरोहित, भगवान् विष्णु यजमान एवं भगवान शिव उस यज्ञ के देवता बने थे। तब अंत में तीनों देवताओं ने अपनी

शक्ति पुंज के द्वारा पृथ्वी के पाप बोझ को हल्का करने के लिए एक बरगद का 'वृक्ष' उत्पन्न किया, जिसे अक्षयवट के नाम से जाना जाता है।

सनकादि ने अक्षयवट में भगवान विष्णु की उपस्थिति का वर्णन इस प्रकार किया है। प्रयाग में संगम तट के पास एक आश्चर्यजनक वटवृक्ष है जिसका विस्तार पाँच योजन है इसकी सौ (100) शाखाएँ हैं, इसका मूल दिखाई नहीं देता है और इसकी जटाएँ पाताल तक गई हैं। ब्रह्माण्ड में मण्डल का यह एक अनोखा वृक्ष है जिसके समान सातों लोकों में कोई वृक्ष नहीं है। इसके मूल में कोई पुरुष है, वह तेजस्वी है, चतुर्भुज है, मालाधारी श्वेत और पीताम्बरधारी है।

पद्मपुराण के प्रयागमाहात्म्य में अक्षयवट पर भगवान विष्णु सहित अन्य देवताओं, गन्धर्वों की उपस्थिति को इस प्रकार बताया गया है-

महेश्वरो वटेभूत्वा तिष्ठते परमेश्वरः।
ततो देवाः सगन्धर्वाः सिद्धाश्च परमर्षयः॥

रक्षन्ति परमं नित्यं पापकर्मपरायणान्
ये तु चान्ये च तिष्ठन्ति न यान्ति परमां गतिम्॥

(पद्मपुराण, स्वर्गखण्ड, प्रयागमाहात्म्य, अ. 48/6-7)

ऐसी मान्यता है कि अक्षयवट के दर्शन मात्र से ही सम्पूर्ण ब्रह्माण्ड का फल और तीनों लोकों के आवागमन से मुक्ति मिल जाती है। जो प्राणी इस विष्णुरूपी अक्षयवट का दर्शन करता है उसे वेद, शास्त्र, पुराण, तीर्थयात्रा, व्रत, दान आदि अनेक पुण्यों के बराबर फल मिलता है और वह सम्पूर्ण क्रियाओं से मुक्त हो जाता है। यह अनेक सिद्धियों को प्रदान करने वाला वृक्ष है, जिसके स्मरण करने से ही सभी पाप समाप्त हो जाता हैं। इसकी प्राचीनता का आभास इसी से हो जाता है कि पुराणों में भी इसका उल्लेख किया गया है। पुराणों के अनुसार अक्षयवट में ब्रह्मा, विष्णु और शिव इन तीनों देवताओं का निवास है। इसकी जड़ें सात पातालों तक फैली हैं और यह अक्षयवट प्रलय और कल्पान्तर के समय और बाद में भी बना रहता है। किसी विनाशकारी परिस्थितियों में भी इस वृक्ष को कुछ नहीं होता क्योंकि इसके मूल में स्वयं माधव तथा देवी महालक्ष्मी, भगवती पार्वती और देवाधिपति शिव और सहस्त्रों

देवतगण निवास करते हैं। अक्षयवट के मूल (जड़) में स्वयं साक्षात् भगवान विष्णु हैं, इसका स्कन्ध (तना) स्वयं साक्षात् मंगलमयी लक्ष्मी हैं, इसके पत्ते (पत्र) स्वयं माँ वीणावादिनि सरस्वती हैं, फूल साक्षात् देवाधिपति महादेव हैं और इस अक्षयवट के सभी फल सृष्टिकर्ता साक्षात् ब्रह्मा हैं। इतने देवताओं को अपने में समाहित किये जाने के कारण अर्थात् इतने श्रेष्ठ देवी-देवताओं के द्वारा निर्मित इस अक्षयवट का नाश कैसे संभव है। जब स्वयं सभी देवी-देवता इस अक्षयवट में निवास कर रहे हैं तो इसका दर्शनमात्र ही श्रेयस्कर है।

ब्रह्मपुराण में अक्षयवट के माहात्म्य को बताते हुए कहा गया है कि प्रयाग के इस शुभ वट वृक्ष में समस्त वेद, शास्त्र और पुराण तथा सम्पूर्ण दान-तीर्थ और व्रत विराजमान हैं। इस प्रकार इस वृक्ष को देखने और छू लेने मात्र से ही अनेक दान, व्रतों का फल तथा तीर्थाटन के द्वारा पाए जाने वाले फलों की प्राप्ति होती है।

अक्षयवट का तात्पर्य एक ऐसे वट वृक्ष से है जिसका कभी नाश नहीं होता है। पद्मपुराण के अनुसार इस वृक्ष का कभी विनाश नहीं होता है क्योंकि प्रलयकाल में स्वयं विष्णु इस पर निवास करते हैं।

स चाक्षयवटः स्यातः कल्पान्तेऽपि च दृश्यते।
शेते विष्णुर्यस्य पत्रे अतोऽयमव्ययः स्मृतः ॥

(पद्मपुराण, उत्तरखण्ड 24/8)

इस बात की पुष्टि संस्कृत सहित्य के एक प्रसिद्ध श्लोक से भी होती है-

करारविन्देन पदारविन्दं मुखारविन्दे विनिवेशयन्तम्।
वटस्य पत्रस्य पुटे शयानं बालं मुकुन्दं शिरसा नमामि॥

इसका अर्थ है कि प्रलय के समय जो भगवान विष्णु बाल मुकुन्द का रूप धारण कर अविनाशी वटवृक्ष पर वट के पत्र पर शयन करतें हुये अपने मुख कमल मे अपने हाथ से पैर के अंगूठे को डाल रहें हैं, उन्हें मैं सिर झुकाकर प्रणाम करता हूँ।

पुराणों के अनुसार जब प्रलय में सम्पूर्ण ब्रह्माण्ड जलमग्न हो जाता है तब मात्र अक्षयवट ही शेष रहता है। इसी के पत्ते पर लघु-बाल-रूप में अपने

पैर का अंगूठा चूसते हुए बालमुकुन्द भगवान शयन करते हैं।

त्रिवेणी के बाद प्रयाग का सर्वाधिक प्रसिद्ध तीर्थ अक्षयवट है। शास्त्रों में जहाँ भी सितासित- तरंग-युक्त संगम का उल्लेख है वहीं श्याम-पत्र-वट, अक्षय-पादप अथवा अक्षयवट का भी उल्लेख अवश्य किया गया है। शताध्यायी के प्रयाग माहात्म्य वर्णन में इसका उल्लेख किया गया है।–

सितासिते यत्र तरङ्गचामरे नद्यौ विभाते मुनिभानुकन्यके।

नीलातपत्रं वट एव साक्षात् स तीर्थराजो जयति प्रयाग :॥

(शताध्यायी 4/37)

अर्थात् जहाँ नीले आतपत्र (छत्र) के रूप में साक्षात अक्षयवट विद्यमान हैं तथा श्वेत और श्याम तरंग रूपी चँवर डुलाती हुई गंगा और यमुना नदियाँ सुशोभित हो रही हैं, ऐसे तीर्थराज प्रयाग की जय हो।

गोस्वामी तुलसीदास ने भी अक्षयवट को प्रयागराज का छत्र कहा है-

देवदनुज किन्नर नर श्रेणी। सादर मज्जहिं सकल त्रिवेणी॥

संगम सिंहासन सुठि सोहा। छत्र अक्षयवट मुनि मन मोहा॥

पूजहिं माधव पद जल जाता। परसि अक्षयवट हरषहिं गाता॥

प्रयाग के द्वादस माधव में से एक माधव का स्थान अक्षयवट के मूल (जड) प्रदेश में वटमाधव नाम से जाना जाता है जैसा कि गोस्वामी तुलसीदास के उक्त उद्धरण से स्पष्ट ही है।

मत्स्यपुराण में वर्णित है कि शिव ने स्वयं को प्रयाग में पवित्र अक्षयवट के रूप में स्थापित कर लिया था। शूलपाणि महेश्वर द्वारा इसकी रक्षा का उल्लेख भी प्राप्त होता है-

'तं वटं रक्षति सदा शूलपाणि महेश्वर :।'

पद्मपुराण में भी अक्षयवट का उल्लेख मिलता है-

धत्तेऽमितश्चामर चारुपाणी, सितासिते यत्र सरिद्वरेण्ये।

आद्यो वटच्छत्रमिवा विभाति, स तीर्थराजो जयतिप्रयाग :॥

अक्षयवट संभवतः पौराणिक परिकल्पना से आया है जिसकी स्थिति

गंगा-यमुना के संगम के पास बताई गई है। प्रयागराज के इस ऐतिहासिक पुरातन 'अक्षयवट' की गरिमा इसी बात से स्पष्ट है कि ब्रह्मर्षि भरद्वाज के निर्देशानुसार भगवती सीता ने इस पवित्र वृक्ष की पूजा –प्रदक्षिणा उस समय की थी जब वे भगवान् श्रीराम और लक्ष्मण जी के साथ चित्रकूट की ओर जा रही थीं। बाल्मीकि रामायण के अयोध्या काण्ड में भरद्धाज ऋषि भगवान् राम से कहते हैं कि-

ततो न्यग्रोधमासाद्य, महान्तम् हरितच्छदम्।
परीतं बहुभिः वृक्षैः श्यामंसिद्धोपसेवितम्।।
तस्मिन् सीताऽञ्जलिं कृत्वा, प्रयुंजीताशिषां क्रियाम्।
समासाद्य च तं वृक्षं बसेद् वातिक्रमेत वा।।

(बाल्मीकिरामायण अयोध्या काण्ड 55/6-7)

अर्थात् वहाँ से आगे श्याम वट वृक्ष मिलेगा। उसके पत्ते हरे हैं, उस वृक्ष में अनेक वृक्ष मिलते हैं और वहाँ सिद्ध पुरुष रहते हैं। उस वृक्ष से सीता हाथ जोड़कर आशीर्वाद मांगना और वहाँ तुम लोग कुछ देर ठहर जाना। इसके पश्चात् सीता सहित राम-लक्ष्मण ने उस वट वृक्ष का दर्शन किये-

श्यामं न्यग्रोधमासेदुः शीतलं हरितच्छदम्।
न्यग्रोधं समुपागम्य वैदेही च अभ्यवन्दत्।।
नमस्तेऽस्तु महा-वृक्ष! पारयेन्मे पतिव्रतम्।
कौसल्यां चैव पश्येम, सुमित्रां च यशस्विनीम्।।

अर्थात् वे लोग शीतल तथा हरे पत्तों वाले 'श्यामवट' के पास पहुँचे। उस वट वृक्ष के पास जाकर सीता जी ने उसे प्रणाम किया और कहा हे वट। तुमको नमस्कार! मेरे पतिव्रत को तुम पूर्ण करना। कौसल्या और यशस्विनी सुमित्रा को हम लोग देखें।

महाकवि कालिदास ने भी रघुवंश अध्याय 13 में अक्षयवट का उल्लेख श्यामवट कहकर किया है-

रावण का वध करके अयोध्या लौटते समय राम ने सीता से कहा कि इधर देखो। यही वह श्याम वट है जिससे तुमने प्रार्थना की थी। फलों से सम्पन्न

होने से वह पद्मरागमणियों से युक्त इन्द्रनीलमणियों की राशि के समान प्रतीत हो रहा है।

त्वया पुरस्तादुपयाचितो यः सोऽयं वटः श्याम इति प्रतीतः।

राशिर्मणीनामिव गारूडानां सपद्मरागो फलितो विभाति॥

क्वचिच्च कृष्णोरगभूषणेव भस्मांगरागा तनुरीश्वरस्य।

पश्यानवद्यांगि विभाति गंगा भिन्न प्रवाहा यमुनातरंगैः॥

(रघुवंश 13/55-57)

इसी तरह पद्मपुराण में भी अक्षयवट और श्यामवट को एक ही मानते हुए इसकी श्यामलता एवम् स्वच्छ छाया का उल्लेख किया गया हैं-

श्यामोवटोऽश्यामगुणं वृणोति,

स्वच्छायया श्यामलया जनानाम्।

श्यामः श्रमं कृन्तति यत्र दृष्टौ

स तीर्थराजो जयति प्रयाग ः॥

(पद्मपुराण उत्तरखण्ड 23/29)

ब्रह्मपुराण में कहा गया है कि प्रलय काल में केवल अक्षयवट ही शेष रहता है। अक्षयवट का अभिप्राय है अनन्त, अखण्ड और सनातन। वट के समीपस्थ क्षेत्र को 'विकिर क्षेत्र'कहते हैं। यथा-

तत्क्षेत्रं विकिरं नाम कीर्तनादघनाशनम्।

किं पुनर्दर्शनस्नानपानवासैः फलप्रदम्॥

वामन पुराण में वर्णन प्राप्त होता है कि भक्तराज प्रह्लाद ने भी अक्षयवट का दर्शन किया था- **'दृष्ट्वा वटेश्वरं रूद्रं माधवं-योगशायिनम्।'**

कूर्मपुराण में कहा गया है कि महाभारत के युद्ध के पश्चात् महर्षि मार्कण्डेय की प्रेरणा से आर्त्त युधिष्ठिर ने भी अक्षयवट का दर्शन किया था–

वटमूलं समाश्रित्य, यस्तु प्राणान् परित्यजेत्।

स्वर्गलोकमतिक्रम्य, रूद्रं लोकं स गच्छति॥

प्रयाग माहात्म्य शताध्यायी में अक्षयवट से सम्बन्धित कुछ श्लोक प्राप्त होते हैं- उदाहरणर्थ-

क्षेत्रचूडामणिर्यत्र, राजते वटवृक्षराट्।
शूलि ताण्डव संद्धष्ट माधवावास मंगलः॥
अक्षय्यवट सुच्छायाहरितोपलशोभिता।
हर्षदा देवतादीनां नित्यं यत्र प्रसर्पति॥
स्वयमेवाखिल–श्रेष्ठस्ततोऽक्षयवटान्वितः।
कालिन्द्याः षाङ्मेवाराया यथोत्तरसमन्वितः॥
तं वटं रक्षति सदा शूलपाणिर्महेश्वर ः।
स्थानं रक्षति वै देवाः सर्वपापहरं शुभम्॥
प्रयागे च वटे चैतन्माघमासे विशेषतः।
गोप्रदानं यथा वित्तमनन्तफलदं भवेद्॥
प्रयागमक्षयं क्षेत्रमक्षया तत्र भूमिका।
अक्षयो हि वटो यत्र किं न तत्राक्षयं भवेत्॥

अन्य स्थल पर भी अक्षय वट का वर्णन प्राप्त होता है –

जैसे- **तस्मादेवं विधो वृक्षो नास्ति ब्रह्माण्डगोलके।**
अतोऽशयन्त्यमुं देवा मनुष्याणां तु का कथा॥

पुराणों के अनुसार यदि दर्शनार्थी भक्त पंचकोशी परिक्रमा के बाद अक्षयवट का दर्शन करके गंगा में संगम स्नान नहीं करता तो उसकी परिक्रमा पूर्ण नहीं होती और उसका समापन नहीं माना जाता। पुराणों में पंचकोशी परिक्रमा का क्षेत्र संगम से पाँच कोस पूर्व में दुर्वासा मुनि के आश्रम (कंकराकोटवा) से पश्चिम में पाँच कोस पर वनखण्डी शिव स्थान फिर वहाँ से दक्षिण में पाँच कोस पर पर्णाश मुनि के आश्रम का क्षेत्र (पनासा) और वहाँ से उत्तर में पाँच कोस पर मण्डलेश्वरनाथ (पडिला महादेव) क्षेत्र तक का है। इसका आरम्भ संगम से तथा अन्त अक्षयवट के दर्शन से होता है।

चीनी यात्री ह्वेनसांग ने भी अपने यात्रा-वृत्तांत में इस वृक्ष का विस्तृत

वर्णन किया है। उसने लिखा है कि मोक्ष –प्राप्ति हेतु लोग इसकी शाखाओं पर से कूद कर जल समाधि ले लिया करते थे। अक्षयवट की ख्याति इतनी अधिक थी कि प्रयाग न आने के बावजूद भी अलबरूनी ने इसका वर्णन किया है। उसने इसका प्रयोग सर्वेक्षण प्रतीक (सर्वे चिन्ह) के रूप में किया है।

उसने लिखा है कि इनकी बरोहियाँ (हवा में लटकने वाली जड़े) भूमि में प्रविष्ठ होकर स्तंभों का रूप ले चुकी थीं। इससे इसका विस्तार बहुत अधिक हो गया था। इस वृक्ष से कूदकर प्राण देने वाली प्रथा का भी उसने उल्लेख किया है।

अक्षयवट को जैन धर्मावलम्बी भी पवित्र मानते हैं। जैन परम्परा के अनुसार इस मत के प्रवर्त्तक प्रथम तीर्थंकर श्रीं ऋषभदेव जी ने इसके नीचे तपस्या किया था।

सन् 1310 ई. में प्रणीत 'जाम-उत-तवारीख' के रचयिता रशीदुद्दीन ने भी इसका वर्णन एक विशाल एवं विस्तृत वृक्षराज के रूप में किया है।

प्राचीन काल में अक्षयवट के पास प्राणोत्सर्ग की कथा का भी उल्लेख मिलता है। कुछ लोग मोक्ष प्राप्ति की कामना से अपने शरीर का माँस तथा अवयव पक्षियों को यहाँ खिलाते थे। अग्निपुराण में कहा गया है कि जो व्यक्ति इस वटवृक्ष स्थल पर अपना प्रणोत्सर्ग करता हैं वह विश्व लोक को प्राप्त करता है-

प्रयागवटशाखाग्रात् पतनं यः करोति सः।
स्वयं देहनिवासस्य काले प्राप्ते महीपतिः।
उत्तमान् प्राप्नुयां लोकान्नात्मघाती भवेत्क्वचित्।।

पद्मपुराण में कहा गया है-

वटमूलं समाश्रित्य यस्तु प्राणान्परित्यजेत्।।
सर्वलोकानतिक्रम्य रुद्रलोकं च गच्छति।
तत्र ते द्वादशादित्यास्तपन्ते रुद्रमाश्रिताः।।
निर्दहन्ति जगत्सर्वं वटमूलं न दह्यते।
नष्टचन्द्रार्कपवनं यदा चैकार्णवं जगत्।

स्वपित्यत्रैव वै विष्णुर्जायमानः पुनः पुनः॥

(पद्मपुराण, स्वर्गखण्ड, 43/11-14)

पुराणों में इसे पाप दूर करने वाला बताते हुए कहा गया है कि अक्षयवट के मूल में प्राण त्यागने से जीवन चक्र से मुक्ति मिलती है। अक्षयवट के मूल में देहत्याग करना मोक्ष देने वाला कहा गया है। जो भी प्राणी इसके नीचे इसकी सीमा के भीतर शरीर छोड़ते हैं उसे मोक्ष मिलता है। यहाँ आकर विभिन्न तीर्थों पर किए जाने वाले बुरे कार्यों के प्रभाव भी नष्ट हो जाते हैं।

अक्षयवट के पास आत्मोत्सर्ग से मोक्ष लाभ होता है। इसी से प्रभावित होकर अपने बौद्ध गुरुओं को शास्त्रार्थ में पराजित कर के गुरुद्रोह के प्रायश्चित स्वरूप महान् मीमांसक कुमारिल भट्ट ने इसी स्थल पर तुषाग्नि में जलकर प्राणोत्सर्ग का निश्चय किया था। और जब उनका निचला शरीर दग्ध हो गया था उस समय वैदिक सत्य सनातन धर्म के महान् प्रचारक भगवान् शङ्कराचार्य वहाँ पधारे थे और अभिमन्त्रित जल से उन्हें स्वस्थ कर सनातन धर्म की रक्षा एवं प्रचार का प्रस्ताव किये थे। किन्तु कुमारिल भट्ट श्री मण्डन मिश्र के नाम का सुझाव देकर उन्हें शास्त्रार्थ में पराजित कर स्वमत में दीक्षित करने को कहा और स्वयं वहीं प्राणोत्सर्ग किये थे।

अकबर के समय अक्षयवट की स्थिति, उससे कूद कर प्राणोत्सर्ग करने की प्रथा एवं प्रयागराज के किले के निर्माण का विस्तृत वर्णन अकबर के समकालीन लेखक कादिर बदायूँनी ने किया है।

किंवदन्ती है कि इलाहाबाद के दुर्ग के निर्माण के समय यह वृक्ष दीवार की सीध में आ रहा था अतः अकबर ने इसे कटवाने का आदेश दिया। प्रयाग के पण्डों ने इसे बचाने की एक युक्ति सोची। उन्होंने बादशाह को बताया कि पूर्वकाल में सोमेश्वर तीर्थ मे एक साधु रहता था जिसका नाम था मुकुन्द ब्रह्मचारी था। वह कच्चा दूध पीकर जीवन निर्वाह करता था। एक दिन दूध पीते-पीते उसमें गिरा हुआ गाय का एक रोआं भी वह पी गया। गो-रोम गऊ के शरीर का एक भाग है अतः गो-रोम-भक्षण गो-मांस-भक्षण के समकक्ष है। प्रायश्चित के लिए उसने अक्षयवट के नीचे चिता सजा कर अक्षयवट से कूद कर अपने शरीर की आहुति दे दी। मरने से पूर्व उसने प्रार्थना किया कि प्रभु

अगले जन्म में उसे चक्रवर्ती सम्राट बनाएँ। यही मुकुन्द ब्रह्मचारी अकबर बादशाह के रूप में पुनर्भूत हुआ यद्यपि वह चक्रवर्ती सम्राट हुआ किन्तु गो-रोम –भक्षण के कारण उसे यवन –शरीर मिला। पूर्व–जन्म के पुण्य-फल के कारण वह धार्मिक प्रवृति का ज्ञानी एवं सहिष्णु हुआ। इसके सम्बन्ध में यह श्लोक प्रचलित है-

वसु रन्ध्र बाण चन्द्र तीर्थ राजे प्रयागे
तपसि बहलपक्षे द्वादशी पूर्ववासे।
नख-शिख तनु होमे सर्व भूमाधिपत्यै
सकल दुरितहारी ब्रह्मचारी मुकुन्दः।

यह कहना कठिन है कि अकबर ने इस कथा पर कहाँ तक विश्वास किया किन्तु यह सत्य है कि उसने अक्षयवट का एक वृक्षांश – स्तंभ मूल पर आधारित, छोड़ा दिया। किले से घिर जाने एवं राजाज्ञा द्वारा निषेध होने पर आत्महत्या की प्रथा भी समाप्त हो गई।

एक अन्य किंवदन्ती है कि मुगल नरेश जहाँगीर ने अकबर द्वारा छोडे गए अक्षयवट को कटवा कर, तने के शीर्ष भाग को कटवा एवं जला कर उसके ऊपर एक लोहे का तवा बंधवा दिया था ताकि यह वृक्ष पुनः न पनप सके।

किन्तु भारतीय संस्कृति की भाँति इसके जड़ से नई शाखाएँ प्रशाखाएँ पुनः प्रसूत हुईं और अक्षयवट का माहात्म्य सब पर प्रकट हो गया।

अकबर का किला बन जाने के बाद अक्षयवट का दर्शन दुर्लभ हो गया। स्वतंत्रता के पश्चात् किले में सेना ने अपना डेरा डाल दिया। सामान्यतः पण्डे और पुजारी भक्तों को पातालपुरी में अक्षयवट का दर्शन कराते है। वस्तुतः यह वटवृक्ष का कुन्दा है, वृक्ष नहीं। परन्तु 28 जुलाई 1950 ई. में अपने गुरु सरस्वती पत्रिका के सम्पादक पं. देवीदत्त शुक्ल की प्रेरणा से श्री शिवनाथ काटजू भू-पू. न्यायमूर्ति; ब्रिगेडियर जयाल तथा किले के कमानधारी अधिकारी मेजर कुन्दन सिंह ने वास्तविक अक्षयवट को खोज निकाला। प्रयाग विश्वविद्यालय के वनस्पति शास्त्र के विशेषज्ञों ने वलय के आधार पर सर्वाधिक प्राचीन वृक्ष को चिन्हित किया। विद्वानों ने इसकी पुष्टि किया है कि वर्तमान अक्षयवट अकबर के किले के पूर्व का है।

उक्त प्रयास के बाद भी अक्षयवट का दर्शन केवल उन्हीं को हो पाता था जिन्हें सेना के अधिकारी अनुमति देते थे। अर्थात् आम जन के लिए अक्षयवट का दर्शन दुर्लभ था। परन्तु भारत के प्रधान मंत्री श्री नरेन्द मोदी ने दिसम्बर 2018 को अक्षयवट दर्शन के पश्चात् आम जनता के दर्शन के लिए अक्षयवट खोलने की घोषणा की तथा 10 जनवरी 2019 को उ. प्र. के मुख्यमंत्री योगी आदित्यनाथ ने इसे सभी के लिए खोल दिया। अक्षयवट खोलने में अपर कुम्भ मेला अधिकारी श्री दिलीप कुमार त्रिगुणायत का प्रयास सराहनीय रहा। इन्होंने रात-दिन परिश्रम करके अक्षयवट के मार्ग में आने वाले अवरोधों को दूर करके आम लोगों के दर्शन योग्य बनाया। अब सभी लोग अक्षयवट का दर्शन करके पुण्य लाभ अर्जित कर रहे हैं।

4. भरद्वाज आश्रमः- प्रयागराज नगर के कर्नलगंज मुहल्ले में अवस्थित भरद्वाज आश्रम कभी गंगा जी के तट पर अवस्थित था। इसकी खुदाई सुप्रसिद्ध पुराविद् प्रो. वी.वी. लाल ने लगभग दो दशक पूर्व सम्पन्न किया था। भरद्वाज आश्रम का उल्लेख वाल्मीकि ने रामायण में बहुत ही विशुद्ध रूप में किया है।

प्रयागभितः पश्य सौमित्रै धूममुत्तमम्।
अग्नेर्भगवतः केतुं मन्ये सन्निहितो मुनिः॥

(वाल्मीकि रामायण अयो. 54/51)

यह आश्रम प्राचीन काल में एक सुरम्य 'भरद्वाजआश्रमें रम्ये' (अयोध्याकाण्ड 84/82) जंगल था। 'सुमहद वनं''। भरद्वाज मुनि महातपस्वी एवम् बहुश्रुत

विद्वान थे तथा दूर-दूर से लोग उनसे ज्ञान प्राप्त करने हेतु एवं आश्रम में निवास हेतु आया करते थे।

नानाविधान्नरसान् वन्यमूलफलाश्रयान्।

तेभ्यो ददौ तप्ततपां वासं चैवानकल्पयत्।।

-(अयोध्याकाण्ड 54/18)

वे महामुनि एवं कुलपति कहे गये हैं। शास्त्रों में कुलपति उन श्रेष्ठ आचार्यों को कहा जाता था, जिनके कम से कम 10 हजार शिष्य होते थे।

मुनीनां दशसाहस्त्रं योऽत्र दानादिपोषणात्।

अध्यापयपि विप्रर्षिरसौ कुलपतिः स्मृतः।।

रामायण के अनुसार ज्ञानपिपासु शिष्यगण उन्हें ज्ञानार्जन हेतु घेरे रहते थे।

स प्रविश्य महात्मानमृषिं शिष्यगणैर्वृत्तम्।

संशितव्रतमेकाग्रं तपसा लब्ध चक्षुषम्।।

- (आयोध्याकाण्ड 54:2)

ज्ञातव्य है कि इलाहाबाद विश्वविद्यालय का म्योर कालेज परिसर तथा कला संकाय परिसर प्राचीन भरद्वाज आश्रम पर ही अवस्थित है। क्योंकि जिस कुलपति के दस हजार शिष्य हों, तथा वे पर्णकुटी बना के रहते रहे हों उनका विशाल परिसर कम से कम दो-तीन किमी. में अवश्य विस्तीर्ण रहा होगा। ऐसा लगता है प्रयाग विश्वविद्यालय की सारस्वत श्रेष्ठता के मूल में महर्षि भरद्वाज के सारस्वत साधना का प्रताप विद्यमान है।

श्रीरामचरितमानस में भरद्वाज मुनि की विस्तृत चर्चा है।

यथा- **भरद्वाज मुनि बसहिं प्रयागा। तिन्हहि रामपद अति अनुरागा।।**

भरद्वाज आश्रम अतिपावन। परमरम्य मुनिवर मन भावन।।

तब प्रभु भरद्वाज पहि आए। करत दण्डवत मुनिउर लाए।

मुनि मन मोद न कछु कहि जाई। ब्रह्मानन्द रासि जनु पाई।।

श्रीराम के साकेत पधारने पर भरद्वाज जी उनके रूप के ध्यान तथा गुणों

के चिन्तन में लगे रहते थे। माघ महीने में प्रतिवर्ष ही प्रयागराज में ऋषि-मुनिगण मकर स्नान के लिए एकत्रित होते थे। एक बार जब माघ भर रहकर सब मुनिगण जाने लगे तो बड़ी श्रद्धा से प्रार्थना करके भरद्वाज जी ने महर्षि याज्ञवल्क्य को रोक लिया था। उनसे रामकथा सुनाने की प्रार्थना की। याज्ञवल्क्य जी ने प्रसन्न होकर श्रीरामचरितमानस वर्णन यह कहकर किया कि-

''तात सुनहु सादर मन लाई, कहऊँ राम कै कथा सुहाई।''

''महामोह महिषेसु विसाला, रामकथा कालिका कराला।''

5. सोमेश्वरः- सोमेश्वर महादेव अथवा सोम-तीर्थ अलर्क क्षेत्र (वर्तमान अरैल) में स्थित शिवमंदिर है। यह प्रयाग के प्राचीनतम तीर्थों में से एक है। गुरु-पत्नी-गमन के कारण शापग्रस्त हो चंद्रमा क्षयी हो गया। राजयक्ष्मा का रोग उसे लग गया। औषधियों का स्वामी होने के बाबजूद वह स्वयं स्वास्थ्य लाभ न कर सका। इस व्याधि से मुक्ति मिली तब उसने इस स्थान पर श्री सोमेश्वर महादेव की स्थापना की। यहाँ शङ्कर की उपासना कर मनुष्य असाध्य रोगों से मुक्ति पा सकता है, ऐसी जन-धारणा है। रोगोन्मुक्त हो चन्द्रमा सोमवार के दिन दर्शनार्थियों पर अमृत-कंणों की वर्षा करते हैं, ऐसा विश्वास है। सोमवार श्री सोमेश्वर का प्रिय दिन है एवं षडाक्षर – **ॐ नमः शिवाय**, उनका प्रिय मंत्र है।

6. नाग-वासुकी एवं भोगवती तीर्थ :- सर्प-पूजा अथवा नाग-पूजा भारत के मूल निवासियों की संस्कृति का अंग है जिसे आर्यों ने अंगीकृत

कर लिया। नाग-कुल से आर्यों के वैवाहिक संम्बंध होने लगे और शैनः-शैनः उनके आचार-व्यवहारों को मान्यता प्राप्त हो गई है। इसका प्रत्यक्ष प्रमाण प्रयागराज के अष्ट-नायकों में नागराज वासुकी की प्रतिस्थापना है।

भयंकरता, शक्ति एवं चापल्यादि नागों की प्रकृत विशेषताओं ने इन्हें दैवीशक्ति सम्पन्न विशिष्ट समुदाय की मान्यता प्राप्त करा दी। शतपथ ब्राह्मण, बृहदारण्यक उपनिषद् एवं ऐतेरेय ब्राह्मण में इनका उल्लेख आता है। श्रावण-शुक्ल-पंचमी (नागपंचमी) को इनकी विशेष पूजा अच्छी वर्षा हेतु की जाती है। कार्तिक शुक्ल चतुर्थी से नागव्रत का अनुष्ठान किया जाता है।

सगर-पुत्रों को सद्गति देने के पश्चात् जब गंगा पाताल लोक गईं तो नागराज वासुकी ने उन्हें अपने फण पर धारण किया। वह क्षेत्र भोगवती तीर्थ के नाम से प्रसिद्ध हुआ। आजकल यह मंदिर दारागंज के बक्सी मोड़ नामक स्थान पर है। स्थापत्य एवं निर्माण की दृष्टि से प्रयाग का यह सबसे सुन्दर मंदिर है। नागराज की विशाल एवं सुन्दर प्रतिमा काले पत्थर पर उत्कीर्ण की गई है। इस मंदिर के जीर्णोद्धार के बारे में स्थानीय पंडे यह बताते हैं कि यह कार्य नागपुर के राजा श्रीधर पंडित ने करवाया था। वस्तुतः श्रीधर पंडित भोंसला राजा रघुजी भोंसला का राजपुरोहित था। सन् 1739 ई. में रघु जी ने चौथ वसूलने के लिए इलाहाबाद पर चढाई की थी। इस लडाई में इलाहाबाद का सूबेदार भुजा खान मारा गया था। इसी अभियान में श्रीधर पंडित का आगमन यहाँ हुआ था। उस समय मंदिर और घट अत्यंत जीर्ण-शीर्ण थे। इसके सामने एक घाट पत्थरों का बना हुआ है। अब बाढ़ के समय ही गंगा-स्नान के लिए यह घाट उपयोग में आता है।

घाट का निर्माण लगभग 200 वर्ष पूर्व श्री झंजीमल खंत्री ने कराया था और इसकी मरम्मत आदि के लिए उन्होने तीन गाँव की जमींदारी भी इसके नाम पर दी थी। महर्षि दयानंद सरस्वती जब 1870 ई. के कुम्भ में पधारे तब की शीत-रात्रियाँ मात्र कौपीन में उन्होंने इस घाट में गुजारीं। इस मंदिर के प्रवेश द्वार के निकट शरशैय्या पर लेटे चिर ब्रह्मचारी भीष्म पितामह की विशालकाय मूर्ति स्थापित है।

इस गर्भ गृह में गणेश, पार्वती एवं शिव जी विराजते हैं। भारत मे दो ही मंदिर हैं जहाँ काल-सर्प दोष की मुक्ति होती है- प्रयाग स्थित नाग-वासुकि

मंदिर एवं नासिक स्थित मंदिर।

नाग-पंचमी के दिन नागराज की पूजा बड़े धूमधाम से होती है। उनकी स्तुति का मंत्र है-

अभिन्नवतरूपं गूढ़पाद फणीन्द्रम
सुनयन श्रुतियुक्तं ख्यातकाकोदरंतम्।
अविदितगतिमन्तं, सर्पराजं, द्विजिह्वम
सकल भुवनवीरं वासुकिं त्वां नतोऽस्मि॥

7. शेषनाग अथवा शंखनाग-तीर्थः- यह प्रयाग का पूर्व-सीमान्त-बिन्दु है। यहाँ एक पुराना मंदिर है। अब बिड़लाजी द्वारा एक बहुत बड़ा संस्थान निर्मित किया जा रहा है। मंदिर का जीर्णोद्धार एवं पुनर्संस्कार हो गया है।

कथा है कि जब गंगा-यमुना का संगम हुआ तो इस अपूर्व दृश्य को देखने सभी देव-ऋषि-दिव्य-नाग, गंधर्वादि आए। तीर्थाटन स्मृति में अपने इष्ट देवों की उन्होंने स्थापना भी इस पुण्यस्थल में की। श्री शेषनाग ने यहां शंख-माधव की स्थापना की। शेषनाग-क्षेत्र अब तद्भव रूप छतनाग के नाम से प्रसिद्ध है।

नागवासुकी के आगे लगभग तीन किलोमीटर पश्चिम गंगातट पर श्री बलदेव अथवा शेष का एक और प्रसिद्ध मंदिर है।

ऐसा प्रतीत होता है कि आर्यों के आगमन से पूर्व यह क्षेत्र नाग कुल के अधीन था। गंगा के आस-पास वासुकी एवं शेषनाग क्षेत्र तथा यमुना तट पर कम्बल एवं अश्वतर नागों के क्षेत्र यह स्पष्ट करते हैं। ये नागवंशीय जल-संतरण एवं नौका चालन कार्य में अत्यंत कुशल रहे होंगे- इन क्षेत्रों के मल्लाह आज भी मौजूद हैं, जिनकी सहायता से देवों एवं दैत्यों ने समुद्र-मंथन अथवा समुद्र पार के क्षेत्रों से व्यापारिक कार्य सम्पन्न किया होगा। जब ये प्रजातियाँ आर्य-संस्कृति में दीक्षित हुई तो भरद्वाज आदि ऋषियों की प्रेरणा से उन्होंने अपने इष्टदेवों के मंदिरों का निर्माण किया। आज भी उनकी पावन-स्मृति जन-मानस में अंकित है।

शेष अथवा नागराज अनंत भगवान विष्णु के अनन्य सेवकों में से एक हैं। इनके ही कुंजलक की शय्या पर भगवान शयन करते हैं। प्रलयकाल में विश्व-विनष्टि के बाद भी यह बचे रहते हैं अतः इनका नाम 'शेष' पड़ा। इन्होंने ही लक्ष्मण तथा बलराम के रूप में अवतार लेकर प्रभु की सेवा की थी। शंखनाग में पूजा के समय इनका ध्यान इस मंत्र से करें-

फणासहस्त्रसंयुक्तं चतुर्बाहुं किरीटिनम्।

नवाम्रपल्लवाकारं पिङ्गलश्मश्रुलोचनम्।।

8. यज्ञ-स्थली प्रयाग अथवा प्रजापति क्षेत्र

प्रकृष्ट रूप से नित्य, नैमित्तिक एवं काम्य यज्ञों के होने के कारण- "**प्रकृष्टत्वात्प्रयागोऽसौ प्राधान्याद्रजशब्दवान्**", इस पुण्य-स्थल की संज्ञा 'प्रयाग' हुई। यहां ब्रह्मा ने दस अश्वमेध यज्ञ किये थे। इन यज्ञों की स्थली आजकल दशाश्वमेध-क्षेत्र कहलाता है। यह क्षेत्र दारागंज के सम्मुख का गंगातट है। शास्त्रों में इसे ही प्रजापति क्षेत्र कहा गया है-

एतत्प्रजापतिक्षेत्रं त्रिषु लोकेषु विश्रुतम्।

अत्र स्नात्वा दिवं यान्ति येमृतास्तेऽपुनर्नभवा।।

इस घाट के समीप ही दशाश्वमेध महादेव का मंदिर है जहां श्री चैतन्य महाप्रभु, प्रयाग-भ्रमण के समय रुके थे। किंवदन्ती है कि श्री वल्लभाचार्य, जो

अरैल में श्रीमद्भागवत पर अपना भाष्य लिख रहे थे, यहाँ आए थे और उन्होंने अपना भाष्य महाप्रभु को दिखाया था।

मत्स्यपुराण में इस तीर्थ एवं स्थिति का विस्तृत वर्णन है। इसके अनुसार वासुकीनाग से उत्तर भोगवती तीर्थ के समीप दशाश्वमेध तीर्थ है। इस उत्तम तीर्थ में स्नान कर मनुष्य अश्वमेध-यज्ञ का फल प्राप्त करता है। वह इस संसार में धनाढ्य, रूपवान, कार्य क्षेत्र मे दक्ष, दाता एवं धार्मिक स्वरूप प्राप्त करता है। चारों वेदों के स्वाध्याय, सत्यवादिता एवं अहिंसाचरण के जो फल हैं वे अनायास इस तीर्थ की सेवा से प्राप्त होते हैं-

ततो भोगवतीं गत्वा वासुकेरुत्तरेण तु।
दशाश्वमेधकं नाम तीर्थं तत्रापरं भवेत्॥
कृताभिषेकस्तु नरः सोऽश्वमेधफलं लभेत्।
धनाढ्यो रूपवान् दक्षो दाता भवति धार्मिकः॥
चतुर्वेदेषु यत्पुण्यं यत्पुण्यं सत्यवादिषु।
अहिंसायां तु यो धर्मो गमनादेव तत्फलम्॥

9. अलोपी देवी अथवा अलोप-शङ्करी का मंदिरः- अलोपीबाग मोहल्ले में ग्रैंड ट्रंक रोड के पास अलोपी-बाग नामक स्थान है। यहीं अलोपी

देवी का मंदिर है। यहाँ भगवती अलोप (अदृश्य) रूप में रहती हैं। उनका कोई दृश्यविग्रह नहीं है। गर्भगृह में एक चबूतरा है यहां देवी का प्रतीक, रंगीन वस्त्र से सिमटा हुआ उनका झूला लटकता रहता है। किंवदन्ती है कि यहीं सती का शवाच्छादन गिरा था। एक मत के अनुसार सती की अंगुलियाँ गिरी थीं। इसे अलोप-शांकरी देवी का मन्दिर भी कहते हैं। स्थानीय जनता में अत्यन्त जागृत शक्तिपीठ के रूप में इसकी प्रतिष्ठा एवं मान्यता है। भगवती के प्रसाद से जो पुत्र उत्पन्न होते हैं उनका नामकरण 'अलोपीदीन' किया जाता है। इस नाम के बहुत से सत्पुरुष प्रयाग में मिलते हैं। अलोपीदेवी वस्तुतः ललिता देवी हैं।

10. समुद्र-कूपः- झूँसी में गंगा-तट के समीप एक टीले पर, जिसे स्थानीय लोग 'कोट' कहते हैं, एक विशाल एवं गहरा कुआं है जिसके बारे में यह प्रसिद्ध है कि इसे सम्राट समुद्रगुप्त ने खुदवाया था। उन्होंने सातों समुद्रों का जल कूप प्रतिष्ठा के समय इसमें डलवाया था इसलिए इसका नाम 'समुद्रकूप' पड़ा।

यह कुआं बहुत दिनों तक अव्यवस्थित रहा। मिट्टी और रेत से कुआं आधा भर गया था। आज से लगभग 107 वर्ष पूर्व अयोध्या के बैरागी साधू सुदर्शन दास ने इसकी सफाई कराई। उस समय लोग अत्यंत आशंकित थे कि कहीं इसकी सफाई से प्रयाग में प्रलय न आ जाए। उनका विश्वास था कूप जमीन के अंदर समुद्र से जुडा है। और प्रलय काल में समुद्र इसी के माध्यम से उमड़कर प्रयाग को निमज्जित कर देगा। सफाई से उनका यह अंधविश्वास निर्मूल सिद्ध हुआ।

समुद्र-कूप से टीले के अंदर जाने का एक संकीर्ण मार्ग है। अंदर कई छोटी-छोटी गुफाएं हैं जिनमें विरक्त साधु तपस्यारत रहते हैं। समुद्र-कूप का उल्लेख मत्स्य पुराण में मिलता है।

11. हंस-तीर्थः- नीर-क्षीर-विवेक का सामर्थ्य रखने वाला पक्षी हंस धर्म एवं दर्शन में परमात्म-तत्व अथवा आत्मा का प्रतीक है। योग एवं तंत्र में इस प्रतीक का प्रचुर प्रयोग हुआ है। हंस के ध्यान का मंत्र है-

आराधयामि मणिसन्निभमात्मलिङ्गम्

मायापुरी हृदय पङ्कज सन्निविष्टम्।

श्रद्धानदी विमल चित्त जलावगाहं

नित्यं समाधि कुसुमैरपुनर्भवाय॥

झूँसी में ही हंस-तीर्थ अथवा हंस-कूप है। मत्स्य-पुराण एवं वाराह-पुराण में इसका उल्लेख 'हंस-प्रपत्तन' के नाम से किया गया है। यहाँ भी एक कुआं है जिसके जल से स्नान, आचमन एवं पान से मनुष्य हंसगति अर्थात् निर्वाण-पद को प्राप्त करता है, ऐसी मान्यता है।

इससे कुछ ही दूर हंस-संप्रदाय के साधुओं का एक आश्रम है। इसकी स्थापना सवंत् 1926 वि. में श्री आत्माहंस महाराज ने किया था। इनका पूर्व नाम श्री ठाकुर प्रसाद था और ये भागलपुर जिले के शाहपुर सोन बरसा के क्षत्रिय जमींदार थे। वैराग्य लेने के उपरान्त भी इन्होंने शिखा-सूत्र का परित्याग नहीं किया था। वे श्वेत वस्त्र धारण करते थे। इस संप्रदाय के साधु-गण अभी भी इन रीतियों का अनुसरण करते हैं।

इस आश्रम में स्थापत्य के माध्यम से विभिन्न तांत्रिक सिद्धांतों यथा षट-चक्र भेदन, ध्यान-योग पद्धति आदि का निरूपण किया गया है। आश्रम का स्वरूप पान पत्ते की तरह है। अहाते की दीवार पर एक हजार छोटे-छोटे कंगूरे बने हुए हैं जो 'सहस्त्र-दल-कमल' का प्रतीक प्रस्तुत करते हैं।

12. झूँसी एवं उसके अन्य प्रमुख-स्थलः- झूँसी अत्यंत प्राचीन स्थल है। इसका पुराना नाम प्रतिष्ठानपुर था। मत्स्य एवं लिंग-पुराणों, वाल्मीकि रामायण एवं देवी भागवत में इस स्थान का वर्णन मिलता है। यह सुप्रसिद्ध चंद्रवंशीय क्षत्रियों का मूल स्थान है। यहाँ के महाराज इल अज्ञानवश भगवान शङ्कर की विहार-स्थली मे चले गए थे जहाँ के लिए शिव जी ने यह व्यवस्था कर दी थी कि जो भी प्राणी वहाँ आए वह स्त्री रूप में परिणित हो जाए ताकी देवी पार्वती को संकोच न हो। महाराज इल, इला के रूप में परिणित हो गए। उन पर चन्द्रमा पुत्र बुध अनुरक्त हो गया। इस प्रकार बुध एवं इला के संयोग से उत्पन्न हुआ चन्द्रवंश। उनके पुत्र थे पुरुरवा जिनके रूप एवं गुणों पर लुब्ध हुई थी देवाङ्गना उर्वशी और जो कालिदास के 'विक्रमोर्वशीयम्' के नायक हैं। पुरुरवा के अनंतर आयु, उनके पश्चात् नहुष एवं उनके बाद ययाति इस वंश के प्रसिद्ध राजा हुए हैं। इला के नाम पर ही इस प्रदेश का नाम इलावर्त अथवा

इलावास पडा। संभवतः इसी के आधार पर अकबर ने प्रयाग का नाम इलाहाबाद रखा। चंद्रवंश को ऐल वंश भी कहते हैं। अब इस वंश के क्षत्रिय यहां नही रहते। यह अवश्य प्रसिद्ध है कि रीवा के बेनवंशीय एवं प्रतापगढ के सोमवंशीय क्षत्रियों का एवं अल्मोड़ा के जोशी ब्रह्मणों का मूल स्थान प्रतिष्ठानपुर अथवा झूँसी ही है।

वर्तमान नाम 'झूँसी' क्यों पड़ा इसकी एक मनोंरंजक कथा है। कहा जाता है कि, यहाँ एक राजा था हरबोंग, जिसकी बुद्धि निराली थी। उसके राज्य में 'टके सेर भाजी, टके सेर खाजा' था। गुरु गोरखनाथ एवं उनके गुरु मत्स्येन्द्रनाथ इस अंधेर नगरी में पधारे। राजा की उल्टी-सीधी हरकतों से क्रुद्ध हो उन्होंने कुपित नयनों से इस नगरी की ओर दृष्टि की। नगरी झुलसकर खाक हो गयी। इसी से 'झौंस जाने के कारण' (जल जाने के कारण) इसका नाम 'झौंसी' कालान्तर में 'झूँसी' पड़ गया। भारतेंदु हरिश्चन्द्र ने इस दंतकथा के आधार पर एक अत्यंत मनोहर नाटिका 'अंधेर-नगरी' लिखी है।

मुसलमानों के अनुसार सन् 1359 में एक सूफी संत सैयद अली मुर्तजा के शाप के कारण भयंकर भूचाल आया और यह नगरी उलट गयी। झूंसी को उर्वशी-तीर्थ कहते हैं। एक बार ब्रह्मा जी ने उसकी निर्लज्जता से रुष्ट हो उसे पृथ्वीवास का शाप दे दिया था। फलस्वरुप वह पुरुरवा की रानी बनकर प्रतिष्ठानपुर में रहने लगी। कालांतर में वह गंगा स्नाग एवं ईश्वराधना से शाप मुक्त हो पुनः स्वर्गलोक में जा सकी।

झूँसी के अन्य प्रसिद्ध धार्मिक स्थानों में बाबा गंगागिरी की कुटी, तीर्थराज संन्यासी पाठशाला, बाबा दयाराम की कुटी, गंगोली तिवारी का शिवालय एवं श्री प्रभुदत्त ब्रह्मचारी का 'संकीर्तन भवन' प्रमुख हैं।

13. अलर्क (अरैल) के प्रमुख धार्मिक स्थान - यमुना के दक्षिणी तट पर एक छोटा गाँव बसा हुआ है जिसे अरैल या अडैल कहते हैं। यह प्राचीन अलर्कपुरी है जो सत्यसाधक महाराज अलर्क-जिन्होंने अपनी प्रतिज्ञा पूर्ण करने के लिए स्वयं अपनी आंखे निकाल कर दे दी थीं, द्वारा बसाई गई थी। यहीं भगवान शिव का आनन्दवन था जहाँ त्रुटिवश प्रविष्ट हो जाने के कारण महाराज इल स्त्री बन गए थे।

मत्स्य एवं कूर्मपुराणों के अनुसार यहाँ 'कंम्बल' एवं 'अश्वतर' नागों द्वारा स्थापित दो तीर्थ हैं। श्री सोमेश्वर महादेव की चर्चा की जा चुकी है। इस मंदिर के पास संवत् 1674 विं.का एक शिलोत्कीर्ण हस्ताक्षर है जो जयपुर नरेश महाराज के स्वहस्ताक्षर पर उकेरा गया बताया जाता है।

इसके अतिरिक्त यहाँ आदि-माधव, चक्र-तीर्थ एवं पक्षीतीर्थ स्थान हैं। पक्षी तीर्थ में देवसेनापति कुमार स्कन्द के विग्रह की भी पूजा होती है जो उत्तर-भारत में विरल है। कुमार षण्मुख अथवा कार्त्तिकेय दक्षिण-भारत में सुब्रह्मण्यम अथवा मुरुगन के रूप में माने जाते हैं एवं सर्वाधिक लोकप्रिय इष्टदेव हैं। उत्तर-भारत में देवी-पूजन के समय इनकी मिट्टी की मूर्ति स्थापित की जाती है जो बाद में विसर्जित कर दी जाती है। इनकी नियमित पूजा-अर्चना प्रदेश में संभवतः मात्र इसी स्थान पर होती है।

अरैल में बल्लभ सम्प्रदाय का एक प्राचीन मठ है जहाँ श्री बल्लभ स्वामी ने चातुर्मास किया था और जहाँ श्री गौराङ्ग महाप्रभु पधारे थे। श्रीमद्भभागवत पर भाष्य श्रीवल्लभ स्वामी ने यहीं लिखा था। 'अष्ट छाप' कवि श्री परमानंद दास ने यहां 'परमानंद-सागर' की रचना की थी। यह भी किंवदन्ती है कि प्रसिद्ध संस्कृत विद्वान कात्यायन भी यहीं उत्पन्न हुए थे।

आधुनिक काल में एक प्रसिद्ध साधक 'सच्चा-बाबा' ने एक सुन्दर आश्रम की स्थापना की। महर्षि महेश योगी सहित अनेक आधुनिक सन्त भी अपना आधुनिक आश्रम यहाँ स्थापित कर रहे हैं।

14. किलाः- वर्तमान लाल चुनारी पत्थरों का बना हुआ इलाहाबाद का किला बादशाह अकबर का बनवाया हुआ है। अकबर ने इसका नाम 'इलाहावास' (ईश्वर निवास) रखा था। कालान्तर में इसका रूप बदलकर इलाहाबाद हो गया। उन्होंने इस किले का निर्माण सामरिक एवं आवास दोनों उद्देश्य से करवाया था। अतः इसकी योजना एवं निर्मिति अत्यंत सुन्दर थी। बक्सर के युद्ध के बाद जब यह क्षेत्र एवं दुर्ग ईस्ट इंडिया कम्पनी के अधिकार में आया तो अंग्रंजों ने इसके कंगूरों, मीनारों एवं बुर्जो को तोड़कर दीवार की चौड़ाई बढ़ाई। उन्होंने इसे पूर्णतः) शस्त्रागार एवं सामरिक दुर्ग में बदल दिया। मात्र 'चेहल सुतुन' (चालीस खंभों का महल) अकबर- कालीन इमारतों में से बच गया है। यह किला अब भी सेना के अधिकार में है। यदि यह पर्यटन-

विभाग के हाथ में हो तो इसका रख-रखाव पर्यटन-स्थल के रूप में किया जा सकता है और इलाहाबाद में पर्यटन-उद्योग के विकास में इसका अमूल्य योगदान हो सकता है।

इस किले की नींव अकबर ने 1583 ई. में रखी थी। इसके चार खण्डों में 23 महल, 3 ख्वाबगाह (शयनागार), 25 दरवाजे, 23 बुर्ज, 277 रिहायशी मकानात, 176 को'रियाँ, 2 बड़े हाल (खासेआम), 77 तहखाने, 20 तबेले, 1 बाबली, 5 कुएँ और 1 यमुना से लाई गई नहर थे। इस पर लगभग छः करोड़ सवा सत्रह लाख रुपये खर्च हुए थे। सन् 1782 तक ये भवन खड़े रहे। अंग्रेजों की तोड-फोड़ 1828 ई. में समाप्त हुई। तब से अब तक कोई विशेष परिवर्तन नहीं हुआ। इस संबन्ध में एक मनोरंजक किवदंती है। अकबर जब प्रयाग आया तो आस-पास के राजे नजराने लेकर आए। झूँसी का राज समुचित राशि नहीं जुटा पाया। बादशाह के रोष से बचने के लिए वह बीरबल की शरण में गया। बीरबल ने उसे अगले दिन चाँदी के परात में चाँदी की छेनी, हथौडी, करनी आदि राज मिस्त्रियों के सामान, गंगा-रज एवं तुलसी दल लेकर दरबार में आने को कहा। उसने ऐसा ही किया। बीरबल ने अकबर को बताया कि राजा कि इच्छा है कि सम्राट के गौरव के लिए इस पुण्य-स्थल पर दुर्ग का निर्माण किया जाए। अकबर बीरबल की चतुराई ताड़ गया लेकिन

उसे यह सुझाव पसंद आया और उसने काम राजा के सुपुर्द किया। किले की तामीरी के लिए प्रचुर धन भी दिया।

किला के साथ ही बेनी-बाँध भी बना था। किले के निर्माण के सम्बंध में एक दंत-कथा है कि गंगा बार-बार किले की नींव को बहा ले जाती थीं। चिंतित हो अकबर ने ज्योतिषियों से इसका कारण एवं निदान पूछा। ज्योतिषियों ने बताया कि जब तक किसी सदाचारी एवं विद्वान ब्रह्मण की बलि नहीं दी जाएगी, गंगाजी किले का निर्माण नहीं होने देंगी। शर्त यह थी कि ब्राह्मण स्वेच्छापूर्वक आत्मबलिदान के लिए तैयार हो। यह शर्त एक टेढ़ी खीर थी। अंततोगत्वा एक पंडा इस कार्य के लिए उद्यत हुआ। उसकी शर्त थी कि मात्र उसके परिवार को तीर्थपुरोहिताई का शाही फरमान मिले। अकबर ने उसकी शर्त मान ली, उसने अपनी बलि दी एवं किले का निर्माण हुआ। किले के अंदर प्रयाग का पुरातात्विक दृष्टि से प्राचीनतम् वस्तु 'अशोक स्तंभ' है। पहले यह स्तंभ कौशांबी में लगा हुआ था और बाद में यह प्रयाग लाया गया, ऐसा कुछ पुरातत्वशास्त्रियों का मत है लेकिन कब और किसके द्वारा? यह किसी ने स्पष्ट नहीं किया है। यह अनुमान लगाया जाता है कि फीरोजशाह तुगलक, जो पंजाब से एक अशोक-स्तंभ दिल्ली ले गया था, ने संभवतः यह कार्य किया हो। अन्य विद्वानों का अभिमत है कि प्रयाग के धार्मिक महत्व को देखते हुए सम्राट अशोक ने संगम के निकट इस स्तंभ को स्थापित किया होगा।

यह स्तंभ 232 वर्ष ई.पू. में अशोक के राज्यकाल के 26वें वर्ष में स्थापित किया गया था। इस पर सम्राट अशोक, उनकी महाराज्ञी, समुद्रगुप्त, जहाँगीर एवं राजा बीरबल के लेख उत्कीर्ण हैं। अन्य बहुत से यात्रियों ने भी इस पर अपना नाम एवं भ्रमण की तिथि अंकित कर दी है। यह स्तंभ कई बार भूशायी हुआ और बार-बार खड़ा किया गया। वर्तमान दशा में यह स्तंभ 1838 ई. में खड़ा किया गया।

सम्राट आशोक के छः अभिलेख इस स्तंभ पर उत्कीर्ण हैं। उसकी समदर्शिता का परिचय उसके छठे अभिलेख से ज्ञात होता है। इसमें वह कहता है कि वह जिस प्रकार अपने बंधु-बांधवों के हित-रक्षण के लिए सचेष्ट रहता था उसी प्रकार दूसरों के लिए दूरस्थ स्थित प्रजा के लिए भी कार्यरत रहता था- ''हितसुखे ति पटिवेखमि अथ (इयं ना) या (ति) पा (सु) (हेव) पतिया संनुसे

हेवं अपकठ (ठे) स (सु) किम (मं) कानि स (सु) खं अ (आ) वहामि (मी) ति तथ (था) च विदपो (हा, मी.मि)' हेवं मेव सडु (व) (नि) को (का) येशु पटिवेखामि।' (कोष्ठक के शब्द अन्य शिला लेखों से रिक्त स्थान की पूर्ती हेतु लिए गए हैं।

चक्रवर्ती सम्राट समुद्रगुप्त के अश्वमेध यज्ञ की समाप्ति के उपलक्ष्य में उसके दरबारी कवि हरिषेण ने बहुत ही प्राञ्जल भाषा में उसके दिग्विजय का बृतांत एवं उसके शौर्य की प्रशस्ति लिखी थी जो इस स्तंभ के एक भाग में उत्कीर्ण है।

इसकी भाषा शैली का एक उदाहरण ध्यातव्य है- "**भवनगमनावाप्त ललितसुखविचरण-माचक्षाण इव भुवो बाहुरय-मुच्छ्रितः स्तम्भः यस्य प्रदानभुजविक्रमप्रशमशास्त्रवाक्योदर्यरूपर्युपरि सञ्चयोच्छितमनेक-मार्ग्गयशः**'

(स्वर्ग जाकर, लालित्य एवं सुख में पृथ्वी विचरण कर रही है, यह बतलाने वाला यह स्तंभ पृथ्वी के ऊँचे हाथ जैसा है। जिसके (समुद्रगुप्त के) दान, भुजविक्रम, शांति तथा शास्त्र-वाक्य के उदय से अनेक मार्गों वाला यश ऊँचा उठता जा रहा है।)

बीरबल के लेख में संवत् 1632 वि. में उसके तीर्थराज प्रयाग आने का मात्र उल्लेख है। यह हिन्दी भाषा एवं नागरी लिपि में है।

जहाँगीर ने स्तंभ को एक स्थान पर छिलवाकर अपनी वंशावली फारसी लिपि में लिखवाई है। यह लेख 1605 ई. का है। यह उसके राज्यकाल का प्रथम वर्ष था। इस किले में ही अकबर ने धर्म एवं दर्शन पर विभिन्न धर्म एवं संप्रदाय के आचार्यों से चर्चा एवं विचार-विमर्श करने की अपनी प्रथा का शुभारंभ किया। अबुल फ़ज़ल के अनुसार प्रसिद्ध संत नरहरिदास से अकबर की भेंट यहीं हुई थी। दोनों में 'जीवदया' विषय पर विस्तृत चर्चा हुई। संत नरहरिदास ने 'गो-पत्रिका' अर्थात् गो-माता का आवेदन-पत्र सम्राट को दिया जिसे पढ़कर उसने गो-हत्या पर पूर्ण पाबन्दी लगा दी। यह गो-पत्रिका पठनीय है-

तृण जो दंततर धरहिं तिन्हें मारत न सबल कोई।
हम नित प्रति तृण चरहिं बैन उच्चरहिं दीन होई।।
हिन्दुहि मधुर न देहिं कटुक तुरकैन पिआवहिं।
पय सुविसुध अति स्त्रवहिं बच्छ महिथम्भन जावहिं।।
सुनु शाह अकबर आज यह कहत गऊ जोरे करन।
सो कौन चूक मोहिं मारियतु मुए चाम सेवहिं चरन।।

इसी किले में पुर्तगाली पादरी वेन-डिट्टी आया था। वह चाहता था कि अकबर को धर्मान्तरित कर क्रिस्तान बना ले। अकबर स्वयं धर्म-प्रवर्तक बनने का अभिलाषी था, अतः वह असफल रहा।

15. पातालपुरी-मन्दिर

किले के पूर्वी भाग में एक विशाल तहखाने में यह मंदिर स्थित है। इसके इतिहास के बारे में प्रामाणिक तौर पर कोई तथ्य नहीं मिलते पुराणों में इसका कोई उल्लेख नहीं आता है। कुछ विद्वान इसे ह्वेनसांग के वृत्तांतों में वर्णित वह मंदिर मानते हैं जिसके आँगन में अक्षयवट खड़ा उसने देखा था, किन्तु स्थापत्य अथवा मूर्तिकला में उस युग की झलक नहीं दिखाई पड़ती है।

जनश्रुति के अनुसार इसका निर्माण महाराज विक्रमादित्य ने किया था। एक मत के अनुसार अकबर ने अपनी हिन्दू रानियों तथा उनकी परिचारिकाओं की धर्मोपासना हेतु यह मंदिर तहख़ाने में किले के निर्माण के समय बनवाया।

बाद में अन्य मुगल बादशाहों ने प्राचीन मूर्तियों को नष्ट-भ्रष्ट कर दिया तथा इस मंदिर को बंद कर दिया।

इस मंदिर के पुनरुद्धार का श्रेय मराठा पेशवा बाजीराव को जाता है। परवर्ती मुगल बादशाह मुहम्मद शाह रंगीले के समय जो मुगल-मराठा संधि हुई उसमें कई पुराने तीर्थ-स्थलों में हिन्दुओं को पूजा-अर्चना का अधिकार उन्हें वापस दिए जाने की भी शर्त थी। इस शर्त को पूरी तौर से लागू करने के लिए पेशवा की माता राधा बाई उत्तर-भारत के सभी प्रमुख तीर्थों की यात्रा पर निकलीं। इलाहाबाद के किलेदार मुहम्मद खां बंगश ने उनका स्वागत किया। बाजीराव पेशवा ने उनकी प्रेरणा पर इस मंदिर का जीर्णोद्धार किया। यही कारण है कि अधिकांश देव-मूर्तियाँ इसी काल की हैं। इस शैली की मूर्तियाँ बाजीराव कटरा, मिर्जापुर के शिवाले मे भी विद्यमान हैं। इसके बाद यह मंदिर बंद नहीं हुआ, यह सन् 1776 ई. एवं 1832 ई. के दो शिला-लेखों से इंगित होता है।

इसका अन्तरंग 84 फीट लम्बा एवं 491/2 फीट चौड़ा है और इसकी छत 61/2 फीट ऊँचे 100 खंभो पर टिकी है। गणेश, धर्मराज, नृसिंह, गोरखनाथ आदि की 18वीं 19वीं शताब्दी की बड़ी-छोटी बहुत सी मूर्तियाँ रखी हुई हैं। कहीं-कहीं शिवलिंग भी हैं। इनकी सूची परिशिष्ट में दी गई है। एक आले में अक्षयवट का प्रतीक, लाल कपड़े में लिपटा एक कुन्दा रखा हुआ है। इसे वृक्ष का स्वरूप देने के लिए पुजारी किसी भी बरगद के पेड़ की टहनी और पत्ते तोड़कर इसमें खोंस देते हैं। 1906 ई. तक यह मंदिर अंधकाराच्छन्न रहता था। यात्रियों को पुजारी दीपक की ज्योति में पूजा-पाठ कराया करते थे। बाद में प्रकाश एवं हवा के लिए छत में कईं खिड़कियाँ खोल दी गईं और निकलने का अलग रास्त भी बना दिया गया।

16. मनकामेश्वर

किले से पश्चिम कुछ दूर पर यमुनातट पर सरस्वती घाट के बगल में यह शिव मंदिर स्थित है। किला घाट से यात्री नाव द्वारा यहाँ जाते हैं। बीच में सरस्वती-कूप है। करपात्री

महराज यहीं रहते थे।

17. बड़े हनुमान जी

किले के पास श्री हनुमान जी की एक बहुत बड़ी प्रतिमा लेटी हुई अवस्था में स्थपित है जो बड़े हनुमानजी के नाम से प्रसिद्ध है। उनका सिर उत्तर दिशा की ओर हैं। बाँए पैर के नीचे-पातालिश्वरी कामदा देवी हैं और दाहिने पाँव से उन्होंने अहिरावण को दबा रखा है। दाहिनी भुजा का छाया मकरध्वज के ऊपर है। बाँए हाथ से उन्होंने श्रीराम एवं लक्ष्मण को संभाल रखा है।

इस प्रतिमा के सम्बन्ध में एक कथा प्रचलित है। जब श्रीराम रावण का संहार करने के पश्चात् अयोध्या वापस लौट रहे थे तो त्रिवेणी-पूजन हेतु प्रयाग में उतरे। उन्हे अयोध्या की स्थिति, विशेषकर भरत की मनःस्थिति जानने की बड़ी जिज्ञासा हुई। इस कार्य के लिए भला 'ज्ञानिनामग्रमण्यं' श्री हनुमत् जी के अतिरिक्त और कौन उपयुक्त हो सकता था। श्री वज्रांग प्रभु तत्काल गए। भरत से भेंट की। प्रभु को लौटने की सूचना वहाँ दी और लौटकर श्रीराम को बताया कि किस उत्कण्ठा से श्री भरत एवं अन्य अयोध्यावासी उनकी प्रतीक्षा कर रहे हैं।

जगज्जननी सीता श्री हनुमान पर बड़ा अनुग्रह रखतीं थी। उन्होने यह

शुभ समाचार सुनकर श्री हनुमान से वर माँगने को कहा। श्री हनुमान ने इच्छा प्रकट की कि रामावतार की समाप्ति के पश्चात् उन्हें विश्राम एवं स्नान की आज्ञा दी जाए। लंकादहन एवं ब्रह्मास्त्र आदि दिव्यास्त्रो को निरन्तर झेलने के कारण उनका शरीर क्लान्त एवं ताप-पूर्ण हो रहा है। प्रसन्न हो जानकी माता ने उन्हें प्रयागराज में विश्राम की अनुमति दी एवं गंगा से निवेदन किया कि वर्ष में एक बार स्वयं चलकर श्री हनुमान जी का पूर्णाभिषेक किया करें। त्रेता की समाप्ति के बाद से यहाँ हनुमान जी विश्राम कर रहे हैं। जिस वर्ष ऐसा न हो, भयंकर दुर्भिक्ष पड़ता है।

इस मंदिर के पास एक पीपल का पेड़ है जिसकी शाखाएँ झुकी हैं। जब ये शाखाएँ पानी को छूने लगती हैं तो इन्द्र-दमन का उत्सव मनाया जाता है। मान्यता है कि श्री हनुमान इसके ऊपर इन्द्र को जल वर्षा की अनुमति नहीं देते ताकि प्रयाग-नगर में जलप्लावन न हो जाए। अतः यदि इंद्र ने सीमोल्लंघन करने की चेष्टा की, तो वे उसका दमन करते हैं। इंद्र की अंतिम सीमा इस पीपल की सबसे नीची टहनी है। उसको छूते ही बजरंगबली उसका दमन कर देते हैं। जलस्तर घटने लगता है। इस मंदिर के पास किले की दीवार टेढ़ी है। कहा जाता है कि किले और बाँध के निर्माण के समय महावीर-प्रतिमा को हटाने का बहुत प्रयास किया गया था, किन्तु असफलता ही हाथ लगी। फलस्वरूप किले एवं बाँध दोनों की रेखाओं में ही परिवर्तन करना पड़ा। ऐसा लगता है कि श्री हनुमान जी की प्रतिमा किसी विशाल शिलाखण्ड के ऊपर उत्कीर्ण हुई हैं। गंगा के मैदानी भाग में भी कहीं-कहीं पुरानी आग्नेय चट्टानें अभी तक विद्यमान हैं जैसे बिहार में अजगैबीनाथ की चट्टानें। कालान्तर में यह मूर्ति गंगा-रज से ढँक गई थी। औरंगजेब के समकालीन बाघम्बरी बाबा ने इस मंदिर का जीर्णोद्धार किया। ये बड़े सिद्ध तापस थे। सदैव व्याघ्र-चर्म धारण करने के कारण उनका नाम बाघम्बरी बाबा पड़ा। उनके पश्चात् उनके नाम पर इस मंदिर की प्रबन्ध-संस्था का नाम 'बाघम्बरी गद्दी' पड़ गया। वे संगम-क्षेत्र के निवासी थे। किंवदन्ती है कि उनकी सिद्धियों से प्रभावित होकर औरंगजेब ने अल्लापुर में काफी भूमि दान में दी थी।

इस मूर्ति के सम्बंध में यह भी जनश्रुति है कि एक धनाढ्य सेठ संतानहीन था। वह श्री महावीर का विग्रह नाव में ले जा रहा था। नाव इस स्थान

पर आकर फँस गई और टस से मस न हुई। फलस्वरूप उन्हें यहीं स्थापित करना पड़ा।

श्री हनुमान जी के इस तेजस्वी स्वरूप का सुन्दर वर्णन एक कवि ने इस प्रकार किया है-

लङ्कातङ्कात्र शङ्काकुलदनुजवधू-भ्रूणविभ्रंशनार्थ
दम्भारम्भाय जम्भार्यनुसरण कृतां पुच्छविस्फोटशब्दः
हन्नानन्ताधिसन्तापितसकल जनानन्दनायोज्जिहानो
दद्यादद्यानवद्यान्युदर्यविलसितान्याञ्जनेयस्य तूर्णम्॥

मंदिर प्रातः 5 बजे मंगला आरती के साथ खुलता है और अपराह्न 2 बजे तक खुला रहता है। पुनः श्रृंगार आरती के साथ सायं 5 बजे खुलकर रात्रि 8 बजे आरती के बाद 11 बजे बंद होता है। पुनः श्रृंगार दिन सवा किलो घी, इतना ही सिंदूर एवं चमेली के तेल से वज्रांगदेव का लेपन किया जाता है तथा गंगाजल एवं दूध से स्नान कराया जाता है। मंगल एवं शनिवार को इनका दर्शन अत्यंत शुभकर माना जाता है। लाल वस्त्र, लाल झंडा, लड्डू एवं सिंदूरी पुष्प श्री हनुमान जी को अधिक प्रिय हैं अतः यही चीजें उन्हे अर्पित की जाती है।

18. श्री शङ्कराचार्य- विमान मण्डपम् मन्दिर

बेनी बाँध पर सर्वाधिक भव्य यह मंडप सुशोभित होता है। यह दाक्षिणात्य-स्थापत्य-शैली का एक सुंदर उदाहरण है। संगम-क्षेत्र पर ही आदि शङ्कर का प्रथम महत्वपूर्ण शास्त्रार्थ प्रसिद्ध नैयायिक कुमारिल भट्ट से हुआ था। उस समय कुमारिल भट्ट बौद्ध-गुरुओं से प्रच्छन्न

रूप से, कपट द्वारा विद्यार्जन करने के पाप का प्रायश्चित त्रिवेणी में तुषाग्नि (भूसे की आग) में अपना शरीर भस्म कर रहे थे। कष्ट के कारण उन्होंने शास्त्रार्थ करने की सलाह श्री शङ्कराचार्य को दी। दर्शन-जगत के दो दिग्गजों की इस भेंट की स्मृति के रूप में इस भव्य मण्डप का निर्माण अद्वैत मतावलम्बियों ने किया है। इसमें आदि शङ्कर के साथ-साथ सभी मुख्य देवी-देवताओं की प्रतिमाएँ स्थापित हैं और विधिवत् उनका श्रृंगार-पूजन दाक्षिणात्य विधि से होता है। यह मंदिर तीर्थराज के दरबार में दक्षिणापथ के राजदूत सरीखा दीखता है।

19. द्वादश माधव- भगवान माधव अपने द्वादश रूपों में प्रयाग क्षेत्र में निवास करते हैं। प्रयाग के तीन क्षेत्र प्रमुख हैं- गंगा यमुना के मध्य का भाग, गंगा के पूर्व का भाग प्रतिष्ठान पुर (झूँसी), यमुना के दक्षिण का भाग अलर्क (अरैल) भगवान् माधव इन सभी क्षेत्रों में व्याप्त होकर रहते हैं।

माधव शब्द की व्युत्पत्ति भी बड़ी सुंदर है-

मा च ब्रह्मस्वरूपा या मूलप्रकृतिरीश्वरी।
नारायणीति विख्याता विष्णु माया सनातनी॥
महालक्ष्मी स्वरूपा च वेद माता सरस्वती।
राधा वसुन्धरा गङ्गा तासां स्वामी च माधवः॥

अर्थात् मा शब्द ब्रह्मस्वरूपा मूलप्रकृति का वाचक है जो सम्पूर्ण सृष्टिकर्त्री है। यही ईश्वरी नारायणी सनातनी विष्णुमाया शब्द से विख्यात है। यही महालक्ष्मीस्वरूपा वेदमाता सरस्वती, राधा, पृथ्वी तथा गंगा हैं इनका धव स्वामी माधव है। (ब्रह्मवैवर्तपुराण, अ.110)

अन्तर्वेदी में वेणीमाधव, वटमाधव, अनन्तमाधव, अशिमाधव, मनोहर माधव और विंदुमाधव हैं मध्यवेदी में आदिमाधव, चक्रमाधव, गदामाधव एवं पद्ममाधव हैं तथा बहिर्वेदी में संकटहरण माधव तथा शंखमाधव हैं। इनका विवरण निम्नलिखित है।

I. अन्तर्वेदी के माधव

1. वेणीमाधव- वेणीमाधव भगवान् की स्थिति साक्षात् त्रिवेणी में गंगा

यमुना सरस्वती के संगम में मानी जाती है जहाँ प्रतिष्ठित रहते हुए भगवान माधव भक्तों को भुक्ति-मुक्ति प्रदान करते हुए सम्पूर्ण पापों का क्षय करते हैं। जिनका मन्दिर एवं मूर्ति के स्वरूप में प्रतिनिधित्व दारागंज में स्थित वेणीमाधव भगवान् करते हैं।

2. वटमाधव- यमुना के तट पर त्रिवेणी के समीप आजकल किला के अंदर अक्षय वट है। वहीं पर वटवृक्ष के मूल (जड़) प्रदेश में वटमाधव की स्थिति मानी जाती है।

3. अनन्तमाधव- किला के अंदर ही वटवृक्ष के कुछ निकट आजकल किला के पूर्व द्वार जो यमुना या त्रिवेणी के समीप है उसके पास भगवान् माधव की मूर्तियाँ स्थापित हैं, इन्हें ही अनन्त माधव कहा जाता है। किन्तु उन मूर्तियों को देखने पर उनकी प्राचीनता संदिग्ध लगती है। सम्भवतः पहले प्राचीन मन्दिर एवं मूर्तिया यहीं रही हों। किसी कारण वश मन्दिर तथा मूर्तियों के नष्ट हो जाने के कारण उसी स्थान पर पुनः नयी मूर्तियाँ स्थापित हैं जिन्हें पुजारी अनन्त माधव कहते हैं।

4. अशिमाधव- अशि माधव या आक्षीमाधव नागवासुकी मन्दिर के समीप दारागंज में माने जाते हैं। सम्प्रति इस मन्दिर की स्थित अतीव शोचनीय हैं। यह मन्दिर जीर्णोद्धार कराने लायक है।

5. मनोहरमाधव- चौक क्षेत्र में महादेव के समीप ही मनोहरमाधव जी का मन्दिर है जिसके श्रेष्ठिजनों के समीप में होने से कुछ स्थित अच्छी है। पर उसका प्रचार-प्रसार तथा प्रतिष्ठा या महत्व प्रचारित न होने से अन्य जनों से उपेक्षित है।

6. बिन्दुमाधव- गंगा किनारे जो क्षेत्र इस समय द्रौपदी घाट के नाम से जाना जाता है वहाँ पर विंदुमाधव का मन्दिर है। जिसकी स्थिति बहुत कुछ ठीक है। पर उसका भी विकसित नहीं है।

II. मध्यवेदी के माधव

1. आदिमाधव- इसका स्थान यमुना के दक्षिण तट पर सच्चा आध्यात्म आश्रम के बगल जहाँ नरसिंह मन्दिर है। उसी के समीप है जिसकी स्थिति अत्यन्त दयनीय है। किसी भी प्रकार का न तो कोई प्रबन्ध है न ही प्रचार-प्रसार। मन्दिर भी कई जगह टूट रहा है। गिने चुने कुछ पुराने लोग ही जिसके महत्व को समझ रहे हैं पर उसका स्वरूप उपेक्षित ही है।

2. चक्रमाधव- भगवान सोमेश्वर का मन्दिर त्रिवेणी के अग्निकोण में स्थित है। उसी से लगा हुआ चक्रमाधव का मन्दिर है। सोमेश्वर महादेव के प्रचार-प्रसार में होने से इनका भी प्रचार पर्याप्त है। मन्दिर की स्थिति सन्तोषजनक तो कही जा सकती है पर उत्तम नहीं कही जा सकती। यह स्थान भी प्रचार प्रसार के साथ उत्तम व्यवस्था की आशा रखता है। इधर कुछ वर्षों से उस स्थान के मुख्य सड़क से जुड़ जाने के कारण इसका महत्व बढ़ा है। नए यमुना पुल के बनने से इस क्षेत्र का विकास हो रहा है।

3. गदामाधव- नैनी छिवकी स्टेशन के पास ददरी ग्राम है। संभवतः वहीं पर रेलवे लाइन के पास गदामाधव का मन्दिर माना जाता है। इस समय उसका अस्तित्व समाप्तप्राय जैसा है। पूछने पर कोई ठीक से बताता ही नहीं कि यहाँ पर इनका स्थान है। परन्तु प्रसिद्धि वहीं पर मानी जाती है।

4. पद्ममाधव- पद्ममाधव का मन्दिर घूरपुर से भीटा की ओर वीकर

देवरिया ग्राम है, वहीं पर है। इस मन्दिर की स्थिति अच्छी है। ग्रामीणों की इस मंदिर के प्रति पूर्ण श्रद्धा है। पर इसका प्रचार प्रसार अन्यत्र नहीं है। फलतः अन्य यात्रीगण वहाँ नहीं जा पाते जिससे उसका स्वरूप क्षेत्रीय होकर रह गया है।

III. बहिर्वेदी के माधव

1. संकटहरण माधव- प्रयाग के वटवृक्षों के चर्चा में अक्षयवट के बाद सर्वाधिक महत्वपूर्ण वटवृक्ष गंगा के पूर्वी तट पर (प्रतिष्ठानपुर) में स्थित सांध्य वट है। जो आज भी पुर्णरूपेण सुरक्षित है। परन्तु सम्प्रति एक तथाकथित योगी सन्त ने इसका नामकरण क्रियावट कर दिया है। वहाँ संकटहरण माधव की न तो कोई मूर्ति है और न ही कोई मन्दिर। एक छोटा मन्दिर कुछ था जिसे उसी योगी सन्त ने नष्ट कर दिया। उसी से कुछ समीप परमानन्दाश्रम नरोत्तमानंदजी का है। उन्होंने लक्ष्मीनारायण की मूर्ति अपने मन्दिर में स्थापित करायी है। उन्हें ही संकटहरण माधव के प्रतीक के रूप में सम्प्रति माना जाता है।

2. शंखमाधव- प्रतिष्ठानपुर (झूँसी) के छतनाग नामक क्षेत्र में गंगा के तट पर यह मन्दिर पूर्णरूपेण अच्छा है। पूर्व में खुली जगह पर था प्रत्येक व्यक्ति हर समय दर्शन कर सकता था। इधर कुछ वर्षों में एक सन्त का विशाल आश्रम उसके ठीक बगल में बनाया गया। फिर उन्होनें पूरे मन्दिर को अपने क्षेत्र के अन्तर्गत कर लिया है। उसका स्वतंत्र अस्तित्व इस समय समाप्त है। आश्रम के नियमानुसार ही आप दर्शन कर सकते हैं। यहाँ तक कि उधर का गंगा घाट भी उस सन्त के ही कब्जे में है। इधर से आप गंगा में स्नान नहीं कर सकते। उससे थोड़ी दूर जाना पड़ेगा। इस प्रकार अन्तर्वेदी के छः वेणी माधवों में दारागंज, द्रव्येश्वर, द्रौपदीघाट, नागवासुकी के माधव सर्वसुलभ तथा सुरक्षित हैं। वटमाधव अक्षय वट के समान दुष्प्राप्य तथा अनन्तमाधव की मूल प्राचीन मूर्ति न होकर दूसरी मूर्ति है।

इसमें सिन्धियाँ देवस्थान में जो वेणीमाधव मन्दिर है वह सम्मिलित नहीं है। अपनी आस्था के आधार पर ग्वालियर के राजाओं ने भगवान् वेणीमाधव का मन्दिर वनवाकर मूर्ति की स्थापना कराई थी पर वह स्थान द्वादश माधव से

अतिरिक्त है।

मध्यवेदी के चार माधवों में चक्रमाधव तथा पद्ममाधव की स्थिति सन्तोषजनक है। पर आदिमाधव की स्थिति दयनीय है तथा गदामाधव का अस्तित्व समाप्तप्राय है।

बहिर्वेदी प्रतिष्ठानपुर में संकटहरण माधव का अस्तित्व समाप्त है। शंख माधव का स्थान यद्यपि सुरक्षित एवं व्यवस्थित है पर शंखमाधव का मन्दिर एवं परिसर एक सन्तविशेष के आश्रम परिसर में कैद होकर स्वतन्त्र सत्ता खो चुका है।

20. घृतकुल्या तीर्थ और मधुकुल्या तीर्थ : आदिवेणी के पश्चिम में घृतकुल्यातीर्थ और उससे आगे मधुकुल्या तीर्थ है। जब ब्रह्मा जी ने यज्ञ किया था तब यज्ञ कार्य के सम्पादनार्थ घृत और मधु की दो नदियाँ बनाई गयी थीं। यहाँ स्नान एवं तर्पण से देवता और प्रसन्न होते हैं।

21. आदित्य तीर्थ- मधुकुल्या तीर्थ के पश्चिम में आदित्य तीर्थ है, इन्द्रादि देवताओं का निवास है। यहाँ भगवान् सूर्य की उपासना करनी चाहिए।

22. पडिला महादेव- इसका प्राचीन नाम पाण्डेश्वर था। अज्ञात काल के समय पाँचों पाडवों ने यहाँ निवास किया था तथा भगवान शिव की पूजा की थी। यह प्रयागराज के पास थरवई रेलवे स्टेशन के नजदीक स्थित है।

23. दुर्वासा आश्रम -

तीर्थराज प्रयाग त्रिवेणी से लगभग पाँच कोश दूर पूरब में गंगा जी के तट पर, महर्षि दुर्वासा जी का आश्रम है। यह ककरा ग्राम में स्थित है। मन्दिर में दुर्वासा जी की मूर्ति के साथ शिव परिवार, हनुमान जी, श्रीराम, सूर्य की मूर्ति है। मन्दिर से संलग्न पंक्तिबद्ध धर्मशालायें, यज्ञमण्डप तथा महर्षि दुर्वासा संस्कृत विद्यालय है। यह स्थान प्रयाग पंचकोशी यात्रा के अन्तर्गत आता है। सती अनुसुइया के तीन पुत्रों में एक दुर्वासा मुनि थे। दुर्वासा की अनेक कथाएँ पुराणों में वर्णित हैं। यहाँ दर्शन और परिक्रमा करने से भक्तों को मनोवांछित फल मिलता है। पाँच कोसी परिक्रमा मार्ग में संगम से पाँच कोश पूर्व में स्थित दुर्वासा आश्रम, पश्चिम में पांचकोस पर वनखण्डी शिव का स्थान है। दक्षिण में पांच कोस पर पणांस मुनि का आश्रम, पनासा क्षेत्र में है तथा उत्तर में पांच

कोस पर पण्डलेश्वर नाथ पंडिला महादेव का मन्दिर स्थित है। इस प्रकार से बीस कोस की यह परिक्रमा पंचकोसी परिक्रमा के नाम से जानी जाती है।

❑❑